核心素养导向的化学教学设计

郑长龙 ◎著

人民教育出版社
PEOPLE'S EDUCATION PRESS
·北京·

图书在版编目（CIP）数据

核心素养导向的化学教学设计 / 郑长龙著 . — 北京 : 人民教育出版社，2021. 1
（2024. 5 重印）

ISBN 978-7-107-35580-6

Ⅰ. ①核… Ⅱ. ①郑… Ⅲ. ①中学化学课—教学设计—高中 Ⅳ. ① G633. 82

中国版本图书馆 CIP 数据核字（2021）第 021065 号

核心素养导向的化学教学设计

责任编辑　王维臻

装帧设计　乔思瑾

出版发行　人民教育出版社

（北京市海淀区中关村南大街 17 号院 1 号楼　邮编：100081）

网　　址　http://www.pep.com.cn

经　　销　全国新华书店

印　　刷　保定市中画美凯印刷有限公司

版　　次　2021年 1 月第 1 版

印　　次　2024年 5 月第 4 次印刷

开　　本　787 毫米 ×1 092 毫米　1/16

印　　张　20.25

字　　数　247 千字

定　　价　45.70 元

全国教育科学规划课题（国家社科基金教育学一般课题）“提升教师‘素养为本’课堂教学能力的研究”（BHA170131）成果

前 言

以《普通高中化学课程标准（2017年版）》的颁布为标志，新时代中国基础化学教育改革的大幕正式开启。发展学生的化学学科核心素养，成为这次改革的方向、目标和旗帜。

这是一次令人振奋的改革。当下的中国，正经历“百年未有之大变局”。从人类社会发展来看，以人工智能为标志的信息文明时代即将到来；从国家发展来看，以实现“中国梦”为标志的中国特色社会主义强国的伟大实践正如火如荼地展开。这样的背景，注定了此次改革肩负着特殊的历史使命，那就是为民族的复兴和社会的进步培养创新型人才。发展学生的化学学科核心素养，就是培养化学创新型人才。每一位化学教育工作者，都应为能亲历改革大潮，贡献基础化学教育的智慧而感到振奋和自豪。

这是一次极具挑战的改革。核心素养进学科，创新实践进课堂，成为化学教育理论和实践亟待研究的重要课题。化学学科核心素养的提出，对只教知识的化学课堂教学模式提出了挑战，知识不等于素养，不是知识越多、越熟练，素养就越高。素养是“本事”，是解决真实化学问题的本事。化学学科核心素养的教学，是教本事的教学，教知识的目的是为了使学生长本事，用本事。因此，积极开展基于化学学科核心素养发展的化学教学理论创新和实践创新，在当下意义尤为重大。

为探索化学学科核心素养如何在课堂“落地”的问题，我们研究团队以全国教育科学规划课题“提升教师‘素养为本’课堂教学能力的研究”（BHA170131，郑长龙主持）为依托，成立了由化学学科教授、化学教育教授和副教授，有关省、市教研员和一线教师，以及化学课程与教学论专业的博士生和硕士生等70余人组成的课题组。课题组在理论研究的基础上，于2018年8月至2019年11月，分别在4省、5市、8校进行了5个学科主题的10节核心素养取向的化学课堂教学探索。这8所学校分别是：长春市第二实验中学、东北师范大学附属中学、沈阳市东北育才学校、丹东市第二中学、丹东市第四中学、石家庄市第一中学、重庆市第一中学校和重庆市巴蜀中学校。每个子课题组都在教研员的带领下，积极围绕相关主题开展深入研讨；对于每个子课题组的讨论，总课题组成员至少参与3次。在较充分研究的基础上，各子课题组分别召开了提升教师“素养为本”课堂教学能力研讨会，展示了“学科理解报告”“学习进阶报告”“教学设计文献综述报告”及核心素养取向的课堂教学；与会的专家和一线教师给予了高度评价。

本书是课题组集体智慧的结晶。通过实践探索，初步建构了核心素养取向的化学教学范式。全书共分为两个部分。

第一部分是理论构建，共两章。第一章，较为系统地阐述了化学学科核心素养的“内涵”“结构”和“水平”，初步探讨了化学学科核心素养理论。第二章，系统论述了核心素养取向的化学教学设计的基本理念，阐释了化学学科理解（学科视角）、学习进阶（教学视角）、板块理论（技术视角）与核心素养取向的化学主题及课时教学设计的关系，初步搭建了核心素养取向的化学教学设计的一般框架。

第二部分是实践探索，共五章。第三、四、五、六、七章的主题分别为：无机物性质主题、有机物性质主题、化学反应与能量主题、化学平衡主题、原子结构主题。每一主题通过学科理解抽提主题大概念，通过进阶设计描述学生素养发展水平；每一主题中选取两节典型课例，并以“教学设计”“教学实施”和“分析评价”的形式进行呈现。

本书是课题组目前的研究成果，有些理论尚需今后进一步完善，有些观点尚需实践进一步检验，因此，恳请读者提出宝贵意见。

特别感谢东北师范大学博士生导师陈彬教授审读了本书第三章至第七章的书稿，并给出了非常有价值的建议；感谢博士生杨桂榕科研小组对10节课例文本的整理；感谢硕士生迟铭收集、整理了本书的有关文献。

特别感谢人民教育出版社王晶编审的信任，策划了这本书；感谢本书的责任编辑王维臻博士为本书的出版所付出的辛苦。

郑长龙

2020年4月6日于长春豪园

目　录

第一章

化学学科核心素养理论

《普通高中化学课程标准（2017年版）》（以下简称2017年版课标）的颁布，拉开了新时代中国基础化学教育改革的大幕，发展学生的化学学科核心素养，成为这次改革的标志、方向和目标。

改革是一种实践。科学的而不是盲目的实践，是需要理论指导的。基于《普通高中化学课程标准（实验）》（以下简称2003年版课标）开展的化学新课程改革，其主旨是发展学生的科学素养，以科学素养理论为指导；基于2017年版课标开展的新时代化学课程改革，其主旨是发展学生的化学学科核心素养，以化学学科核心素养理论为指导。

科学素养（Scientific Literacy）理论，在国际科学教育界是有基本共识的。化学学科核心素养（Chemistry Disciplinary Core Competencies），是我国新时代化学课程改革提出的新概念，基于此概念，积极探索化学学科核心素养理论，对于指导新时代化学课程改革具有十分重要的理论价值和实践意义。

第一节
化学学科核心素养的内涵

任何理论都有属于这一理论的独特的核心概念，化学学科核心素养，就是化学学科核心素养理论的核心概念。

所谓素养，是指一个人在完成一件工作或解决一个问题时所表现出来的能力和品格。具备素养的人，在社会中可以产生“正能量”，也有可能带来“负能量”。2017年版课标中所提出的化学学科核心素养，反映的是社会主义核心价值观下化学学科育人的基本要求。①

所谓化学学科核心素养，是指学生通过化学学科学习而逐步形成的正确价值观念、必备品格和关键能力。②“关键能力”属于智力因素，“必备品格”主要属于非智力因素，“正确价值观念”属于价值取向。三者的关系如图1-1所示。

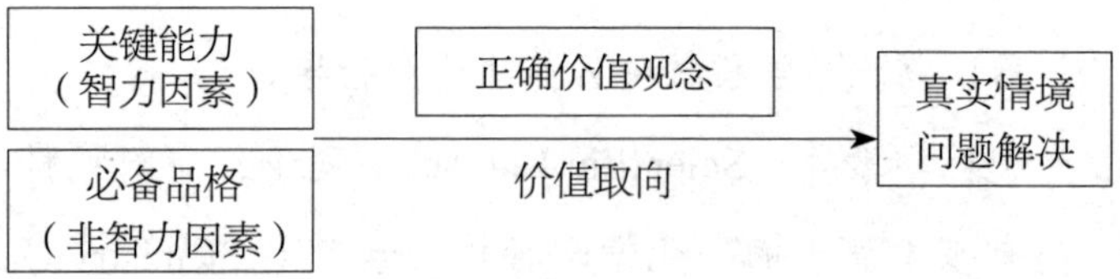

图1-1　学科核心素养内涵

① 中华人民共和国教育部.普通高中化学课程标准（2017年版）[M].北京：人民教育出版社，2018：3.

② 郑长龙.2017年版高中化学课程标准的重大变化及解析［J］.化学教育，2018（9）：42.

一、化学学科核心素养是解决化学问题的本事

所谓本事，是指一个人在真实的情境中，运用所具有的知识和所具备的能力及品质，解决真实问题的一种本领。判断一个人是否具备化学学科核心素养，就看这个人是否具有解决化学问题的本事。

例如，冲热咖啡时的咖啡结块问题的解决。多数人冲热咖啡时，先将速溶咖啡粉末倒入杯中，然后向其中加入热水。结果发现，出现咖啡结块现象，杯底有未溶解的咖啡。为解决这一问题，人们常常用杯匙搅拌，可效果不佳。为此，可依据化学实验中的“少量多次”原则，先向杯中加入$\frac{1}{3}$热水，然后缓慢向杯中加入咖啡粉末，边加边振荡，至全部溶解后，再加入余下的$\frac{2}{3}$热水。用此方法就不会出现咖啡结块现象。改变试剂（热水、咖啡粉末）的加入顺序，综合运用“少量多次”知识和“搅拌”“振荡”等操作，来达到“咖啡结块”问题的解决，这就是本事，就是素养。

那么，化学学科核心素养与科学知识、关键能力及必备品格之间具有怎样的关系呢?

1．化学学科核心素养与科学知识

学生化学学科核心素养的高低，并不取决于其化学科学知识的多少。在化学科学知识与化学学科核心素养之间，并不存在化学科学知识越多，化学学科核心素养越高的相关性。但化学学科核心素养的形成、发展及表现，离不开化学科学知识。这就存在一个化学科学知识与化学学科核心素养之间的关系问题。

化学学科核心素养是在化学科学知识的学习中逐步形成和发展的，化学科学知识是学生化学学科核心素养形成和发展的基础。例如，基于“物质类别”实现物质间相互转化的素养，就是在学习了Na、Al、Fe、Cl、

S、N等元素及其化合物知识的基础上，学生才逐步建立了元素单质、氧化物、氧化物的水化物和盐之间的相互转化关系，从而建构了实现物质间相互转化的“物质类别”视角。

化学学科核心素养是在解决化学问题的活动中表现出来的，在化学问题的解决过程中，同样离不开化学科学知识。例如，如何以NaCl为原料，制得Na和Cl_2。自然条件下，NaCl不能自发地分解得到Na和Cl_2。那么，如何让反应发生呢？解决这样一个问题的基本思路是：让反应物体系的状态能量（$E_{反应物}$）大于生成物体系的状态能量（$E_{生成物}$），即$E_{反应物} > E_{生成物}$，反应就有可能发生。这个思路，就是“素养”，运用这一思路解决反应发生的可能性问题，就是素养的表现，就是“本事”。那么，如何让$E_{反应物}$增大呢？这就需要运用“转化能量”的知识，从能量的转化来看，其形式主要有“热”和“功”两种。因而解决这一问题，可以尝试从热的视角去思考，也可以尝试从功（电功）的视角去设计。

化学科学知识与化学学科核心素养之间的辩证关系，对我们具有重要的启示：

· 化学课堂教学的目的不仅仅是教知识，更重要的是教本事，即发展学生的化学学科核心素养；

· 化学学科核心素养的形成和发展，离不开化学科学知识的教与学，不能脱离具体的化学科学知识的教学来进行空中楼阁式的“素养为本”教学；

· 化学课堂教学既要重视本事的建构，又要重视本事的迁移，在解决真实化学问题的活动中，为学生提供化学学科核心素养的表现机会。

2. 化学学科核心素养与关键能力

关键能力，是化学学科核心素养的重要组成部分。那么，什么是关键能力，什么样的能力属于关键能力呢？

所谓关键能力，是指能够较为快速、准确地寻找到问题解决突破口的一种能力。关键能力指向的是问题解决，是基于能力在问题解决中发挥作用的程度来认定的。

突破口，是问题解决的关键环节，因此，寻找突破口的能力属于关键能力。突破口寻找得越快速、越准确，关键能力越强。例如，在等温、等压、不做非体积功条件下，化学反应的 ΔH 都是化学能贡献的吗？这是一个真实的化学问题，很多教师都在反复强调由于化学键的断裂与形成导致了化学反应的热效应。那么，如何寻找解决这一问题的突破口呢？突破口就在于认识化学反应的“过程”视角！化学反应过程，既有物质的化学变化过程，又有物质的物理变化过程；物质的化学变化过程的热效应是由化学能贡献的，而物质的物理变化过程，如溶解过程、相变过程等，是由溶解热、相变能等贡献的。因此，基于过程视角认识化学反应过程中的热效应，就是关键能力；能基于过程视角解释和解决该问题，就具有了化学学科核心素养。

关键能力，是指在方法论层面解决问题的一种能力，而不是指在方法层面解决问题的具体能力。例如，硫酸与金属铁反应，H_2SO_4 什么情况下表现为酸性，什么情况下表现为强氧化性？这是一个真实的化学问题。那么，如何寻找解决这一问题的突破口呢？突破口就在于找到 H_2SO_4 表现出强氧化性的浓度节点。那么，如何基于实验的方法找到浓度节点呢？为此，需要对该实验进行“正交试验设计”。正交试验设计能力，就是关键能力，是在方法论层面解决问题的能力；其他能力，如实验操作能力、实验观察能力、实验产物检验能力等，都属于在方法层面解决问题的具体能力。

3. 化学学科核心素养与必备品格

必备品格，是化学学科核心素养的重要组成部分。那么，什么是必备品格？什么样的品格属于必备品格呢？

所谓品格，是指一个人做人、做事的品质和格调。品格是个性化的，一旦形成，就具有稳定的特点。品质有好有坏，格调有高有低，因此，品格是可以培养的。化学学科核心素养中所蕴含的必备品格，指的是对解决化学问题必不可少的、最基本、最重要的化学科学品格。化学科学品格，是化学家们在长期的化学科学研究实践中形成的，是稳定的，具有品质优、格调高的特点，因而是化学学习者应该学习和传承的。在众多的化学科学品格中，质疑，是最重要的品格。之所以重要，就在于通过质疑，可以发现新的科学问题，通过基于质疑的推理，可以寻找到问题解决的突破口！

例如，如何认识甲烷分子的空间结构是正四面体？很多教师是告诉学生，甲烷分子中每两个C—H的夹角是109° 28′，在此键角下，甲烷分子中各原子之间的斥力最小，所以稳定。这样的教学是在教知识，而不是在教本事。从发展学生化学学科核心素养来看，学习键角，是要引导学生建立“角度”视角，基于角度去认识分子的空间结构。键角是两个键（就是几何学中的两根线）之间的夹角，对于具有空间结构的分子来说：

只有两根线之间存在夹角吗？（质疑）

相邻的两个面之间存不存在夹角？如果存在，那么，甲烷分子正四面体中的两个面之间的夹角是多少？（基于质疑的推理）

这样的教学，就可以使学生建立认识分子空间结构的角度视角，从而基于此视角认识和解决有关的未知化学问题。

二、化学学科核心素养的特质是创新

对于化学学科核心素养内涵的理解，不能只从字面上去解读，还应站在“新时代”的大背景下来认识。

2017年，对于中国这个国家来说，注定是一个重要年份。因为，在这一年，召开了中国共产党第十九次全国代表大会，习近平同志代表党中央明确宣告：“中国特色社会主义进入了新时代。”2017年，对于中国基础化学教育来说，也注定是一个重要年份。因为，教育部正式颁布的《普通高中化学课程标准（2017年版）》，明确提出了发展学生化学学科核心素养这一新的目标。时间节点上的重合，意味着化学学科核心素养与“新时代”紧密联系在一起，意味着化学学科核心素养被赋予了“新时代”的特质。

新时代，从人类社会发展来看，是以人工智能为标志的信息文明即将到来的时代。知识的多少不再是衡量一个人素养高低的唯一尺子，具备运用知识创造性地解决新问题的能力，将成为信息文明时代人的素养高低的重要标准。新时代，从国家发展来看，是中国从大国向强国迈进的时代，创新是实现这一伟大目标的核心发展战略。

作为面向未来的新时代中国基础化学教育改革，应当，而且必须义不容辞地承担起为国家培养创新型人才的重任。因此，发展学生的化学学科核心素养，作为新时代中国基础化学教育改革的方向性目标，理所当然地被赋予了培养学生创新能力的使命。正是从这个意义上说，化学学科核心素养的精髓是创新，[①]创新是新时代背景下化学学科核心素养的特质。

新时代背景下发展学生的化学学科核心素养，实质上，就是将创新与化学知识教学有机融合起来，在化学课堂教学中培养学生创新的本事。创新的本事，就是“举一反三”“举一反十”的本事。因此，“素养为本”的化学教学，应紧紧围绕“一”的建构与迁移来进行。

---

① 郑长龙.化学学科理解与“素养为本”的化学课堂教学［J］.课程·教材·教法，2019，39（09）：123.

所谓“一”，是指能够引发深入与拓展思考，并能进行广泛迁移的化学认识视角和认识思路。[①]以“电解质”概念的教学为例。很多教师在必修阶段教学中，反复解析和强化电解质概念本身，即在水溶液中或熔融状态下能够导电的化合物；学完选修阶段课程后，很少有教师能将物质结构理论和化学反应原理知识与电解质概念作关联，来提升学生对电解质概念的认识水平。为什么是“在水溶液中”？是因为水是由水分子构成的，水分子能够破坏 NaCl 晶体中 Na^+ 和 Cl^- 之间的离子键。如果仅停留在这一程度，还属于化学知识教学。当把水分子抽提为“极性分子”时，就可以产生这样的学科本原性问题：

极性分子只有水分子吗？（质疑）

氨分子也是极性分子，它能不能破坏离子晶体中的离子键？

乙醇分子也是极性分子，它能不能使离子晶体产生自由移动的离子？

这样，极性分子就成为了认识视角，就具有了素养功能，也就能举一反三。

“熔融状态”是加热所致，当把热能抽提为“能量”时，就可以产生这样的学科本原性问题：

能量的形式只有热能吗？（质疑）

光能也是能量形式之一，光能能否破坏离子晶体中的离子键，产生自由移动的离子？

因此，能量也是认识视角，当然也能够迁移，具有素养功能。

① 郑长龙.化学学科理解与“素养为本”的化学课堂教学［J］.课程·教材·教法，2019，39（09）：124.

第二节
化学学科核心素养的结构

2017年版课标将化学学科核心素养凝练为五条素养，即“宏观辨识与微观探析”“变化观念与平衡思想”“证据推理与模型认知”“科学探究与创新意识”“科学态度与社会责任”。这五条素养是一个整体，因此，需要对化学学科核心素养这个整体的结构进行解析。

一、基于整体论认识化学学科核心素养

化学学科核心素养提出后，有相当一些人是有异议的，最主要的异议就是：“证据推理与模型认知”“科学探究与创新意识”“科学态度与社会责任”这三条素养，是化学学科独有的吗？难道物理、生物等其他学科就不适用吗？对于这些异议，非常有必要从理论上加以阐释。

这些问题的实质，实际上就是看待特殊性的哲学方法论问题。所谓特殊性，是指一事物与他事物相区别的属性。当用一条属性就能把此事物与彼事物区分开来的时候，这条属性就是“独有属性”。例如，植物与动物，部分人认为只用“是否能思维”这样一条属性就可以将二者区分开来，那么“是否能思维”就是独有属性。对于复杂系统的区分，很多时候需要涉及多条属性。例如，中国教育与美国教育，就需要从教育制度、教育文化、学校、课程、教师、学生等多方面属性加以区分。

这样，在哲学上就形成了看待特殊性的两种方法论，一种是还原论，主要看的是“局部”；另一种是整体论，主要看的是“整体”。以往看待特殊性，往往看的是局部，也就是逐一去看某属性是否是独有属性；当代看待特殊性，往往看的是整体，也就是系统地看。例如，我国《化学教育》杂志的特殊性，中国杂志、国家化学会刊物、教育类杂志、主要研究基础教育，这四条特征都不是我国《化学教育》杂志所独有的，但放在一起，指的一定就是我国《化学教育》杂志。化学学科核心素养也一样，基于还原论来看，一些素养就不是化学学科所独有的；但基于整体论来看，这五条核心素养指的就是化学学科。

二、化学学科核心素养的功能结构

化学学科核心素养是一个整体，是一个系统。所谓系统，是指由要素按照一定的连接方式所形成的具有一定功能的有机整体。① 因此，对于化学学科核心素养系统，非常有必要基于功能来研究其结构问题。

1. 五条化学学科核心素养的功能定位

每一条化学学科核心素养都是有功能的。要研究化学学科核心素养的功能结构，首先必须弄清楚每一条素养的功能。

·“宏观辨识与微观探析”，其素养功能主要体现在：一，给出了化学科学的研究域，即“宏观”和“微观”。二，明确了每一研究域的基本任务，宏观研究域的任务是“辨识”，即在现象、规律层面来认识物质的组成及性质；微观研究域的任务是“探析”，即在本质层面来认识物质的构成及结构。三，通过“与”字，将宏观、微观两个研究域联系起来，即通

① 苗东升.系统科学精要［M］.2版.北京：中国人民大学出版社，2006：22.

过宏观现象来揭示物质及其变化的微观本质，基于微观本质来解释和预测物质及其变化的宏观现象，从而抽提出“宏微结合”这一化学学科特有的思维方式。

·“变化观念与平衡思想”，其素养功能主要体现在：一，指出了化学科学的研究对象，即“变化”，化学是变化之学，是通过变化来创造新物质的一门科学。二，明确了研究化学反应原理及规律的视角，即“平衡态”。三，从学科思想和观念层面认识“变化”与“平衡”及其二者的相互关系，反映了化学学科特有的思维方式，即“变”与“不变”的辩证思维。

·“证据推理与模型认知”，其素养功能主要体现在：一，从方法论层面给出了解决化学问题的素养要求，即基于“证据”的推理、基于“模型”的解释及预测。二，将推理、模型用“与”字联系起来，突出强调“证据”“推理”与“模型”的关联。

·“科学探究与创新意识”，其素养功能主要体现在：一，从化学科学实践视角给出了解决化学问题的素养要求，即科学探究，通过科学探究获得证据，建立解释模型。二，反映了新时代化学学科核心素养的特质，即创新，强调基于真实问题解决的“实践创新”。

·“科学态度与社会责任”，其素养功能主要体现在：一，从化学科学应用视角给出了解决化学问题的素养要求，即化学科学应用的“绿色设计”。二，反映了化学科学应用的正确价值取向及社会责任担当。

2. 化学学科核心素养的功能结构模型

依据五条素养的功能定位，可以建立起素养之间的相互联系。“宏观辨识与微观探析”和“变化观念与平衡思想”，反映的是化学学科思维方式；“证据推理与模型认知”，反映的是化学学科思维方法。化学学科思维方式和方法，属于化学科学认识范畴；“科学探究与创新意识”，属于化学科学实践范畴；“科学态度与社会责任”，属于化学科学价值范畴或化学科学应用范畴。基于此，可对五条化学学科核心素养进行结构化，如图1-2所示。

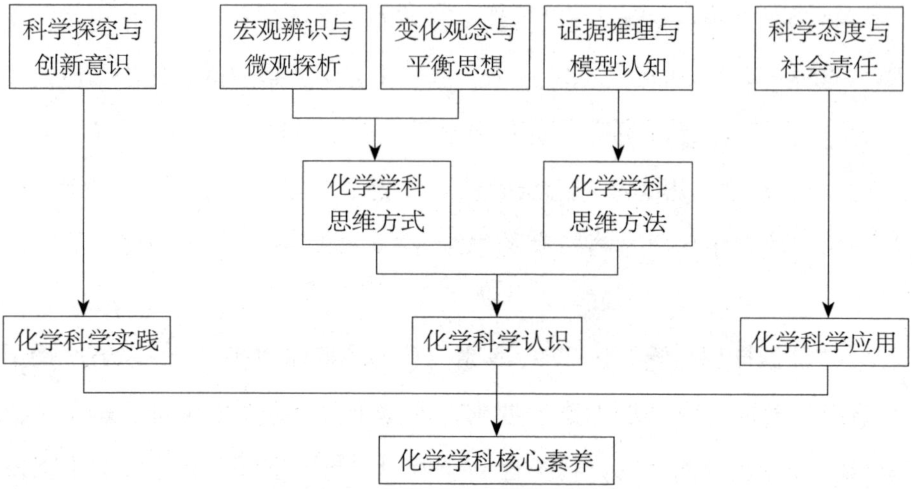

图1-2　化学学科核心素养功能结构模型

从图1-2可以看出，基于素养功能，化学学科核心素养是由“化学科学实践”“化学科学认识”和“化学科学应用”等要素构成的有机整体，每一个要素都具有独立的素养功能，其区别在于是在问题解决的不同阶段发挥作用。

从化学科学实践，到化学科学认识，再到化学科学应用，体现了马克思主义认识论的一般过程。因此，化学学科核心素养的功能结构是有哲学依据的，这个依据就是马克思主义哲学认识论，如图1-3所示。

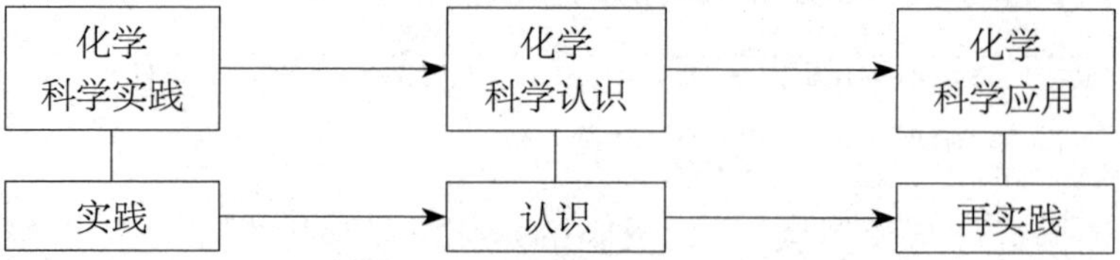

图1-3　化学学科核心素养功能结构的哲学依据

三、化学学科核心素养与科学素养

化学新课程（对应2003年版课标）以发展学生的科学素养为主旨；新时代化学课程（对应2017年版课标）以发展学生的化学学科核心素养为主旨。那么，科学素养与化学学科核心素养之间具有怎样的区别和联系呢？

1．化学课堂教学的圈层结构

在实然的化学教学中，可以发现，当一个化学知识进入课堂时，我们实际上给这个知识穿了两层“衣服”，一层是“认识层”，一层是“教学层”。例如，“通过这些实验事实，你能得出什么结论？大家讨论一下。”在这句话中，“实验事实”和“结论”是化学知识，属于知识层；“你能得出什么结论”，启发学生运用归纳推理的方法得出结论，属于认识层；“大家讨论一下”，运用了“讨论法”，属于教学层。我们将化学课堂教学中知识层、认识层和教学层之间普遍存在的这种圈层关系，称为化学课堂教学的圈层结构，[①]如图1-4所示。

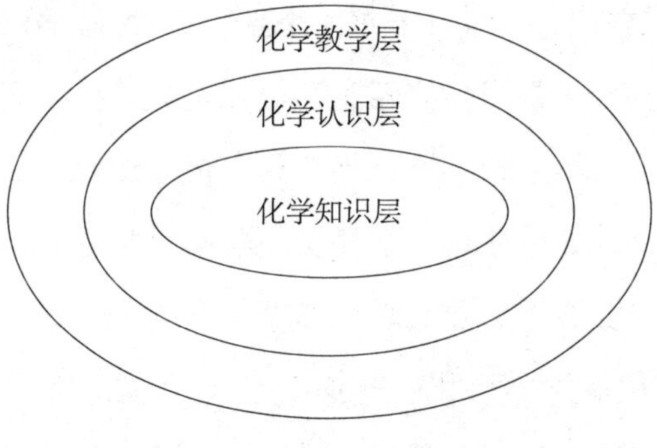

图1-4　化学课堂教学的圈层结构

化学认识层回答的是如何认识化学科学知识，即认识方式、方法问题；化学教学层回答的是如何有效地认识化学科学知识，即教学方式、方

① 郑长龙. 2017年版高中化学课程标准的重大变化及解析［J］. 化学教育，2018，39（09）：42.

法问题。在化学课堂教学中，只有认识层和教学层的有机融合，才有可能保证教学的有效性。圈层结构模型给我们的一个重要启示是，要重视化学认识层的深入研究，化学认识层更具有化学学科特质。

2. 认识的层级结构及其与教育、素养之间的对应关系

从认识论来看，认识具有不同的层级。按照认识的抽象概括程度，可划分为三个层级，即哲学认识、科学认识和化学认识。它们与教育、科学教育和化学教育，核心素养、科学素养和化学学科核心素养之间具有对应关系，如图1-5所示。

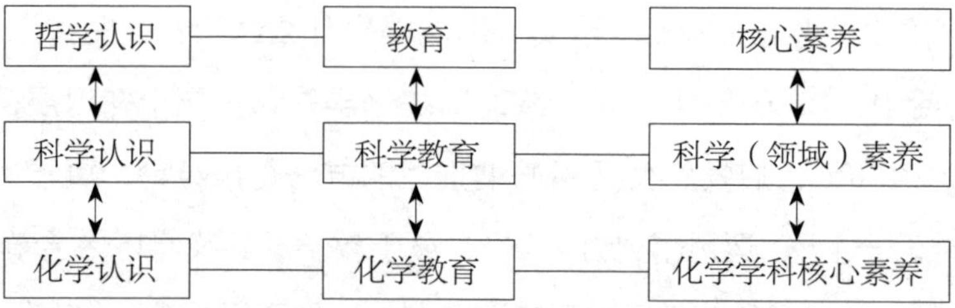

图1-5 认识的层级结构及其与教育、素养之间的对应关系

3. 化学学科核心素养是对科学素养的继承和发展

从图1-5可以看出，化学学科核心素养，同物理学科核心素养、生物学学科核心素养一样，是学生必备的科学素养。① 科学素养理论对化学学科核心素养在化学教学中的落实，仍然具有指导作用。

化学学科核心素养是在化学学科层面落实科学素养，因而，它既是对科学素养的深化和发展，又要反映和体现化学学科特质。可以说，它是科学素养的具体化和化学学科化。从这个意义上说，化学学科核心素养理论，是科学素养理论的重大发展和深化。这也是新时代化学课程改革先进性和创新性的重要标志。

那么，科学素养系统的三个构成要素，与化学学科核心素养系统的五

① 中华人民共和国教育部. 普通高中化学课程标准（2017年版）[M]. 北京：人民教育出版社，2018：1.

个构成要素有什么不同？在系统科学中，从考察系统的方式来划分，可将系统分为静态系统和动态系统。因而，构成系统的要素，也可分为构成系统的静态要素和构成系统的动态要素。静态要素只表明系统的成分，动态要素不仅表明系统的成分，还表明系统的运行过程（动态）。科学素养的三个要素，属于静态要素，只表明科学素养是由知识与技能，过程与方法，情感、态度与价值观构成的；化学学科核心素养的五个要素，属于动态要素，不仅表明构成成分，还表明从化学科学实践到化学科学认识，再到化学科学应用的素养形成与发展及其表现的过程。

那么，三维目标与五条素养之间又具有怎样的联系和区别呢？三维目标中的每一个维度——知识与技能，过程与方法，情感、态度与价值观，都不具有独立的素养功能。也就是说，只用三维目标中的任何一个维度，都不能达成科学素养的培养目标，只有三个维度相互融合，共同发挥作用，才能发展学生的科学素养。基于“维度”建构的科学素养结构，天然地存在着割裂问题。因而，在教学实践中，对于“过程与方法”和“情感、态度与价值观”两个维度，教师在教学设计上难以体现化学学科特质，很容易沦为形式化，变得可有可无；而“知识与技能”维度相对容易具体化，可操作性强，最终导致“三维目标”变成了“一维目标”，使得科学素养发展目标得不到有效落实。

化学学科核心素养中的五条素养，每一条都具有独立的素养功能；每一条素养都可设计成“知识与技能”“过程与方法”和“情感、态度与价值观”的三维目标表达形式。但如果设计成这样的形式，割裂问题依然存在。因此，从整体上说，化学学科核心素养与三维目标之间，不存在一一对应关系。也就是说，不要尝试去建立这样的关联，即化学学科核心素养中某条素养属于知识与技能，某条素养属于过程与方法，某条素养属于情感、态度与价值观等。

第三节
化学学科核心素养的水平

学生化学学科核心素养的发展，并不是一蹴而就的，而是一个持续进步、不断提升的过程，体现了阶段性和连续性的统一。因此，基于这一特点，非常有必要对学生的化学学科核心素养发展水平进行刻画和描述。

一、宏观辨识与微观探析素养的表征框架及水平划分

【资料卡片】宏观辨识与微观探析素养内容的刻画

能从不同层次认识物质的多样性，并对物质进行分类；能从元素和原子、分子水平认识物质的组成、结构、性质和变化，形成“结构决定性质”的观念。能从宏观和微观相结合的视角分析和解决实际问题。

资料来源：中华人民共和国教育部.普通高中化学课程标准（2017年版）[M].北京：人民教育出版社，2018：3.

1．宏观辨识与微观探析素养的表征框架

化学是研究物质及其变化的一门科学，通过实验探究，可以获得物质及其变化的宏观现象。对物质及其变化的宏观现象进行理论解释，形成了

两门主要的学问：一门学问是结构化学，主要是研究物质的微观结构，从而形成了研究物质及其变化的微观视角；另一门学问是物理化学，主要是研究由大量粒子所构成的宏观体系的状态及其变化过程，从而形成了研究物质及其变化的宏观视角。

宏观辨识与微观探析素养，主要是从结构化学视角来认识物质及其变化的微观本质。那么，什么是微观呢？肉眼看不见就是微观吗？显然不是！微观，首先是一个“尺度”概念，一般认为，当物质系统小于 10^{-9} m时，该系统就是微观系统。基于尺度所认识的微观，可称之为“尺度微观”。尺度微观，并没有揭示出微观粒子的本质。因此，将基于波粒二象性所认识的微观，称之为“本质微观”。事实上，在化学史上，人们首先认识的微观就是尺度微观。例如，1803年道尔顿（J. Dalton）提出的“原子”，1811年阿伏加德罗（A. Avogadro）提出的“分子”，以及1916年柯塞尔（W. Kossel）提出的“离子键”，路易斯（G. Lewis）提出的“共价键”等，都属于尺度微观。20世纪30年代以后，基于量子力学来认识的微观，则属于本质微观。

基于宏观对物质及其变化的认识，一般称之为“宏观表征”；基于微观对物质及其变化的认识，一般称之为“微观表征”；基于符号对物质及其变化的认识，一般称之为“符号表征”。从宏观表征，到微观表征，再到符号表征，反映了化学学科特有的一种认识方式，也被称为“三重表征”（triple representation），如图1-6所示。[①]

例如，对电解质电离的认识，可以设计成以下三个板块，如图1-7所示。这样的教学过程设计，就体现了化学学科三重表征的认识方式。

---

① 毕华林，黄婕，亓英丽.化学学习中“宏观-微观-符号”三重表征的研究［J］.化学教育，2005(05)：51.

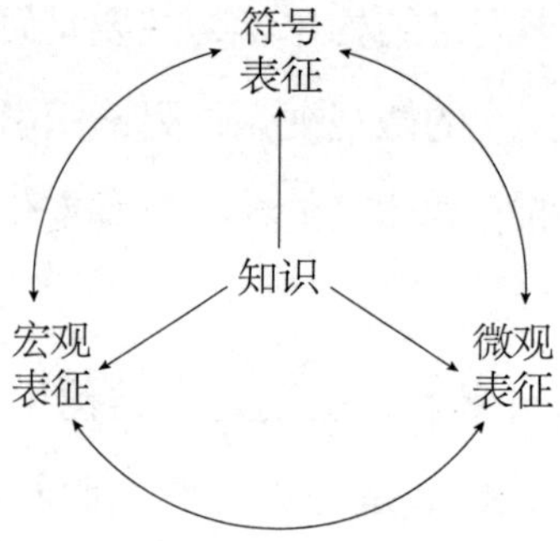

图1-6　化学学科的三重表征

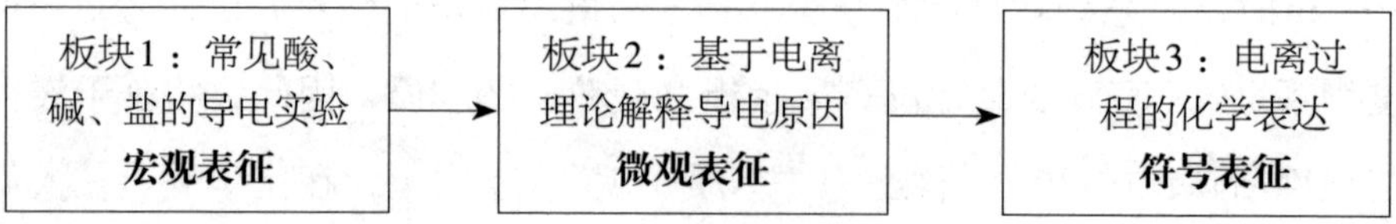

图1-7　基于三重表征的电解质电离教学过程

基于上述分析，就可以建立起“宏观辨识与微观探析”素养的表征框架，如图1-8所示。

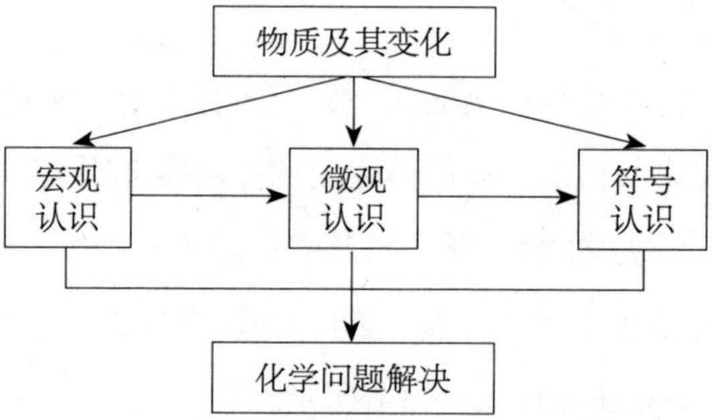

图1-8　“宏观辨识与微观探析”素养的表征框架

从图1-8可以看出，对物质及其变化的认识，有三个基本视角，即宏观视角、微观视角和符号视角；从宏观到微观，再到符号，反映了化学学科特有的认识方式；化学问题解决，既为素养的表现提供了机会，又体现了素养的发展水平。

2. 宏观辨识与微观探析素养的水平划分

（1）宏观认识的水平划分

基于宏观视角，按照对物质及其变化认识的特点，可将宏观认识划分为三种水平。

◎水平1：现象水平

这种水平是基于宏观现象，对个别物质、个别反应的认识。例如，观察Cl_2的颜色和状态，发现Cl_2是一种黄绿色气体。这是基于实物观察，对Cl_2物理性质的认识。

◎水平2：规律水平

这种水平是基于物质类别和反应类别，对一类物质、一类反应的规律性认识。例如，NaOH，从物质类别来看，它属于碱；NaOH溶液与HCl溶液的反应，从反应类别来看，属于酸碱中和反应。

◎水平3：转化水平

这种水平是基于物质之间的转化关系，对物质及其变化的认识。物质之间的转化关系，既可以是类别之间的转化关系，也可以是元素价态之间的转化关系。例如，自然界中的氮循环，对于无机氮循环，既可以从物质类别来分析，也可以从元素价态来解释。

（2）微观认识的水平划分

基于微观视角，按照对物质及其变化认识的深刻程度，可将微观认识划分为三种水平。

◎水平1：基于粒子的尺度微观水平

这种水平是从原子、分子和离子的视角，对物质及其变化的微观本质的认识。例如，从原子视角认识物质的构成，认识化学反应的本质。

◎水平2：基于粒子相互作用的尺度微观水平

这种水平是从原子、分子和离子之间相互作用的视角，对物质及其变化的微观本质的认识。例如，从共价键的视角，认识HCl是共价分子、极性分子；从共价键的断裂与形成的视角，认识H_2与Cl_2反应生成HCl的本质。

◎水平3：基于轨道相互作用的本质微观水平

这种水平是从轨道相互作用的视角，对物质及其变化的微观本质的认识。例如，从杂化轨道理论来看，甲烷分子中的碳原子发生了sp^3杂化，形成了4个sp^3杂化轨道，sp^3杂化轨道与氢原子的1s轨道相互作用（轨道重叠），形成了甲烷分子的空间正四面体结构。

（3）符号认识的水平划分

人们在长期的化学科学实践中，形成了一套完整的化学符号语言，对物质及其变化进行刻画和描述。因此，基于化学符号来认识物质及其变化，也是化学学科核心素养的不可或缺的重要组成部分。化学符号是有特定化学意义的，因此，基于对化学意义的识别、描述和选择，可将符号认识划分为三种水平。

◎水平1：意义识别水平

这种水平是对化学符号自身的化学意义的一种辨识。例如H_2O，它最基本的化学意义是对水这种物质的符号描述。当然，除此之外，该符号还有一些其他的化学意义，如表示一个水分子是由两个氢原子和一个氧原子构成的，等等。

◎水平2：意义描述水平

这种水平是基于符号的化学意义，对物质及其变化的一种描述。例如，运用原子结构示意图和电子式来描述HCl的形成过程，如图1-9所示。

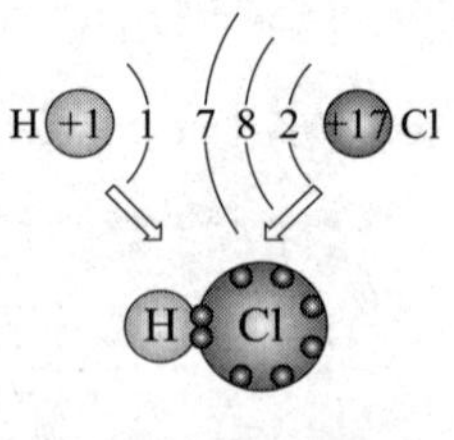

图1-9　氯化氢分子形成过程的符号描述

◎**水平3：意义选择水平**

这种水平是通过对化学符号多重化学意义的选择，达成对物质及其变化的一种恰当、合理的描述。例如，NaOH溶液与HCl溶液的反应，就可以用化学方程式和离子方程式来描述，这就存在一个选择问题。如果是定性揭示该反应的本质，就可选择离子方程式，即 $H^+ + OH^- = H_2O$；如果是定量研究反应中各物质之间的质量关系，则可选择化学方程式，即 $NaOH + HCl = NaCl + H_2O$。

要想达到意义选择水平，必须能够识别符号的多重化学意义，能够对符号的多重化学意义给予正确的描述。因此，意义选择水平是符号认识的最高水平。

（4）宏微结合的水平划分

基于宏观视角，可以认识物质及其变化的现象和规律性，基于微观视角，可以认识物质及其变化的微观本质。将宏观与微观进行关联，就可以形成“宏微结合”视角。宏观与微观的关联，可以用图1-10来表示。

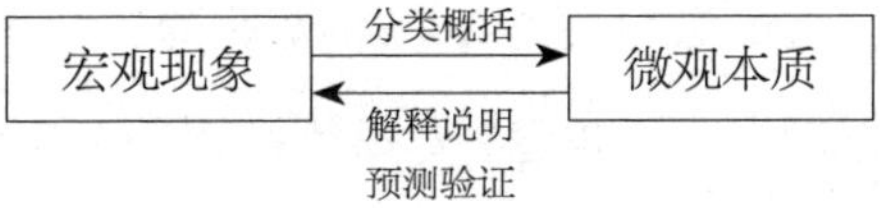

图1-10 “宏微结合”示意图

从图1-10可以看出，基于物质及其变化的宏观现象，通过比较分类和归纳概括，可以抽提出物质及其变化的微观本质；基于微观本质，可以解释、预测物质及其变化的宏观现象。据此，可将“宏微结合”划分为以下三种水平。

◎**水平1：分类概括水平**

这种水平是基于物质及其变化的宏观现象，通过比较分类和归纳概括，揭示物质及其变化的微观本质。例如，NaOH溶液可以与HCl溶液发生中和反应，H_2SO_4溶液可以与NaOH溶液发生中和反应，HNO_3溶液可以与NaOH溶液发生中和反应，通过对实验现象的分类概括，可以抽提出中和反应的本质是$H^+ + OH^- = H_2O$。

◎**水平2：解释说明水平**

这种水平是基于微观本质，对物质及其变化的宏观现象及规律进行解释和说明。例如，基于化学键视角，解释乙烷分子中C—H的特点。

◎**水平3：预测验证水平**

这种水平是基于微观本质，对物质的性质及其变化规律进行预测，并通过实验加以验证。例如，基于官能团的结构特征，预测丙烯醇可能具有的性质，并设计实验加以验证。

二、变化观念与平衡思想素养的表征框架及水平划分

【资料卡片】变化观念与平衡思想素养内容的刻画

能认识物质是运动和变化的，知道化学变化需要一定的条件，并遵循一定规律；认识化学变化的特征本质是有新物质生成，并伴有能量转化；认识化学变化有一定限度、速率，是可以调控的。能多角度、动态地分析化学变化，运用化学反应原理解决简单的实际问题。

资料来源：中华人民共和国教育部.普通高中化学课程标准（2017年版）[M].北京：人民教育出版社，2018：4.

1. 变化观念与平衡思想素养的表征框架

“宏观辨识与微观探析”素养，主要依据结构化学理论，认识化学反

应的本质；“变化观念与平衡思想”素养，主要依据物理化学原理，认识化学反应的本质。

对于任何化学反应而言，都存在“可能性”（化学热力学）和“现实性”（化学动力学）问题，前者可概括为“驱动”，后者可概括为“引发”。无论是驱动还是引发，最根本性的决定因素是能量。对于能量，可以从“质”和“量”两个方面来认识。从质的方面来看，能量的品位不完全相同，存在品位高低之分；从量的方面来看，能量的数量也有高低、多少之分。因此，基于驱动视角，$E_{反应物} > E_{生成物}$（$E_{反应物}$为反应物体系的状态能量，$E_{生成物}$为生成物体系的状态能量），反应有可能发生；$E_{品\ 反应物} > E_{品\ 生成物}$，（$E_{品\ 反应物}$为反应物体系的状态能量品位，$E_{品\ 生成物}$为生成物体系的状态能量品位），反应也有可能发生。基于引发视角，化学反应有多重引发形式，如光引发、热引发、功引发等，光、热、功等都是能量的表现形式。所以，能量是从原理层面认识化学反应本质的重要视角。

对于绝大多数化学反应体系而言，由于存在混合熵，反应都存在限度，存在平衡状态。当一个化学反应体系达到平衡态时，有多少反应物转化为生成物，反应用了多长时间，这是在原理层面揭示化学反应本质的两个核心问题。前者是平衡转化率问题，即物质的转化程度问题；后者是化学反应快慢程度问题。对于这两个问题，就研究方法而言，既有定性研究，如勒夏特列原理，又有定量研究，如化学平衡常数等。通过速率（$v_{正} = v_{逆}$）和浓度（各物质的浓度保持不变，也就是浓度商一定，平衡时的浓度商就是平衡常数），可以表征化学平衡状态。

在原理层面揭示化学反应本质的价值，在于对生产、生活中的化学反应进行调控。反应速率和物质转化率，是调控化学反应的两个重要视角。

基于以上分析，就可以建立起“变化观念与平衡思想”素养的表征框架，如图1-11所示。

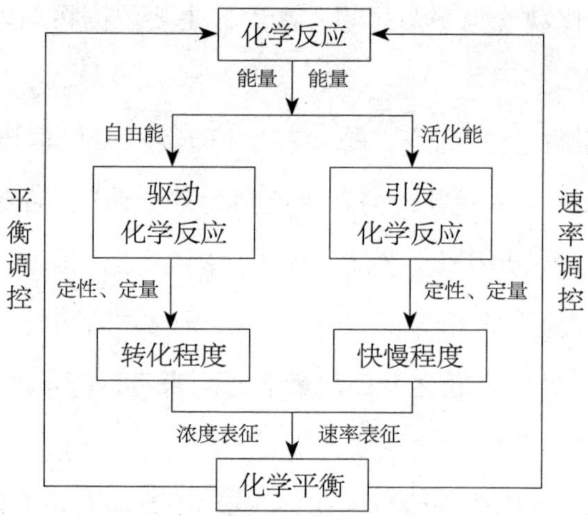

图1-11 “变化观念与平衡思想”素养的表征框架

从图1-11可以看出，在原理层面认识化学反应本质的视角主要有三个：一是能量视角，二是限度（反应达到平衡状态时物质的转化程度，就是反应的限度）视角，三是速率视角。

2. 变化观念与平衡思想素养的水平划分

（1）基于能量视角的水平划分

能量是认识化学反应的重要视角之一。能量与化学反应的关联有着不同的水平层次。

◎水平1：宏观现象水平

这种水平是通过对化学反应热现象的观察，基于宏观现象，将化学反应与能量变化建立关联，归纳总结出化学反应具有能量变化的特征，初步建构起认识化学反应的能量视角。例如，Fe在O_2中燃烧，通过观察发现有发光、发热现象。光能、热能等都是能量的具体形式，发光、发热表明有能量的变化。

◎水平2：原因解释水平

这种水平是基于键的断裂与形成（化学能的变化），对化学反应中能量变化的原因进行解释，建构起认识化学反应的化学能视角。化学能视角，是能量视角的具体化。例如，依据Cl—Cl、H—H、H—Cl的键能，分析H_2与Cl_2反应生成HCl气体过程中的能量变化。通过对化学能与热能、电能关系的分析，可以形成能量的转化及守恒的基本观念。

◎水平3：原理分析水平

这种水平是通过对化学反应的驱动和引发过程的分析，基于化学反应原理，建构起认识化学反应的自由能视角和活化能视角。自由能视角和活化能视角，是能量视角的具体化。例如，在等温、等压、不做非体积功的条件下，依据ΔG判断化学反应的方向；依据活化能分析影响化学反应速率的因素。

（2）基于限度视角的水平划分

化学方程式表明了物质之间存在一定的转化关系，那么，物质的转化程度如何呢？对于可逆反应而言，限度表征了物质的最大转化程度，即化学反应体系处于平衡状态时物质的转化程度。因此，限度是认识物质转化程度的重要视角。基于限度视角认识化学物质的转化，可分为以下水平。

◎水平1：定量描述水平

这种水平是指能利用浓度的幂之积的比值，来定量描述平衡状态时物质的转化程度。在一定温度下，对于给定的化学反应来说，当体系达到平衡时，其生成物浓度的幂之积与反应物浓度幂之积的比值是一定的，即平衡常数（K）；当体系处于任意状态时，物质的转化程度也可以用生成物浓度幂之积与反应物浓度幂之积的比值（浓度商，Q）来衡量。

◎水平2：比较判断水平

这种水平是指能利用浓度商与平衡常数的大小关系，来判断化学平衡移动方向。对于一定条件下给定的化学反应来说，当$Q < K$，平衡正向移

动；当$Q > K$，平衡逆向移动；当$Q = K$，体系处于平衡状态。当然，利用勒夏特列原理，也可以定性判断化学平衡移动的方向。

◎水平3：反应调控水平

这种水平是指能通过改变限度，来提高物质的转化程度，从而达到调控化学反应的目的。这种调控，通常被称为“平衡调控”。改变限度的途径，可以是通过改变反应的温度，来提高平衡转化率；也可以是通过反应的耦合，来增大反应的趋势。

（3）基于速率视角的水平划分

化学反应有快有慢，反应所需时间各不相同。对化学反应时间特征的描述，可以形成认识化学反应的速率视角。基于速率视角认识化学反应的时间特征，可划分为以下水平。

◎水平1：宏观描述水平

这种水平是指能基于速率视角，定性描述化学反应的宏观现象；能依据物质浓度的变化，定量刻画化学反应速率，从而建立起化学反应与反应所需时间之间的关联，逐步形成认识化学反应的速率视角。例如，定性比较Na、Mg、Fe、Al与H_2SO_4溶液反应所需时间的差异。

◎水平2：理论解释水平

这种水平是指能够通过实验，归纳总结影响化学反应速率的因素及其规律性，并能从活化分子或活化能视角建立理论解释模型。例如，基于活化能视角，对MnO_2增大H_2O_2分解速率的现象进行理论解释。

◎水平3：反应调控水平

这种水平是指能通过改变反应速率，来提高物质转化效率，从而达到调控化学反应的目的。这类调控，通常被称为“速率调控”。

三、证据推理与模型认知素养的表征框架及水平划分

【资料卡片】证据推理与模型认知素养内容的刻画

具有证据意识，能基于证据对物质组成、结构及其变化提出可能的假设，通过分析推理加以证实或证伪；建立观点、结论和证据之间的逻辑关系。知道可以通过分析、推理等方法认识研究对象的本质特征、构成要素及其相互关系，建立认知模型，并能运用模型解释化学现象，揭示现象的本质和规律。

资料来源：中华人民共和国教育部.普通高中化学课程标准（2017年版）[M].北京：人民教育出版社，2018：4.

1. 证据推理与模型认知素养的表征框架

"宏观辨识与微观探析""变化观念与平衡思想"是从化学学科认识方式方面提出的素养，而"证据推理与模型认知"则是从化学学科认识方法方面提出的素养。结合认识阶段，可将认识方法划分为感性认识方法和理性认识方法。证据推理与模型认知，属于理性认识方法，是基于物质及其变化的宏观现象，"揭示现象的本质和规律"①的方法论。

由现象到本质的过程，也就是由具体到抽象的过程，其思维路径只能是科学推理；科学推理的结果是形成假说，假说的正确与否，需要运用证据加以检验，检验正确的，假说就成为了概念和理论。这一过程如图1-12所示。

---

① 中华人民共和国教育部.普通高中化学课程标准（2017年版）[M].北京：人民教育出版社，2018：4.

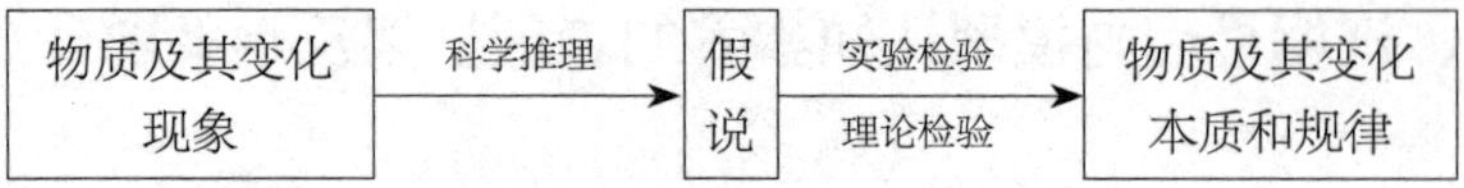

图1-12 “证据推理”素养的表征框架

物质及其变化的本质和规律，常常是以模型的形式来发挥作用的。所谓模型，是指根据一定的目的，对原型的主要特征模拟后所形成的一种样态。模型的样态多种多样，按照再现原型的形式可将模型分为：化学实物模型，如CH_4的球棍模型，是以物质形式再现原型的模型；化学思想模型，如原子的量子力学模型，是以思想形式再现原型的模型。按照原型的功能，可将模型分为：化学科学模型，如电子云模型，属于本体论意义上的模型；化学认识模型，如原电池认识模型，属于认识论意义上的模型。“模型认知”素养中的“模型”，既包括化学科学模型，也包括化学认识模型，如图1-13所示。

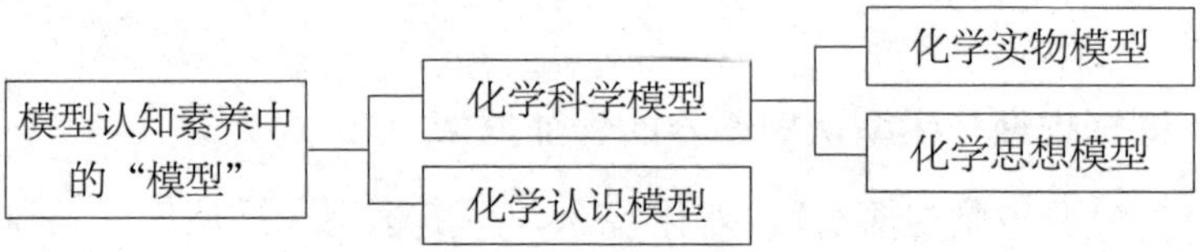

图1-13 “模型认知”素养中的模型类型

所谓认知，是指人类认识客观事物及其规律的心理活动，包括感觉、知觉、表象、注意、思维和问题解决等，属于认知心理学、学习心理学范畴。模型认知，指的是基于模型来认识物质及其变化的心理活动。

对化学科学模型的认知与对化学认识模型的认知，二者是统一的。在认知化学科学模型的过程中，一方面认识了模型所表征的物质及其变化的特征、本质和规律（知识层面），另一方面认识了物质及其变化的特征、本质和规律是如何模型化的（认识层面），从而又达到对化学认识模型的认知。因此，发展学生的模型认知素养，实质上就是发展学生的模型思维。

所谓模型思维，是指基于模型来认识物质及其变化的本质和规律，基于模型来抽提物质及其变化的认识视角和认识思路，基于模型来进行化学问题解决的一种思维。发展模型思维，应注重对学生模型思维意识的培养，使学生能基于模型思维视角去识别和理解化学科学模型和化学认识模型；应注重引导学生学会建构化学认识模型，形成物质及其变化的一般认识框架；应注重开展真实的化学问题解决活动，引导学生合理地选择化学科学模型，发挥模型的描述、解释和预测功能。

2. 证据推理与模型认知素养的水平划分

（1）证据推理的水平划分

◎水平1：举证水平

这种水平是指能够通过列举个别的证据来进行问题解决。例如，如何证明酸和碱发生了中和反应？有的学生以等体积、等物质的量浓度的HCl溶液与NaOH溶液反应，反应后溶液的pH等于7作为证据来解答这个问题。

◎水平2：推理水平

这种水平是指能够基于科学推理来进行问题解决。例如，通过NaCl溶液能够导电、K_2SO_4溶液能够导电、NH_4NO_3溶液能够导电的实验现象，你能得出什么结论？有的同学认为，NaCl、K_2SO_4、NH_4NO_3都是盐，因此，盐溶液能够导电。这是基于归纳推理得到的结论。再如，SO_2为什么具有漂白作用？有的同学认为，HClO具有漂白作用是因为HClO具有氧化性，SO_2中S的化合价是+4价，也具有氧化性，因此，是由于SO_2的氧化性使其具有漂白作用。这是基于类比推理得到的结论。

◎水平3：论证水平

这种水平是指能够基于系统的科学论证来进行复杂问题解决。例如，在等温、等压条件下，化学反应的能量变化都是化学能贡献的吗？对于这个问题，有的同学认为“不是”，理由是“在$BaCO_3 + H_2SO_4 = BaSO_4\downarrow + CO_2\uparrow + H_2O$反应中，有气体生成，存在相变能”。该同学是基于个别的事实来陈述自己的观点，因而属于水平1——举证水平。有的同学认为“是”，理由是“任何化学物质都有化学能，化学反应的实质是反应物的化学键断裂，生成物的化学键形成；化学键断裂，导致反应物的化学能变化，化学键形成，导致生成物的化学能变化，二者的能量差，就是反应的热效应”。该同学基于已有的三个关联（化学物质与化学能的关联、化学反应与化学键变化的关联、化学键的变化与反应能量变化的关联），建立了新的关联，即化学键的变化与化学能变化的关联，系统陈述了自己的观点。因而，该同学的陈述属于论证水平。尽管该同学的论证过程及得出的结论并不严谨。

（2）模型认知的水平划分

◎水平1：模型意识水平

这种水平是指能够基于模型视角，来识别和理解化学科学模型和化学认识模型。所谓识别，就是知道模型是对原型的“什么”的模拟；所谓理解，就是知道模型是“怎样”模拟原型的。以对电子云模型的认识为例。电子云模型是化学科学模型，是对元素原子核外电子空间运动状态的模拟（模拟了什么），是用电子在原子核外空间的概率密度的分布来表征的（怎样模拟的）。

◎水平2：模型建构水平

这种水平是指能够基于模型表征物质及其变化的特征、本质和规律（化学科学模型的建构），表征物质及其变化的一般认识框架（化学认识模型的建构）。例如，在学习了铁及其化合物的性质之后，就可以引导学生建构铁元素0价、+2价和+3价之间相互转化的“铁三角”模型。“铁三角”模型是对铁元素不同价态化合物相互转化关系的一种表征，因而是化学科学模型；将“铁三角”模型的建构过程进行抽提，就可以形成多变价元素不同价态化合物相互转化关系的“价三角”模型①，如图1-14所示。“价三角”模型表征的是认识多变价元素不同价态化合物相互转化关系的一般框架，因而属于化学认识模型。

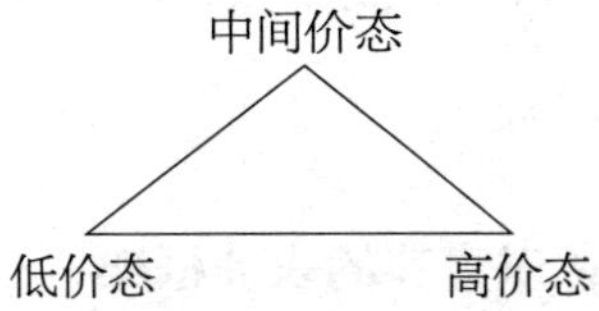

图1-14 “价三角”模型

◎水平3：模型运用水平

这种水平是指能够选择恰当的化学科学模型或化学认识模型，来描述、解释和预测物质及其变化的特征、本质和规律。例如，选择有效碰撞理论模型解释浓度对化学反应速率影响的规律性。解释化学反应速率的化学科学模型主要有有效碰撞理论模型和过渡态理论模型，这里选择的是有效碰撞理论模型，即基于活化分子视角进行理论解释；解释的对象是浓度对化学反应速率影响的规律性。

四、科学探究与创新意识素养的表征框架及水平划分

【资料卡片】科学探究与创新意识素养内容的刻画

认识科学探究是进行科学解释和发现、创造和应用的科学实践活动；能发现和提出有探究价值的问题；能从问题和假设出发，依据探究目的，设计探究方案，运

① 郑长龙.化学学科理解与“素养为本”的化学课堂教学［J］.课程·教材·教法，2019，39（09）：123.

用化学实验、调查等方法进行实验探究；勤于实践，善于合作，敢于质疑，勇于创新。

资料来源：中华人民共和国教育部.普通高中化学课程标准（2017年版）[M].北京：人民教育出版社，2018：4.

1．科学探究与创新意识素养的表征框架

如果说“宏观辨识与微观探析”“变化观念与平衡思想”“证据推理与模型认知”是化学科学认识素养的话，那么，“科学探究与创新意识”则是化学科学实践素养。通过科学探究等化学科学实践活动，可以获得物质及其变化的现象和事实，从而为化学科学认识提供丰富的感性认识材料。

从哲学层面看，所谓实践，是指人类能动地改造自然和社会的全部活动，[①]它包括多种形式，如科学实践、生产实践、社会实践，综合实践，教育实践、教学实践等。科学实践一词，在语意上较为复杂。之所以如此，主要是因为对这一词汇的含义存在两种理解：一种是指科学的实践（Scientific Practice），科学是形容词，如“科学实践观”，强调的是科学的，而不是非科学或伪科学的实践；另一种是指关于科学之实践（Practice of Science），科学是名词，如“科学实践是科学认识的基础”，强调的是科学领域的，而不是其他领域的实践。这里所说的科学实践，指的是第二种理解，即在科学领域人类能动地改造自然的全部活动。

科学实践一词，在范围上也较为复杂。之所以如此，主要是因为对这一词汇的范围存在两种理解：一种是广义的，既包括科学本身的实践，也包括技术方面的实践；另一种是狭义的，只包括科学本身的实践，如氧气

① 刘延勃，张弓长，马乾乐，张念丰.哲学辞典[M].2版.长春：吉林人民出版社，1985：435.

的实验室制取，不包括工程实践，如氧气的工业制取。

化学科学实践，指的是人类基于化学变化能动地改造自然的全部活动。这里的化学科学实践，在语意上指的是有关化学科学领域的实践；在范围上既包括化学科学本身的实践，也包括化学工程实践。

科学探究是进行科学解释和发现、创造和应用的科学实践活动，① 实验探究是化学科学探究的最重要形式。一般来说，科学探究过程主要包括以下环节，如图1-15所示。

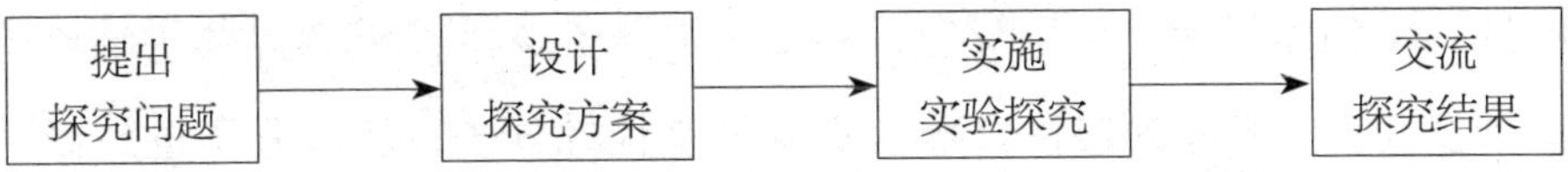

图1-15　科学探究的主要环节

基于科学探究的一般过程，可以从问题、设计、实施和交流等方面，对科学探究与创新意识素养水平进行表征。

2. 科学探究与创新意识素养的水平划分

◎水平1：模仿探究水平

这种水平是指能够通过模仿典型的科学探究案例，理解科学探究的基本环节和步骤，形成科学探究意识。以实验探究醋酸与碳酸的酸性强弱为例。这是一个较为典型的物质性质比较的实验探究案例，模仿此案例，可以进行这样的科学探究活动——实验探究甲酸与碳酸的酸性强弱。通过这样的模仿过程，可以增进对探究问题的提出、探究方案的设计与实施，以及实验结果的交流等科学探究环节的理解。

◎水平2：引导探究水平

这种水平是指能够在教师的引导下，发现有探究价值的问题和假设，设计探究方案，并在分析现象和数据的基础上，得出有价值的结论，交流

① 中华人民共和国教育部.普通高中化学课程标准（2017年版）[M].北京：人民教育出版社，2018：4.

自己的研究成果。例如，实验探究浓度对$Na_2S_2O_3$溶液与H_2SO_4溶液反应速率的影响。教师引导学生基于实验条件的控制方法设计实验方案，由学生亲自进行实验操作，记录实验现象，处理数据，得出结论，之后教师再组织学生交流各自的探究过程和结果。

◎水平3：自主探究水平

这种水平是指能够独立发现有探究价值的问题，独立设计和实施探究方案，并得出有价值的探究结论。例如，实验探究NaCl乙醇溶液的导电性。NaCl水溶液之所以导电，是由于水分子破坏了NaCl晶体中的离子键，使Na^+、Cl^-成为自由离子。水分子是极性分子，乙醇分子也是极性分子，乙醇分子是否也能破坏NaCl晶体中的离子键，使Na^+、Cl^-成为自由离子呢？这样的问题是有探究价值的，具有创新性，实验设计和实施也不复杂，学生完全可以独立、自主地进行实验探究。

五、科学态度与社会责任素养的表征框架及水平划分

【资料卡片】科学态度与社会责任素养内容的刻画

具有安全意识和严谨求实的科学态度，具有探索未知、崇尚真理的意识；深刻认识化学对创造更多物质财富和精神财富、满足人民日益增长的美好生活需要的重大贡献；具有节约资源、保护环境的可持续发展意识，从自身做起，形成简约适度、绿色低碳的生活方式；能对与化学有关的社会热点问题作出正确的价值判断，能参与有关化学问题的社会实践活动。

资料来源：中华人民共和国教育部.普通高中化学课程标准（2017年版）[M].北京：人民教育出版社，2018：4.

1. 科学态度与社会责任素养的表征框架

从化学学科核心素养的功能结构来看，“科学态度与社会责任”表征的是化学科学价值，即化学科学应用方面的素养。化学科学具有多方面重要价值。就科学价值而言，化学是材料科学、生命科学、环境科学、能源科学和信息科学等现代科学技术的重要基础；①就社会价值而言，化学能创造更多物质财富和精神财富、满足人民日益增长的美好生活需要。②化学科学价值，反映了化学学科的社会责任担当。而在追求化学科学价值的过程中，化学家们秉持科学态度与科学精神，提倡和践行绿色化学思想，为社会和环境的可持续发展贡献了化学人的智慧和力量。

中学化学课程中所涉及的化学科学应用主要有：

· 化学科学在材料方面的应用，主要有材料的分类、选择和合理使用；

· 化学科学在资源与能源方面的应用，主要有从资源到产品的转化路径分析、资源开发和能源利用方案的评价，辩证地分析资源与能源使用的利弊及其对环境和社会的影响；

· 化学科学在环境保护方面的应用，主要有常见污染及防治的化学原理分析、防治方案的绿色设计；

· 化学科学在生产、生活方面的应用，主要有生产、生活中简单化学问题的解决，化学品应用的利弊权衡及其中的科学伦理问题分析，基于低耗（物耗和能耗）、低排（低碳）和循环的绿色设计理念对化工生产中的有关问题进行讨论和评估。

---

① 中华人民共和国教育部. 普通高中化学课程标准（2017年版）[M]. 北京：人民教育出版社，2018：1.

② 中华人民共和国教育部. 普通高中化学课程标准（2017年版）[M]. 北京：人民教育出版社，2018：4.

化学科学应用，一方面要基于化学科学视角，说明和论述所依据的化学原理；另一方面要基于科学伦理视角，说明和论述化学科学应用中应遵守的行为规范和所承担的社会责任。基于此，“科学态度与社会责任”素养的表征框架如图1-16所示。

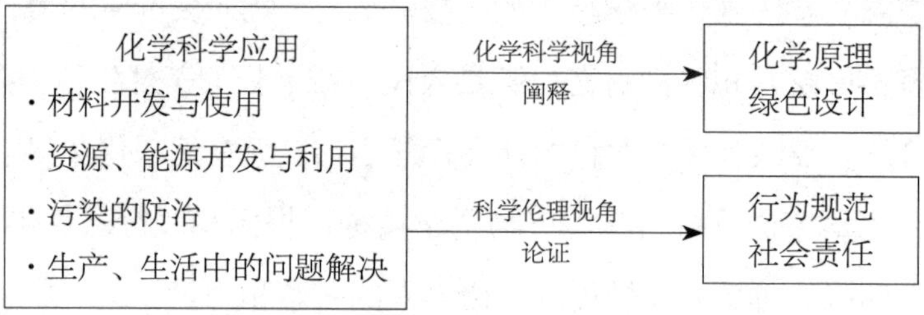

图1-16 “科学态度与社会责任”素养的表征框架

2. 科学态度与社会责任素养的水平划分

◎水平1：意识水平

这种水平是指能够基于化学科学视角，识别化学科学应用中所涉及的化学原理和所体现的绿色化学理念，具有安全意识、规则意识。例如，图1-17是氨的催化氧化实验装置图，学生如果能识别和说明装置4的作用及化学原理，就达到了意识水平。

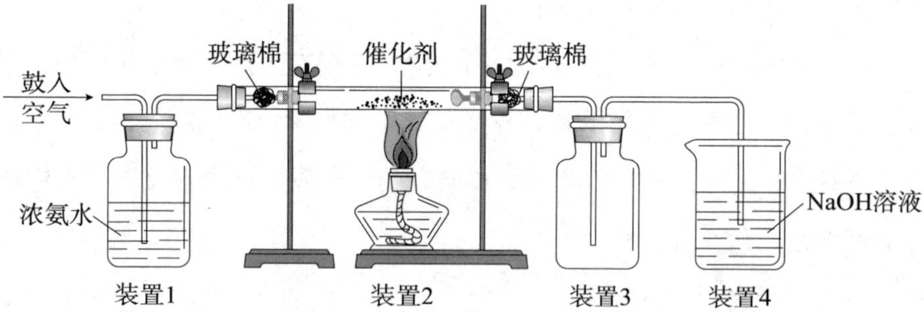

图1-17 氨的催化氧化实验装置图

◎水平2：分析水平

这种水平是指能够基于化学科学视角和科学伦理视角，对化学科学应用实例进行系统分析。例如，对于阿司匹林缓释片的使用，要能基于化学科学视角分析阿司匹林具有缓释功能的化学原理，同时，还要能基于药物使用伦理视角分析长期服用的利弊问题。

◎水平3：设计水平

这种水平是指能够运用化学原理，遵循科学伦理，设计化学问题解决方案，并加以实施。例如，关于新能源汽车的设计与使用，要能基于化学科学原理设计新能源小汽车，同时，要能基于科学伦理视角和绿色设计理念，对新能源汽车予以评价。

参考文献

[1] 中华人民共和国教育部.普通高中化学课程标准（2017年版）[M].北京：人民教育出版社，2018.

[2] 王祖浩.我国21世纪两版高中化学课程标准比较研究 [J].化学教学，2018(09)：3-11.

[3] 宋怡，丁小婷，马宏佳.专家型教师视角下的化学学科核心素养——基于扎根理论的质性研究 [J].课程·教材·教法，2017，37(12)：78-84.

[4] 马圆，严文法，宋丹丹.真实情境与化学学科核心素养的发展——基于《普通高中化学课程标准（2017年版）》的解读 [J].化学教育，2019，40(19)：6-10.

[5] 陈慧媛，杨水金.基于中学化学课程的化学核心素养实证研究 [J].化学教育，2019，40(07)：57-62.

[6] 张仿刚，朱思光，孔令鹏.《普通高中化学课程标准》关键词的统计分析 [J].化学教育，2018，39(13)：1-5.

[7] 韩梅，秦冰.高中化学学科中的社会责任素养内涵及课程内容指向探析——以必修课程为例 [J].化学教学，2020(02)：9-13.

[8] 朱鹏飞.我国高中化学学科核心素养研究：理论建构与实践策略 [J].化学教学，2019(06)：9-14.

[9] 朱鹏飞.《普通高中化学课程标准（2017年版）》的主要变化——基于中学化学教师的视角 [J].化学教学，2018(10)：10-14.

[10] 单旭峰.对“模型认知”学科核心素养的认识与思考 [J].化学教学，2019(03)：8-12.

[11] 吴星.对高中化学核心素养的认识 [J].化学教学，2017(05)：3-7.

[12] 吴俊明.从化学素养说起——对“化学学科核心素养”与“学科核心

素养”的思考［J］.化学教学，2017(07)：3-8.

［13］郭金花.高阶思维：提升化学学科核心素养水平的关键［J］.中学化学教学参考，2018(23)：11-14.

［14］梁弘文，谢桂芳，张贤金.《普通高中化学课程标准（2017年版）》特点及教学启示［J］.化学教学，2018(06)：32-37.

［15］房喻，周青.凝练素养 彰显魅力 高效育人——对《普通高中化学课程标准（2017年版）》的思考［J］.中学化学教学参考，2018(11)：1-3.

［16］王军翔.以“素养为本”引领中学化学教育向深度发展——对《普通高中化学课程标准（2017年版）》变化及其意义的研究［J］.中学化学教学参考，2018(07)：1-5.

［17］孙重阳.化学学科核心素养的哲学解读［J］.中学化学教学参考，2017(21)：1-4.

［18］强春春，宋蕊，占小红.我国高中科学学科核心素养透视［J］.化学教学，2017(07)：15-20+25.

［19］毕华林，黄婕，亓英丽.化学学习中“宏观-微观-符号”三重表征的研究［J］.化学教育，2005(05)：51-54.

［20］郑长龙.化学学科理解与“素养为本”的化学课堂教学［J］.课程·教材·教法，2019，39(09)：120-125.

［21］郑长龙.2017年版普通高中化学课程标准的重大变化及解析［J］.化学教育，2018，39(09)：41-47.

［22］郑长龙，等.化学课程与教学论［M］.2版.长春：东北师范大学出版社，2018.

第二章

核心素养取向的化学教学设计

从学的视角来看，化学学科核心素养是一种本事；从教的视角来看，化学学科核心素养是一种新的教学取向。如何设计和实施核心素养取向的化学教学，是摆在广大化学教育理论研究者和实践工作者面前的一个新的重要研究课题。

第一节
化学教学的核心素养取向及其设计理念

为了有效地开展基于化学学科核心素养发展的化学教学，有必要对化学教学取向的演变过程进行梳理。

一、化学教学取向的演变

所谓化学教学取向，是对化学教学所秉持的教学理念和价值追求的一种概括。[①]从化学教育发展的历史来看，化学教学取向的发展大体上经历了以下三个阶段。

1. 化学教学的知识取向

19世纪中期，化学课程逐渐在西方中学大规模开设。作为新生事物的中学化学课，究竟讲什么，怎么讲，成为当时面临的主要问题。在“讲什么”方面，当时的化学课模仿大学的化学教学，重视化学学科知识教学；在“怎么讲”方面，“奉行旧式学校死板的抽象的方法，局限于干干巴巴地讲述概念”“教师从一般的原理出发，教条式地讲述、传授、讲解和教诲”[②]，使学生经常处在消极地接受现成的科学知识及死记硬背和抄写的状况中。

---

① 郑长龙. 2017年版高中化学课程标准的重大变化及解析［J］. 化学教育，2018，39(09)：44.
② 张焕庭. 西方资产阶级教育论著选［M］. 北京：人民教育出版社，1979：364.

化学教学的知识取向，其基本理念是“知识为本”，重视“双基”（化学基础知识与化学基本技能）的教与学，影响深远，至今仍能看到它的影子。这种取向的化学教学，注重化学知识的系统化和结构化，但在学生能力培养及化学知识的自我建构方面，存在较为明显的缺欠。

2. 化学教学的能力取向

第二次世界大战后，科学技术有了突飞猛进的发展。为解决知识激增和知识陈旧率加快给学校教育带来的矛盾，从20世纪50年代中期开始，以美国为先导，在世界范围内开展了一场化学教育现代化运动。这次运动的重大意义在于，大力倡导通过科学探究活动来培养学生的问题解决能力。自此，培养学生的问题解决能力成为了化学教学的一种新取向。

“能力为本”是这种化学教学取向的基本理念，在注重“双基”教学的同时，强调通过科学过程和科学方法发展学生的科学探究能力。

3. 化学教学的素养取向

20世纪70年代以后，科学技术的社会化和社会的科学技术化趋势愈益显著。作为科学、技术与社会相互作用的结果，科学技术的“两重性”“双刃剑”问题出现了。而这些问题与社会的每位公民密切相关，每位公民都有义务和权利参与与科学技术有关的社会问题的讨论和决策。公民要想充分而有效地参与这样的讨论和决策，就必须具备一定的科学素养。基于此，培养公民的科学素养，成为世界各国面向新世纪化学教学改革的目标。贴近生活、贴近社会，关注STSE（Science, Technology, Society, and Environment，即科学、技术、社会、环境）问题，成为科学素养取向的化学教学的重要特征。

20世纪末以来，全球化、信息化的时代特征更加显著，这对人才的培养提出了新的、更高的要求。教育应重点培养人才的哪些“关键素质和综合能力”[①]，成为国际教育界关注的重要研究课题。1997年，国际经济合作与发展组织（OECD）开展了“素养的界定与遴选：理论与概念基础”（Definition and Selection of Competencies：Theoritical and Conceptual Foundations，简称DeSeCo）项目，并于2003年完成了《成功生活和健全社会的核心素养》（*Key Competencies for a Successful Life and a Well-Functioning Society*）报告。自此，国际上掀起了以发展核心素养为目标的基础教育改革浪潮。我国于2016年发布了《中国学生发展核心素养》，并在此基础上，从学科层面进一步加以凝练，构建了各学科核心素养的基本框架。

核心素养取向的化学教学，以发展学生的化学学科核心素养为主旨，重视在化学问题解决活动中对学生创新本事的培养。

二、核心素养取向的化学教学设计理念

核心素养取向的化学教学，在目标、内容、活动、情境、评价和策略等方面，都有着独特的价值追求。

1. 注重本事的建构与迁移

化学学科核心素养是一种本事，创新是化学学科核心素养的特质。因此，“以发展化学学科核心素养为主旨”[②]，就是要培养学生创新的本事，使他们能创造性地解决陌生情境下的化学问题。这是核心素养取向的化学教学的重要价值追求。

核心素养取向的化学教学，应紧紧围绕本事的建构与迁移来进行设计

① 黄四林，左璜，莫雷，等.学生发展核心素养的国际研究［J］.中国教育学刊，2016（06）：9.
② 中华人民共和国教育部.普通高中化学课程标准（2017年版）［M］.北京：人民教育出版社，2018：2.

与实施。本事的建构，即“学本事”；本事的迁移，即“用本事”。本事的建构、迁移之间的关系如图2-1所示。

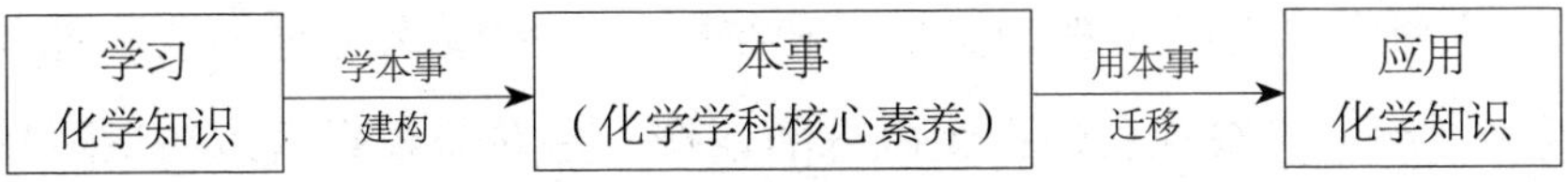

图2-1　本事的建构与迁移之间的关系

从图2-1可以看出，本事的建构，是在学习化学知识的过程中进行的。这一方面说明，化学学科核心素养的发展，离不开化学知识的学习；同时也说明，化学知识的学习并不等于化学学科核心素养的形成，教师应注重引导学生将知识转化为本事。本事是在化学知识的应用中表现出来的，因此，教师应注重为学生提供本事迁移的机会，引导学生在真实化学问题解决活动中运用本事，从而发展学生的化学学科核心素养。

2．注重大概念的抽提

核心素养取向的化学教学，在教学内容的选择和组织上，突出强调大概念的引领作用，注重基于主题的化学教学内容的统整。

（1）对大概念的理解

所谓大概念（big ideas），是指反映化学学科本质，具有抽象性、概括性、统摄性和广泛迁移价值的化学学科基本思想和观念。对于大概念，可以从以下几个方面进一步理解。

· 大概念是对化学学科本质的反映。例如，“结构决定性质”是化学学科大概念，它是对物质的宏观性质与微观本质之间相互关系的一种抽象。正是这一大概念，将化学宏观世界和化学微观世界联系起来。它是化学学科“宏微结合”思维方式的具体体现，反映了化学学科宏观与微观的关联本质。

· 大概念是化学学科的基本思想和观念。大概念不是化学事实性知识，如Cl_2具有氧化性；也不是程序性知识，如氧化还原反应方程式的配平。它是有关化学学科的一些基本思想和观念，如化学物质转化观念、化学相互作用思想等。

·大概念具有抽象性、概括性和统摄性。大概念是对化学学科本质的反映，因而具有抽象性；大概念的建构，是在一系列具体知识的基础上，经过一系列的抽提过程才实现的，因而，它同具体知识相比，具有概括性和统摄性。例如，同原子结构与元素性质、分子结构与物质性质、晶体结构与晶体性质相比，结构决定性质这一大概念具有高度概括性和统摄性。

·大概念具有广泛迁移价值。大概念的概括性和统摄性，决定了大概念的应用十分广泛。例如，同“铁三角”模型相比，“价三角”模型不仅适用于多变价金属元素不同价态物质间的相互转化，还适用于多变价非金属元素不同价态物质间的相互转化。

·大概念的呈现形式，可以是一个词，如“能量”；也可以是一个词组，如“化学相互作用”；还可以是一句话，如“化学反应的实质是原子的重新组合”。

（2）概念的层级结构

大概念的提出，对化学教学内容的组织提出了新的挑战，即如何基于大概念去建构概念的层级结构。从概念的概括程度来划分，可将化学教学中的概念分为大概念、核心概念和基本概念，其层级关系如图2-2所示。

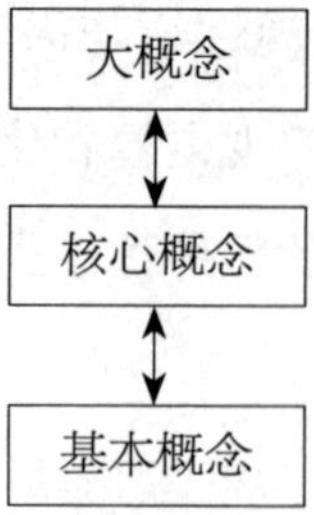

图2-2　概念层级关系

从图2-2可以看出，基本概念是核心概念形成的基础，核心概念是大概念建构的基础；大概念对核心概念和基本概念的认识具有引领作用。例如，在“化学反应与热”主题中，“热是化学反应中能量变化的重要表现形式”就是大概念，“ΔH（焓变）”就是核心概念，“中和热”“燃烧热”就是基本概念。

（3）大概念的相对性

站在科学教育立场上，大概念有三种表现形式：科学大概念、学科大概念和主题大概念。例如，“相互作用”，属于科学大概念；“化学相互作用”，属于（化学）学科大概念；“基于粒子的相互作用”，则属于主题大概念。

从概念层级结构来看，主题大概念属于学科概念层级结构中的核心概念；学科大概念属于科学概念层级结构中的核心概念。其关系如图2-3所示。可见，大概念具有相对性。

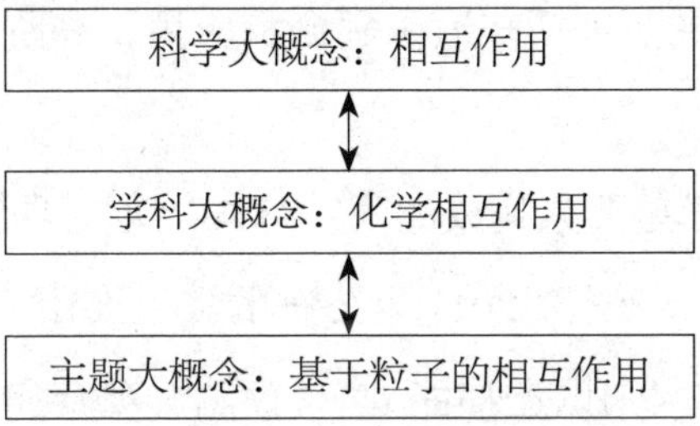

图2-3　科学大概念、学科大概念、主题大概念的层级关系

从图2-3可以看出，学科大概念的形成，必须以主题大概念的建构为基础。可见，核心素养取向的化学教学的关键在于主题大概念的抽提，因此，要倡导基于主题大概念来选择和组织化学教学内容。

3．注重思维的高阶性

核心素养取向的化学教学，应注重发挥主题的素养功能，紧紧围绕主题大概念的抽提来加以实施。主题大概念是建构的，而不是注入的。如果以结论的方式告诉学生大概念，那么，大概念又变成了一个死记硬背的知识，而不能转化为学生解决化学问题的本事。因此，教师在教学中应注重高阶思维（higher order thinking）活动的设计和实施，引导学生开展深度学习，积极主动地进行主题大概念的建构。

对于什么是高阶思维，到目前为止还没有一个统一的认识。比较有代表性的观点有：高阶思维是指超越简单回忆事实性知识的思维过程；高阶思维是指超越信息检索的智慧活动；高阶思维是指发生在较高认知水平层次上的心智活动或较高层次的认知能力。

那么，认知水平层次有哪些，哪些认知水平层次是较高水平的呢？目前，学界通常依据布鲁姆（B. Bloom）关于认知能力水平层次的划分。1956年，布鲁姆将认知能力分为6个水平层次，即知道、领会、应用、分析、综合和评价；2001年，他又将其修订表述为知道、领会、应用、分析、评价和创造。依据思维水平的高低，可将认知能力分为低阶思维和高阶思维。低阶思维主要包括知道、领会和应用，高阶思维主要包括分析、评价和创造。

高阶思维是由哪些要素构成的呢？有人认为主要包括迁移、批判性思维和问题解决等三个要素。2011年公布的《上海市中小学生学业质量绿色指标（试行）》将“知识迁移能力”“预测、观察和解释能力”“推理能力”“问题解决能力”和“创造性思维”作为高阶思维的主要成分。

2017年版课标倡导通过建构性和迁移性化学学习活动，形成和发展学生的化学学科核心素养。其中，涉及的高阶思维活动主要有以下五类。

· 概括关联类活动。例如，“能概括常见有机化合物分子中碳原子的成键类型”“能比较不同类型的微粒间作用的联系与区别”“能说明电负性大小与原子在化合物中吸引电子能力的关系”“能论证证据与模型建立及其发展之间的关系”。

· 解释说明类活动。例如，“能根据给定的信息分析常见简单分子的空间结构，能利用相关理论解释简单的共价分子的空间结构”“能选择实例说明溶液pH的调控在工农业生产和科学研究中的重要作用”。

· 推断预测类活动。例如，“能运用浓度、压强、温度对化学平衡的影响规律，推测平衡移动方向及浓度、转化率等相关物理量的变化”“能利用电负性判断元素的金属性与非金属性的强弱，推测化学键的极性”“能基于官能团、化学键的特点与反应规律分析和推断含有典型官能团的有机化合物的化学性质”。

· 设计验证类活动。例如，“能从物质类别、元素价态的角度，依据复分解反应和氧化还原反应原理，预测物质的化学性质和变化，设计实验进行初步验证，并能分析、解释有关实验现象”“能通过实验证明水溶液中存在的离子平衡”“能设计实验探究不同组分浓度改变对化学反应速率的影响”。

· 分析评价类活动。例如，“针对典型案例，能从限度、速率等角度对化学反应和化工生产条件进行综合分析”“能综合运用离子反应、化学平衡原理，分析和解决生产、生活中有关电解质溶液的实际问题”“能运用绿色化学思想分析和讨论化工生产的相关问题”“能从有机化合物及其性质的角度对有关能源、材料、饮食、健康、环境等实际问题进行分析、讨论和评价”。

4. 注重迁移的挑战性

化学学科核心素养是一种解决化学问题的本事。基于主题大概念的教学，一方面要引导学生通过高阶思维活动来抽提举一反三的“一”，自主建构大概念，也就是“学本事”；另一方面要通过真实的化学问题解决活动，举一反三，举一反十，主动迁移大概念，也就是“用本事”。

化学学科核心素养的特质是创新。因此，核心素养取向的化学教学，不仅重视大概念在相似、相近情境下的迁移（近迁移），更重视大概念在陌生情境下的迁移（远迁移）。例如，在观察K的焰色时常用到的钴玻璃是掺杂了Co^{2+}的一种玻璃，从元素价态来看，钴元素与铁元素类似，试设计得到Co^{2+}的两种可能方案，并加以比较，写出化学方程式。这是一位教师在“铁及其化合物”主题教学后布置的一个题目。在该主题教学中，教师基于铁元素不同价态化合物相互转化关系（“铁三角”模型），引导学生抽提出多变价元素不同价态化合物相互转化的“价三角”模型。钴玻璃，学生并不陌生，但只是日常经验；而钴及其化合物的知识，对于学生来说，却是完全陌生的。因此，该题目属于“价三角”模型的远迁移，对学生具有较大的挑战性。

5. 注重情境的真实性

“真实、具体的问题情境是学生化学学科核心素养形成和发展的重要平台，也为学生化学学科核心素养提供了真实的表现机会。”[①]因此，核心素养取向的化学教学，应重视情境的真实性设计，促进学生化学学科核心素养的形成和发展。

化学学习情境就其功能来划分，主要分为两种：一是建构性化学学习情境，其主要功能是帮助学生建构化学学科的核心概念和大概念；二是迁移性化学学习情境，其主要功能是帮助学生学以致用，运用所建构的化学核心概念和大概念解决实际问题。“激趣”“激思”和“激疑”是化学学习情境的最基本功能，因此，无论是建构性化学学习情境的创设，还是迁移性化学学习情境的创设，都应注重激发学生的学习兴趣，引发学生的认知冲突，使学生产生各种化学问题。化学知识的社会性特征，决定了化学知识的学习不能简化为单纯的对化学概念的记忆和理解，不能纯化为对抽

① 中华人民共和国教育部.普通高中化学课程标准（2017年版）[M].北京：人民教育出版社，2018：73.

象的化学概念和理论的推理和应用。事实上，任何化学概念的建构都是有情境的，任何化学知识都具有社会价值，其价值的体现也是有情境的。因此，对于核心素养取向的化学教学来说，设计真实的化学知识的建构和迁移情境尤为重要。

（1）建构性化学学习情境

建构性化学学习情境的创设，应注重发挥化学史实的作用，将大概念的建构与大概念本身的发展演变过程有机结合起来，使学生能从学科本原上把握大概念发展中所蕴含的学科思想观念。

例如，“水溶液中离子的产生”的教学，教师可以分别提供“法拉第的电离理论”（认为电解质水溶液在通电情况下产生离子）和“阿伦尼乌斯的电离学说”（认为电解质在水溶液中自发产生离子），使学生产生认知冲突，提出“电解质水溶液中离子的产生到底需不需要通电”“电解质在水溶液中真的能自发产生离子吗”等学科本原性问题，形成实验探究的欲望和冲动，从而设计实验来解决这些问题。

（2）迁移性化学学习情境

迁移性化学学习情境的创设，应注重发挥真实的STSE问题的作用，将大概念的迁移和应用与科学、技术、社会和环境问题的解决过程有机结合起来，使学生能从学科价值上把握化学科学的社会功能和责任。

例如，“氧化还原反应”的教学，教师可以提供有关“汽车尾气及其危害”的素材，使学生产生如何运用化学方法解决这一问题的欲望，提出“如何根据氧化还原原理对汽车尾气进行绿色化处理”的问题。什么是绿色化处理，汽车尾气的最主要成分有哪些，如何将有毒有害物质转化为无毒无害物质，如何转化，转化需要哪些条件等，这些具体的问题解决任务，能促使学生查阅文献、设计方案、实验探究等。正是在这样的问题解决过程中，学生的化学学科核心素养得到了提升和发展。

6. 注重策略的有效性

核心素养取向的化学教学，特别重视教学策略的针对性和有效性。2017年版课标中，每一主题的“教学提示”中都有“教学策略”提示，强调核心教学策略的运用。

（1）核心教学策略

任何化学知识的教学，教师都自觉或不自觉地运用多种教学策略。例如，以下是一位化学教师进行“电离平衡”教学时的片段。

【师】首先，我们来共同观察这样一个实验。

【师】大家看，这是一个导电装置，这两种红色溶液分别是滴加了酚酞溶液且浓度相同的氢氧化钠溶液和氨水，那个无色液体是纯醋酸。现在我们用这些液体同时做导电性实验（教师演示该实验）。请同学们注意观察，灯泡的亮度是否相同？通过灯泡亮度判断一下，导电性最强的是哪一组？

【生】氢氧化钠。

【师】其次呢？

【生】氨水！

【师】而纯醋酸呢，导不导电？

【生】不导电。

【师】我们从灯泡的亮度就可以看出来。

【师】那为什么它们的导电性不同呢？哪位同学能解释一下。

【生】因为氢氧化钠溶液中有大量自由移动的离子，而溶液的导电性跟离子的浓度有关，氢氧化钠溶液的离子浓度最大，它的导电性最强，灯泡最亮；而由于一水合氨是弱电解质，电离程度比较小，灯泡亮度也就其次；纯醋酸几乎不电离。

【师】纯醋酸里面只有什么微粒？

【生】只有分子，没有离子。

【师】回答得很好！

这一教学片段所涉及的化学学习任务是：观察并解释不同种类的电解质在不同状态下的导电情况。在这一教学片段中电解质的“不同种类”是指强碱（氢氧化钠）、弱碱（一水合氨）和弱酸（醋酸），电解质的“不同状态”是指溶液（氢氧化钠溶液和氨水）和纯净物（纯醋酸），“导电情况”指的是宏观表现（灯泡的亮度差异——导电性不同的现象）和微观原因（有无自由移动的离子，自由移动的离子浓度的大小差异——导电性不同的原因）。为完成这一学习任务，该教师运用了以下教学策略：

①讲解并演示不同种类电解质的导电性实验；

②采用“直答型”（教师课堂提问，学生思考后直接回答）教学行为；

③用问题驱动学生解释不同种类的电解质在不同状态下的导电情况不同的原因；

④采用即时性的肯定性评价方式。

从化学学习任务的素养功能来看，观察不同种类的电解质在不同状态下的导电情况，属于“宏观辨识”；运用强、弱电解质电离理论解释不同种类的电解质在不同状态下的导电情况，属于“微观探析”。“宏观辨识”和“微观探析”是完成这一化学学习任务的核心和关键所在。“讲解并演示不同种类电解质的导电性实验”策略，侧重引导学生进行“宏观辨识”；“用问题驱动学生解释不同种类的电解质在不同状态下的导电情况不同的原因”，侧重引导学生进行“微观探析”。因此，这两条策略是完成这一学习任务必不可少的策略（当然，演示实验也可采取“边讲边实验”的形式）。

因此，按照教学策略对于完成化学学习任务的作用，可以将其分为核心教学策略和一般教学策略两种类型。所谓核心教学策略，是指对完成化学学习任务发挥不可或缺作用的策略，如演示实验策略和理论解释策略；

所谓一般教学策略，是指对完成化学学习任务发挥辅助作用的策略，如直答型教学行为策略和即时性评价策略。

（2）核心教学策略的构成

核心教学策略的表述通常为：利用……素材（手段），通过……活动，实现……素养功能，“素材（手段）”“活动”和“素养功能”是构成核心教学策略的基本要素。

例如，“结合生产实例，组织学生开展关于反应条件的选择与优化的讨论，促使学生形成从限度、速率、能耗等多角度综合调控化学反应的基本思路，发展学生绿色化学的观念和辩证思维的能力。”在这一教学策略中，“结合生产实例”是所利用的“素材”，“组织学生开展关于反应条件的选择与优化的讨论”是所开展的“活动”，而“促使学生形成从限度、速率、能耗等多角度综合调控化学反应的基本思路，发展学生绿色化学的观念和辩证思维的能力”，则是所要实现的“素养功能”。

当然，在实际的表述中，这三个要素常有一个或两个要素被省略。例如，“重视开展高水平的实验探究活动”，保留了活动要素，省略了素材要素和素养功能要素；再如，“以典型简单有机化合物为例，引导学生建立官能团及有机物分类的初步认识”，保留了素材要素和素养功能要素，省略了活动要素。

（3）核心教学策略的确定

核心教学策略直接关系到化学学习内容素养功能的落实，因此，教师在确定核心教学策略时，应先对化学学习内容的素养功能有较为清晰的认识。例如，“在元素周期律（表）教学中，应注重帮助学生建立基于‘位-构-性’关系的系统思维框架，提高学生分析解决问题的能力”，该教学策略的素养功能在于通过思维框架的形成，发展学生的模型认知素养。再如，“精选教学素材和应用案例，促进学生赞赏化学、体会化学科学对人类文明和社会发展的促进作用”，这一教学策略的素养功能在于通过典型素材和案例的分析讨论，发展学生的“科学态度与社会责任”素养。

核心教学策略的确定，应紧密结合化学学科主题，反映和体现学科认识特点。例如，“通过模型拼插等活动引导学生认识有机化合物中碳原子的成键特点、价键类型以及简单分子的空间结构”，这一教学策略紧密结合有机化合物的结构特点这一学科主题，模型拼插活动体现了学生对有机化合物学科特点的认识。

第二节
核心素养取向的化学主题教学设计

核心素养取向的化学教学的关键，在于主题大概念的抽提和建构。因此，要想使化学学科核心素养在化学课堂落地，就必须有效地进行核心素养取向的化学主题教学设计。

一、化学主题的内涵

主题，就其内涵而言，主要包括两个方面：一是显性化的，指重要内容；二是隐性化的，指内容所反映的中心思想，中心思想需要基于内容加以抽提和凝练。所谓化学主题，指的是能够统摄一类化学知识的核心概念或大概念。对于化学主题的内涵，可以从以下几个方面来理解。

1. 化学主题是化学学科的结构单元

任何学科都是有主题的，都是由主题构成的整体。主题标示了学科的基本范畴，覆盖了学科的最主要内容。每一主题又具有相对的独立性和完整性，是学科内容的基本结构单元。2017年版课标就是基于主题呈现了高中化学学科的主要内容。

化学主题就其来源来看，主要有以下三个方面①：

① 郑长龙.化学课程与教学论［M］.长春：东北师范大学出版社，2005：112-123.

·有关化学物质知识的内容，主要包括化学物质的组成、结构、性质、变化等方面的知识和技能；

·获得化学物质知识的内容，主要包括化学科学实践和化学科学认识方式、方法方面的知识和技能；

·化学物质知识价值的内容，主要包括化学科学在满足人们美好生活需求，促进社会可持续发展方面的作用。

这三方面来源的内容，可以分别概括为“化学知识主题”“化学方法主题”和“化学价值主题”。按照化学知识的特点，“化学知识主题”又可划分为三个子主题，即“物质性质主题”“反应原理主题”和“物质结构主题”；“物质性质主题”又可进一步划分为“无机物性质主题”和“有机物性质主题”。这些主题的逻辑关系如图2-4所示。

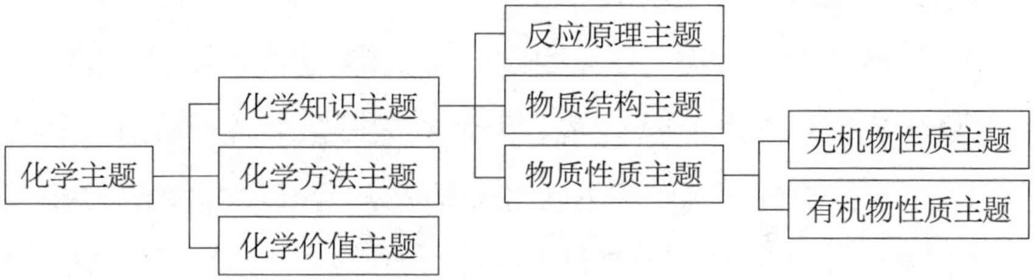

图2-4　化学主题的框架结构

从主题与学科的关系来看，正是这些化学主题，成为了化学学科的结构单元，构成了化学学科整体。

2. 化学主题是有结构的整体

化学主题是由一类化学知识构成的知识群，这些知识具有共同的化学学科属性。例如，离子反应主题，它是由电解质，酸、碱、盐，电离，电离方程式，离子反应发生的条件，离子反应的实质和离子方程式等化学知识构成的；这些知识具有共同的化学学科属性，是从化学反应的视角，从宏-微-符三个层面反映离子之间的化学相互作用。

化学主题中的化学知识之间是相互联系的。正是这些联系，使得主题中的化学知识之间呈现出一定的结构，使得主题成为有结构的整体。例如，离子反应主题知识的整体结构如图2-5所示。

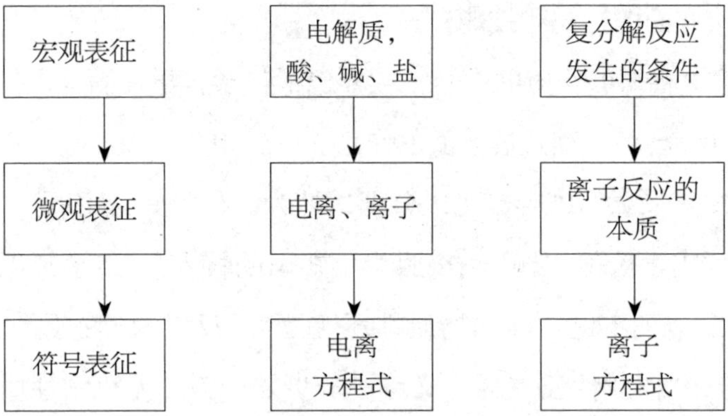

图2-5　离子反应主题知识的整体结构

3. 化学主题具有素养功能

每一化学主题都应包括主题大概念、主题核心概念和主题基本概念。主题大概念反映了主题的素养功能，因而是该主题学科特质的重要标志。

以离子反应主题为例。该主题的大概念是“离子之间的化学相互作用”，它是化学相互作用这一学科大概念的一种表现形式，因而反映了离子反应主题的学科特质，体现了该主题的素养功能。电离理论揭示了离子的产生机制，离子反应体现了离子之间的化学相互作用，因而，“电离”和“离子反应”是这一主题的核心概念。该主题的其他概念，则属于主题基本概念。

基于化学主题的教学，可以充分发挥主题大概念的统摄作用，使学生的收获由散点变得结构化，形成从基本概念到核心概念再到大概念的层级清晰的良好结构，从而实现化学知识的功能化和素养化。化学学科主题确定的过程，实质上就是对化学知识的素养发展价值及其所蕴含的学科思想观念的梳理、抽提和概括的过程。因此，教师在教学中应树立“主题教学”的思想，对素养取向的化学教学从整体上进行设计。

4. 化学主题的名称可以是大概念或核心概念

化学主题指的是能够统摄一类化学知识的核心概念或大概念。因而，化学主题，可以用主题核心概念或者大概念来命名。例如，离子反应主题，就是用“离子反应”这一核心概念命名的；这一主题也可以用大概念“离子之间的化学相互作用”来命名。由于大概念是隐性的，是需要抽提和凝练的，因此，化学主题常用核心概念来命名。

二、学科理解与化学主题教学设计

主题大概念的抽提和建构，是核心素养取向化学教学设计的关键。一般来说，主题大概念是隐性化的，蕴藏在知识背后，需要对化学知识从学科本原上进行抽提。这就需要对主题内容进行“化学学科理解”[①]。

1. 化学学科理解的内涵

所谓化学学科理解，是指教师对化学学科知识及其思维方式和方法的一种本原性、结构化的认识。[②]对于这一概念，可以从“理解什么”和“怎样理解”两个方面加以解读。

（1）理解什么——化学学科知识及其思维方式和方法

化学学科理解的对象，首先是对化学学科知识的理解。化学学科知识是关于化学物质的知识，是在原子、分子层面对化学物质的成分（组成、构成）和结构进行表征，对化学物质的性质和变化进行描述、解释和应用的知识。表征、描述、解释和应用，已经不再是具体的化学知识，而是对

---

① 中华人民共和国教育部. 普通高中化学课程标准（2017年版）[M]. 北京：人民教育出版社，2018：76.

② 郑长龙，等. 化学课程与教学论 [M]. 2版. 长春：东北师范大学出版社，2018：207.

化学知识学科功能的反映。以元素概念为例。“元素是具有相同核电荷数的一类原子的总称”，这样的认识只是化学知识，还不具有学科功能；当认识到元素概念是对化学物质宏观组成成分的一种表征时，元素概念就具有了学科功能，就可以形成认识化学物质成分的元素视角。

化学学科理解的对象，不仅仅是化学学科知识，还包括化学学科的思维方式和方法。这里的思维方式和方法，不是一般意义上的思维方式和方法，而是指具有化学学科特质的思维方式和方法。以化学反应中的能量变化为例。能量是科学领域的大概念，在物理学、化学和生物学中都涉及，因而分别形成了认识能量变化的物理学视角、化学视角和生物学视角。在必修阶段学习化学反应中的能量变化，就是要引导学生建立认识能量变化的化学视角。因而，基于化学能的变化分析和解释化学反应中的能量变化，就是具有化学学科特质的思维方式和方法。

（2）怎样理解——本原性和结构化

怎样理解，实际上就是化学学科理解方式的问题。化学学科理解方式是一种思维方式，概括起来主要有两种——本原性方式、结构化方式。

◎本原性方式

本原，意味着刨根问底、溯本求源。化学学科理解的本原性方式，要求教师对化学知识进行本原性思考，抽提出学科本原性问题。以电离概念为例。电离这一词汇，从字面解释来看，指的是通电能够解离出离子的过程（法拉第观点）。那么，电解质在水溶液中的电离真的需要通电吗，哪些物质可以发生电离，在什么条件下可以发生电离，为什么可以发生电离，如何证明发生了电离，等等，都属于学科本原性问题。

“本原”对应着“浅表”，运用本原性方式，可以使教师形成对化学学科知识及其思维方式和方法的深层次认识，由此，教师才有可能引导学生开展深度学习，发展学生的化学学科核心素养。

◎**结构化方式**

结构化，意味着联系、关联。化学学科理解的结构化方式，要求教师能基于化学知识的学科功能，将化学知识关联起来，形成有机的整体。例如，化学键和化合价都是中学化学的核心概念，很多教师能明确这两个概念本身的内涵，但少有教师能将二者关联起来。对于物质AB而言，A原子以什么方式与B原子发生相互作用，本质上是化学键的问题；1个A原子与多少个B原子以这种方式发生相互作用，本质上是化合价问题。这两个概念的学科功能是表征元素原子的化学“亲和力”，化学键是对元素原子“亲和力”的定性表征，化合价是对元素原子“亲和力”的定量表征。

“结构化”对应着“散点”，运用结构化方式，可以使教师形成对化学学科知识及其思维方式和方法的系统性认识，由此教师才有可能引导学生进行迁移应用，解决真实化学问题，发展学生的化学学科核心素养。

2. 化学学科理解与化学教学设计

“化学学科理解”作为一个新的概念，首次在国家的化学课程文件中正式提出，因此非常有必要基于“化学科学经验传递理论”[①]对其在化学教育理论体系中的地位进行理论阐释。

化学科学经验传递理论认为，化学教育过程实际上是将人类获得的化学科学经验传递给学生，并在学生头脑中形成化学科学经验结构的过程。如果把人类的化学科学经验作为起点，学生化学科学经验结构的形成作为终点，那么，化学科学经验的传递要经过“课程化”“教材化”“教师化”和“学生化”四个阶段。课程化的结果，是形成化学课程

---

① 郑长龙，李艳梅. 论化学科学经验的传递机制——兼论化学课堂教学的最基本功能［J］. 化学教育，2007(9)：14.

内容；教材化的结果，是形成化学教材内容；教师化的结果，是形成化学教学内容；学生化的结果，是形成学生的化学科学经验结构。

人们往往将化学教材内容机械地等同于化学教学内容，因此，将教师化阶段化学教师的作用，窄化为对化学教学内容的选择、组织和呈现，片面强调“教学”视角，而忽视“学科”视角。化学科学经验传递理论认为，教师化的过程并不是一个简单过程，而是一个包含着内化、转化和外化三个环节的复杂的、能动的过程，如图2-6所示。[①] 内化，指的是教师从学科视角对已经课程化和教材化了的化学科学经验的理解；转化，指的是教师依据学生特点和学校化学教学资源实际，对所理解的化学科学经验进行选择，从而形成化学教学内容；外化，指的是教师以利于学生建构和目标达成的方式，对化学教学内容进行组织和呈现。

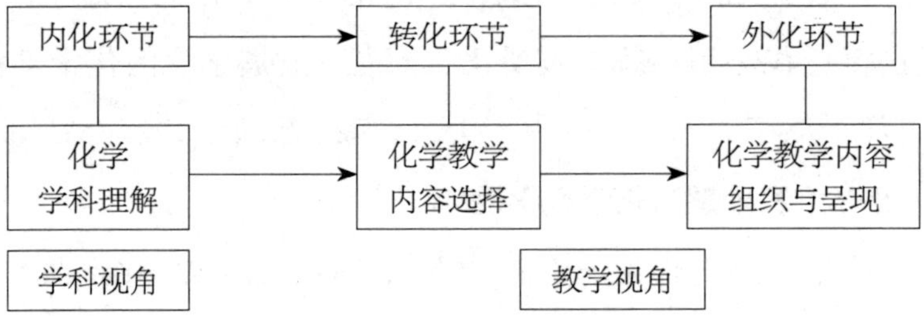

图2-6　化学科学经验传递的教师化阶段的三个环节

从图2-6可以看出，化学学科理解，是教师化阶段内化环节的最重要任务，其主要功能是教师通过化学学科理解，能从学科视角驾驭所教内容。教师化过程，实际上就是化学教学设计过程。因此，依据化学科学经验传递理论，化学学科理解是化学教学设计不可或缺的一个重要组成部分。

① 郑长龙.化学学科理解与“素养为本”的化学教学［J］.课程·教材·教法，2019，39(09)：121.

3. 化学学科理解与核心素养取向的化学主题教学设计

从教学设计来看，化学学科理解的贡献是为内容分析提供了新的视角，即“学科视角”。也就是说，在进行教学设计内容分析时，不仅要基于教学视角进行课标分析、教材分析，而且还要基于学科视角进行学科功能分析。

所谓学科功能分析，是指基于学科本原认识学科主题或学科知识在学科体系中的学科价值的过程。以对道尔顿原子论的学科功能分析为例。基于定比定律和倍比定律，道尔顿提出了构成物质的最小成分问题，提出了化学原子的概念。其价值在于建构了认识宏观物质及其变化的微观视角，即原子视角。因此，道尔顿是开启化学微观世界大门的第一人。

那么，学科功能分析到底要分析什么呢？概括地说，最主要是分析以下三个方面。

（1）学科本原性问题

所谓学科本原性问题，是指导致学科主题或学科知识产生的最原始的问题。换句话说，就是学科主题或学科知识是在解决什么原始问题的背景下产生的。例如，道尔顿的原子论，是为解决“构成物质的最小粒子到底是什么”这样一个原始性问题而提出来的。在道尔顿提出原子概念之前，波义耳已经提出了化学元素概念，即元素是指用化学方法不能再分的物质。那么，波义耳的元素概念和道尔顿的原子概念，从学科功能视角来看，到底有什么不同呢？虽然元素和原子都在表征物质的成分，但是，元素是在宏观物质层面进行表征，而原子是在微观粒子层面进行表征。因此，道尔顿原子概念的学科功能是提出了物质的微观成分问题。而物质的微观成分则属于化学学科本原性问题。

（2）认识视角和认识思路

化学学科理解不仅要从本原上回答“认识什么”的问题，即抽提学科本原性问题，而且还要从本原上回答“如何认识”的问题，即认识视角和认识思路问题，也就是学科主题所蕴含的“具有化学学科特质的思维方式和方法”①问题。

所谓化学认识视角，是指对物质及其变化的特征及规律进行认识的侧面、角度或切入点。例如，道尔顿的原子论所蕴含的认识视角是基于原子认识物质的成分；而阿伏加德罗的分子论所蕴含的认识视角是基于分子认识物质的成分。二者都是基于微观视角认识物质的成分。这样，认识物质的成分就有了宏观视角——元素视角，微观视角——原子、分子视角。认识视角实质上就是“举一反三”的“一”，具有高度的抽象性、概括性和统摄性，因而具有广泛的迁移价值。因此，核心素养取向的化学教学设计，应高度重视“一”的抽提及主题大概念的建构，使认识视角显性化。

所谓化学认识思路，是指对物质及其变化的特征及规律进行认识的程序、路径或框架。例如，“盐溶液呈现酸碱性的原因分析”，其分析的一般思路是：溶液中共存的粒子—存在的平衡关系—水的电离平衡移动—$c(H^+)$的变化—$c(H^+)$和$c(OH^-)$的比较。这一认识思路抽提出了分析盐溶液呈现酸碱性的一般程序。

“从哪儿想”“怎么想”，是化学科学思维方式内涵的两个重要方面。化学认识视角解决了“从哪儿想”的问题，化学认识思路解决了“怎么想”的问题。化学认识视角一旦形成，就会启发和指导学生化学思维的方向，帮助学生寻找解决陌生情境下复杂化学问题的突破口；化学认识思路一旦形成，就会启发和指导学生化学思维的路径，帮助学生形成解决陌生情境下复杂化学问题的分析框架。化学认识视角和化学认识思路，超越了

① 中华人民共和国教育部. 普通高中化学课程标准（2017年版）[M]. 北京：人民教育出版社，2018：76.

具体的化学知识，具有一般的方法论意义，对核心素养取向的化学主题教学具有极为重要的价值。

（3）主题概念的层级结构

学科本原性问题的凝练，回答了“认识什么”的问题；认识视角和认识思路的抽提，回答了“如何认识”的问题；而主题概念的层级结构分析，则回答“如何结构化地进行认识”的问题。

主题概念层级结构的分析，是在主题学科本原性问题分析和认识视角、认识思路分析的基础上进行的。

以高中选择性必修阶段“化学平衡”主题为例。绝大多数化学反应是可逆反应，存在反应限度。反应限度表征的是化学反应中物质的最大转化程度。因此，对于一定条件下的可逆反应来说，如何定性和定量地认识物质转化程度，就是该主题的学科本原性问题。物质转化程度，就是该主题的大概念。对于物质转化程度的认识，既有基于勒夏特列原理的定性认识，又有基于化学平衡常数和浓度商的定量认识。勒夏特列原理、化学平衡常数和浓度商，就是该主题的核心概念。浓度、温度、压强对化学平衡的影响，就是该主题的基本概念。

基于学科理解的主题知识，不再是没有“魂”的知识散点，而是一个在主题大概念（“魂”）统领下的具有层级结构的有机整体，实现了“观念的结构化”[①]。这样的知识才是具有素养功能的知识。

---

① 中华人民共和国教育部.普通高中化学课程标准（2017年版）[M].北京：人民教育出版社，2018：71.

三、学习进阶与化学主题教学设计

“学生化学学科核心素养的发展是一个持续进步的过程”①，具有连贯性的特点；在初中阶段、高中必修阶段和高中选择性必修阶段，学生的化学学科核心素养表现出不同的发展水平，因而，学生化学学科核心素养的发展具有阶段性的特点。因此，核心素养取向的化学主题教学设计，必须从整体上把握化学学科核心素养的发展阶段，在此基础上，明确该主题大概念发展的水平要求。也就是说，应对化学主题进行“进阶设计”②。

1. 学习进阶的内涵

学习进阶（learning progressions，简称LPs）是近20年来国际科学教育领域的一个热点研究课题，它源于对科学课程主题学生表现预期的精细化描述和刻画。这种基于水平的描述和刻画，不仅成为课程标准研制的基础，而且为基于标准的教学设计、实施及评价提供了依据。

所谓学习进阶，是指学生对某一学科主题的认识逐步深入的过程。对这一概念，可以从以下方面作进一步的解析。

（1）学习进阶是对学科主题的认识

学习进阶针对的不是具体的学科知识，而是具有共同学科属性的一类知识，即学科主题。也就是说，只有学科主题，才有所谓的进阶问题。学习进阶之所以针对的是学科主题，主要是因为学科主题具有相对稳定性和发展性。例如“原子结构”主题，不论是初中阶段、高中必修阶段，还是高中选择性必修阶段，都有原子结构方面的内容，因而这一主题具有稳定性；同时，在不同学习阶段，学生对原子结构认识的内容和认识的方式是

① 中华人民共和国教育部.普通高中化学课程标准（2017年版）[M].北京：人民教育出版社，2018：69.

② 房喻，徐端钧.普通高中化学课程标准（2017年版）解读[M].北京：高等教育出版社，2018：180.

不同的，呈现出由低水平到高水平的认识发展特点，因而这一主题又具有发展性。因此，学习进阶设计与基于主题的课程设计和基于主题的教学设计高度契合。

学科主题既包括显性化的知识内容，又包括隐性化的思想与观念。因此，对学科主题的认识，从主题概念的层级结构来看，既有对主题基本概念和核心概念的认识，又有对主题大概念的认识。

（2）学习进阶是对认识过程的描述

学习进阶描述的是学生对学科主题概念层级结构的认识过程，既要描述从哪儿认识，又要描述向哪儿认识，也就是要描述进阶的起点和进阶的终点；同时，还要描述从起点到终点的认识路径。

例如，对化学反应本质的认识，起点是小学科学阶段——有新物质生成，即宏观物质水平，终点是高中化学选择性必修阶段——杂化轨道重叠，即基于轨道相互作用的本质微观水平。中间的路径要经过初中化学阶段——原子的重新组合，即基于粒子的尺度微观水平；高中必修阶段——旧键断裂、新键形成，即基于粒子相互作用的尺度微观水平。

从上例可以看出，学习进阶对认识过程的描述，是以“水平”的形式呈现的；“过程”描述的不仅仅是主题概念本身由低水平到高水平的发展，还包括对主题概念的认识由低水平到高水平的发展；“过程”的时间范围，可以是整个基础教育阶段（小学、初中和高中），可以是义务教育阶段（小学和初中），可以是中学阶段（初中和高中），还可以是高中阶段（高中必修阶段和高中选择性必修阶段）。

（3）学习进阶是对学生认识的描述

学习进阶描述的是学生对学科主题概念层级结构的认识过程，认识路径的设计应充分考虑学生的认识基础（知识基础和能力发展水平），应充分考虑学生在不同生理、心理发展阶段的认知特点，遵循学生的认知发展规律。也就是说，学习进阶的设计是在学情分析的基础上进行的。从一定意义上说，学习进阶是学情分析的升级版，对主题教学设计能够提供更加科学、精准和直接的依据。因此，学习进阶设计，应成为核心素养取向的化学教学设计的重要组成部分。

当然，在实际教学中，学生是存在个体差异和群体差异的。这里所说的学习进阶，是就一般情况而言的，对同一学科主题而言，学习进阶并不是唯一的。也就是说，针对学习困难学生或学习优秀学生，可以根据他们的认识特点和认识水平，进行更具个性化的学习进阶设计。

2. 学习进阶模型的构建

学习进阶模型的开发，主要涉及两个模型：一个是理论预设模型，也就是基于学科主题的学习进阶的表征模型；另一个是工具检测模型，即开发理论预设模型的测量工具，并进行检验和修正。在这两个模型中，工具检测模型的开发，目前有相对稳定的技术，按照技术方法论就可以操作；而理论预设模型的开发，目前尚未达成共识，对学习进阶含义理解的不同，是导致这种情况的主要原因之一。

（1）学习进阶理论预设模型

学习进阶模型的开发，关键在于理论预设模型的构建。学习进阶理论预设模型的构建，最重要的是要回答五个问题：

· 从哪儿进阶，即进阶起点；

· 向哪儿进阶，即进阶终点；

· 什么在进阶，即进阶变量；

· 如何进阶，即进阶水平；

· 怎样表现，即表现期望。

这五个问题，实际上就是学习进阶理论预设模型的五个要素。在这五个要素中，进阶起点是最低水平，进阶终点是最高水平。可以认为，学习进阶理论预设模型的构成要素，最主要的是三个，即进阶变量、进阶水平和表现期望。基于这样的认识，就可以建构学习进阶理论预设模型，如图2-7所示。①

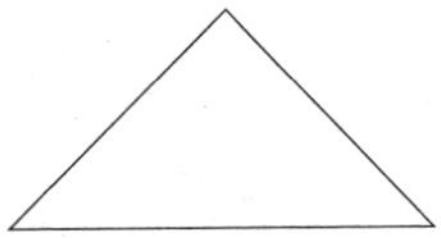

图2-7　学习进阶理论预设模型

（2）进阶变量表征模型

在学习进阶理论预设模型中，"进阶变量"是核心要素，它回答的是"什么在进阶"的问题。什么在进阶，是与学科主题密切关联的，因此，进阶变量是学习进阶要素中最能体现学科主题特质的关键要素。

同一学科主题，学习进阶理论预设模型并不唯一，可能会设计出若干种模型。之所以如此，既有学生因素的影响，不同的学生，针对同一学科主题会有不完全相同的认识路径；又有设计者因素的影响，不同的设计者，因对学习进阶内涵理解的差异，从而导致所设计的认识路径不同。如果没有特别的提示和说明，学习进阶理论预设模型针对的是绝大多数学生，是对大多数学生学习同一学科主题认识路径的刻画和描述。设计者对学生进阶内涵的不同理解，直接影响着对进阶变量的表征，因此，在构建或分析学习进阶理论预设模型时，必须首先明确设计者对学习进阶内涵的理解。

目前对学习进阶内涵的理解，大体上有三种——基于知识论（或本体论）的理解，基于认识论的理解和基于认知心理学的理解。这里主要基于本体论、认识论和方法论的理解来讨论进阶变量的不同类型。

① 姜显光.高中化学反应限度学习进阶研究［D］.东北师范大学博士学位论文，2019：80.

· 概念变量。从本体论或知识论来看，学习进阶首先应该描述学科主题的知识是怎样发展的。通过学科理解，可以构建学科主题的概念层级结构，即基本概念、核心概念和大概念。基于这样的认识，可以将知识的发展抽提为“概念变量”。

· 认识变量。从认识论来看，学习进阶应该描述学生对某一学科主题的认识是怎样发展的。通过学科理解，可以抽提出学科主题的认识视角和认识思路。因此，认识变量描述的是认识视角和认识思路的发展。

· 方法变量。从方法论来看，学习进阶应该描述学生对某一学科主题的认识方法是怎样发展的。按照科学认识的一般过程，可将认识方法划分为：科学实践类方法（感性认识方法）、科学思维类方法（理性认识方法）和科学应用类方法。

化学实践类方法主要有：实验观察、实验探究、调查探究和讨论探究；化学思维类方法主要包括：描述表达（个别建构）、比较关联（类别建构）、抽象概括（本质建构）和模型构建（方法建构）；化学应用类方法主要包括：解释预测（个别应用）、设计验证（综合应用）、分析评价（反思应用）和综合研究（创新应用），如图2-8所示。

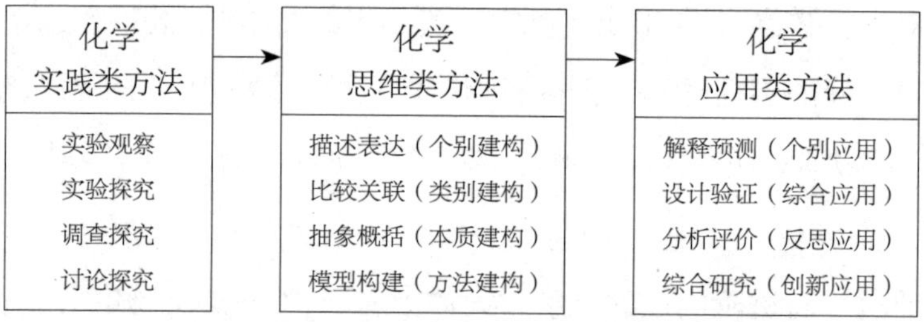

图2-8 “方法变量”三类认识方法及表征框架

综合上述讨论，可以建构出进阶变量的一般表征模型，如图2-9所示。

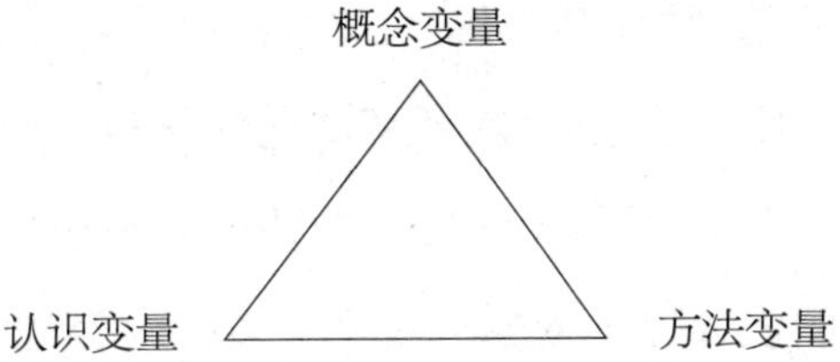

图2-9　进阶变量的一般表征模型

针对不同的学科主题，概念变量和认识变量是不同的，方法变量的侧重点也有区别。因此，学习进阶理论预设模型构建的重点和难点在于学科主题进阶变量表征模型的构建。

严格意义上讲，进阶水平应该通过实证的方法来加以划分。但考虑到目前我国化学学科学习进阶研究尚属于起步阶段，这里的进阶水平，主要是依据学段来划分，即初中阶段水平、高中必修阶段水平和高中选择性必修阶段水平。

将概念变量、认识变量和方法变量与进阶水平关联，就可以对表现期望进行刻画和描述，从而完成学科主题学习进阶理论预设模型的构建。

3. 学习进阶设计的依据

化学学科理解、化学课标及教材和学生等因素，是学习进阶设计的重要依据。学生的知识基础，决定了进阶起点的设计；学生的认知特点和认知规律，决定了认识路径的设计。从学习进阶与化学学科理解的关系来看，化学学科理解为进阶变量的设计提供了科学、精准的依据。

化学课标及教材是学习进阶设计的重要依据之一。其重要作用主要体现在以下方面：

· 为进阶水平的设计提供依据。通过对初中化学课标及教材的分析，可以确定进阶起点；通过对高中化学课标及教材的分析，可以确定进阶终点；同时，化学课标及教材分析，也为设计从进阶起点到进阶终点的认识路径提供了参考；

· 为表现期望的刻画提供依据。对化学教材内容及化学课标中“内容要求”“学业要求”及“学业质量水平”“化学学科核心素养的水平划分”的分析，可以为学习进阶不同水平表现期望的描述提供参考；

· 为进阶变量的设计提供依据。对化学教材内容及化学课标中输入性要求（“内容要求”）的分析，可以为“概念变量”的设计提供参考；对化学教材内容及化学课标中输出性要求（“学业要求”及“学业质量水平”“化学学科核心素养的水平划分”）的分析，可以为“认识变量”和“方法变量”的设计提供依据。

4. 学习进阶与核心素养取向的化学主题教学设计

从教学设计来看，如果说化学学科理解为化学主题内容设计提供了学科视角，那么，学习进阶设计则为化学主题内容设计提供了教学视角。学习进阶设计对于核心素养取向的化学主题教学设计的价值主要体现在以下方面。

（1）学习进阶是对化学主题核心素养发展的系统规划

学习进阶不仅仅是知识进阶，更重要的是认识进阶、素养进阶。核心素养取向的化学主题学习进阶设计，体现了化学学科核心素养发展的连贯性。进阶起点，也是核心素养发展的起点；进阶终点，指明了核心素养发展的方向；进阶水平，标示了核心素养发展的路径。因此，学习进阶是对化学主题核心素养如何发展的整体性、系统性的规划。

（2）学习进阶为素养取向的化学主题教学设计提供了理论依据

核心素养取向的学习进阶设计，体现了素养发展的连贯性与阶段性。学习进阶在整体刻画化学主题核心素养发展的同时，也精准地描述了每一阶段核心素养发展的主要目标和任务。因而，学习进阶为该阶段化学主题教学目标的设计和教学内容的选择和组织提供了理论依据。

（3）学习进阶为素养取向的化学主题学习评价提供了科学依据

核心素养取向的化学主题教学设计，不仅要解决核心素养在化学教学过程中落地的问题，还要解决其在学习评价中落地的问题。学习进阶中的表现期望，可以为设计不同素养发展水平的评价题目提供科学依据。尤其是化学科学应用类素养的表现期望，为设计近迁移、中迁移和远迁移的真实问题情境的题目提供了可供参考的框架。

第三节
核心素养取向的化学课时教学设计

通过化学学科理解，可以凝练化学主题的学科本原性问题，抽提主题大概念，构建主题概念层级结构；可以建构主题大概念的认识视角和认识思路。认识视角和认识思路，实质上就是“举一反三”中的“一”，能够基于“一”进行迁移，解决陌生情境下的化学问题，就是素养，就是本事。因此，化学学科理解的最大价值在于对主题大概念及其认识视角和认识思路的抽提，也就是对“一”的抽提。“一”的建构，就是长本事；“一”的迁移，就是用本事。所以，核心素养取向的化学主题教学，应紧紧围绕主题大概念及其认识视角和认识思路的建构与迁移来进行，倡导基于学科理解的核心素养取向的化学教学设计。

化学学科核心素养的发展并不是一蹴而就的，主题大概念的建构是一个持续发展的过程。这就需要通过学习进阶对学生认识主题大概念的过程进行发展性设计，基于学生的已有基础、认知特点及规律，基于课标及教材分析，设计学生在不同发展阶段对主题大概念的认识应达到的水平，并通过表现期望对水平进行表征。因此，学习进阶的最大价值在于使主题大概念的发展水平化，从而实现持续性和阶段性的统一。所以，核心素养取向的化学主题教学，应紧紧围绕主题大概念的发展进阶来进行，倡导基于学习进阶的核心素养取向的化学教学设计。

化学主题大概念的建构是通过一节节具体的化学课来实现的。因此，课时教学设计对于学生化学学科核心素养的发展就显得尤为突出和重要。那么，如何进行核心素养取向的化学课时教学设计呢？

一、核心素养取向化学课的板块-任务式设计

所谓“板块-任务式”设计，是指以板块、任务的形式来组织和呈现教学内容的一种教学设计。例如，2017年版课标中给出的案例“氧化还原反应”（必修）第一课时的教学设计①，如图2-10所示。

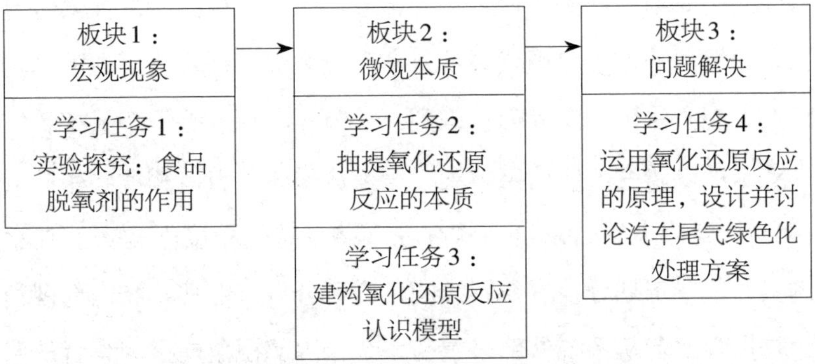

图2-10 “氧化还原反应”（必修）第一课时的板块-任务式设计

之所以用“板块”而没有用“环节”，主要是因为环节意味着一环扣一环，只表明了教学内容之间的递进连接方式；而用“板块”，既可以表明教学内容之间的递进连接方式（如图2-10所示），又可以表明教学内容之间的其他逻辑关系，如并列连接方式、从属连接方式等，如图2-11所示。

---

① 中华人民共和国教育部.普通高中化学课程标准（2017年版）[M].北京：人民教育出版社，2018：94-95.

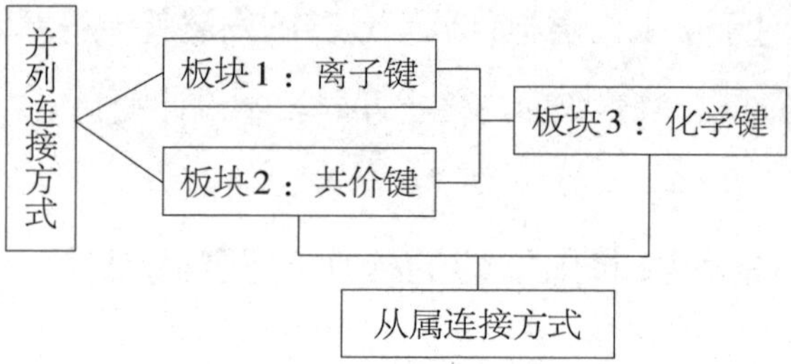

图2-11 “化学键”的板块连接方式

1. 基于板块的化学课结构设计

（1）化学课堂教学板块

就像人类对物质结构的探索一样，人们对化学课结构的探索也是一个不断深入和发展的过程。现代系统科学理论为深刻揭示化学课的结构提供了科学的思想方法论，使人们认识到：一节化学课就是一个系统，应该运用整体观来加以研究。所谓整体观，是指从整体上看待和考察系统的一种观念。[①]要从整体上看待系统，就存在看待系统的角度问题。从观察者与系统的相对位置来划分，看待系统的角度可分为外部视角和内部视角。外部视角是指观察者从系统外部来看待系统，内部视角是指观察者从系统内部来看待系统。这两种视角对于全面认识系统都是不可或缺的。

对于化学课的结构，目前多是从外部视角来看待和考察的，并取得了很多研究成果。例如，任何化学课都是由“学”与“教”两个子系统构成的，其中，“教”的系统是为“学”的系统服务的；教师、学生、教学内容和教学手段等是系统的基本构成要素；这些要素之间相互联系、相互作用，就构成了系统；等等。然而，从内部视角来看待和考察化学课这一系统的研究却较为少见。就像人体的呼吸系统、消化系统、泌尿系统和生殖系统，只有深入到人体的内部才能被发现一样，只有深入到化学课的内

① 苗东升.系统科学精要［M］.2版.北京：中国人民大学出版社，2006：21.

部，才能更深入地揭示课堂教学的本质和规律，才能形成对化学课这一系统的完整、全面和深刻的认识。

当深入到化学课的内部，运用整体观进行观察的时候，我们会发现，一节化学课实际上是由一个个小的整体构成的。例如，“今天这堂课，我们着重学习钠的三种重要化合物——Na_2O、Na_2O_2和Na_2CO_3的性质”，从教师的这句话中可以发现，围绕Na_2O、Na_2O_2和Na_2CO_3的性质分别展开的一系列学与教的活动，形成了这堂课的三个小的整体。我们把构成一节化学课的这些小的整体称为“课堂教学板块”[①]，简称板块（Plate，缩写为P）。如果把一节化学课看作一个系统的话，那么，板块就是构成化学课堂教学系统的一级子系统。

“板块”一词源于地质学的“板块构造”理论，这一理论将岩石圈的构造单元称为板块。后来，板块一词的使用范围逐步扩大到股票市场、电视、文艺节目和刊物等领域，如“沪深两市的新股板块”“《北京日报》的‘生活中来’小板块”“整台晚会由四个板块组成”等。

化学课堂教学板块是一节化学课的构造单元，也就是说，一节化学课是由一个个板块构成的，各个板块有机地联系在一起就构成了一节化学课整体。板块作为化学课的构造单元，“五脏俱全”，是一个综合整体；各个板块之间具有较为清晰的“边界”，既相对独立，又浑然一体。课堂教学板块的发现，形成了看待和考察课堂教学系统的新视角，成为探寻课堂教学规律的新的生长点。运用板块理论，可以科学、有效地指导化学教学设计、实施与评价。

（2）化学课堂教学板块的素养功能设计

设计什么样的板块，如何把所设计的板块连接起来成为一个有机整

① 郑长龙.化学课堂教学板块及其设计与分析——祝贺《化学教育》刊庆30周年［J］.化学教育，2010，31（05）：15.

体，以充分发挥板块的素养功能，是实施核心素养取向的化学课时教学设计首先要解决的问题。

化学课堂教学板块的素养功能设计，主要包括两个方面：一是明确每一个板块的素养功能定位，二是明确板块连接的素养功能定位。化学课堂教学板块连接方式的设计既要符合学科逻辑，又要符合教学逻辑和学生的认知逻辑。例如，一位教师所上的一节“感受氧化还原反应”课，设计了三个板块，三个板块之间采取了递进连接方式，其逻辑关系如图2-12所示。

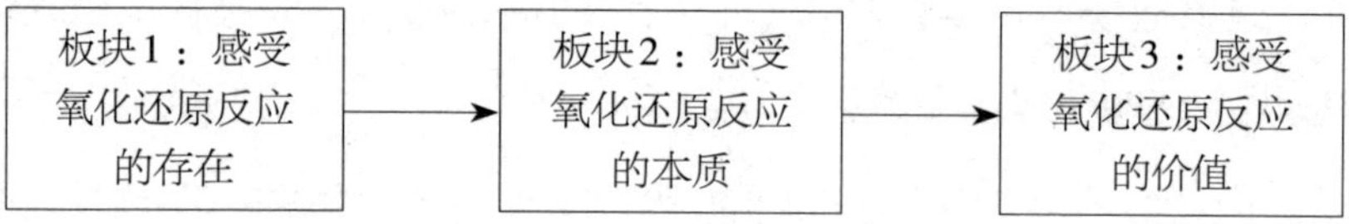

图2-12 “感受氧化还原反应”一课的板块结构

板块1的素养功能定位是“宏观辨识”，板块2的素养功能定位是“微观探析”，板块3的素养功能定位是绿色设计，以体现化学科学的“社会责任”。从板块连接来看，从宏观现象深入到微观本质，反映了化学学科逻辑，体现了化学学科的宏微结合的思维方式；现象—本质—应用，反映了学生的认知逻辑；从生活现象到化学本质，再到社会问题，符合“从生活走进化学—从化学走向社会”的理念，反映了化学教学逻辑。

基于板块的化学课时教学设计，既反映了化学课的教学思路，显性化地呈现了化学课的内容结构，又标示了板块及其连接的核心素养功能和价值。因此，核心素养取向的化学课时教学设计，应首先注重基于板块的化学课结构设计。

2. 基于任务的板块结构设计

基于板块的化学课结构设计，解决了一节课要设计成几个板块、板块之间如何连接的问题。板块作为化学课的一级子系统，本身也是一个系统，也是有结构的。那么，如何设计每一个板块的结构呢?

(1) CASES-T模型

CASES-T模型是化学课堂教学系统的构造模型，如图2-13所示。[①]内容（C）回答“学什么”的问题，活动（A）回答“怎么学”的问题，情境（S）回答“在什么氛围下学”的问题，评价（E）回答“学得怎么样”的问题，策略（S）回答“如何使学生学得更有效”的问题。这五个要素只有作为整体（CASES）发挥作用，才能实现系统的功能，达成系统的目标（T）。因此，CASES-T模型是基于整体对化学课堂教学系统构造的表征。

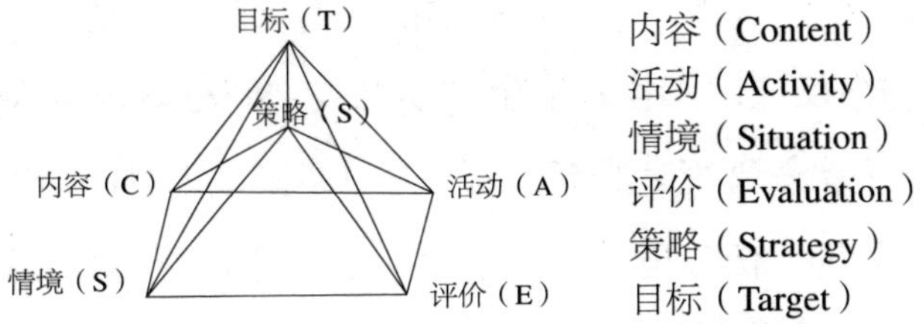

图2-13　化学课堂教学系统的构造模型（CASES-T）

板块系统中的“内容”要素，在核心素养取向的化学教学中是以学习任务的形式呈现的，是显性化的。因而，可以以“任务”作为板块结构设计的明线，并围绕任务的实施来构造板块系统，从而实现板块的素养发展功能。

(2) 化学学习任务

所谓化学学习任务（Task，缩写为T），是指在化学教学中为实现一定的教学目标、落实一定的教学内容，由教师和学生共同完成的学习课题。[②]它是化学课堂教学系统的二级子系统，是化学课堂教学板块的一级

① 郑长龙，等. 化学课程与教学论［M］. 2版. 长春：东北师范大学出版社，2018：6.
② 郑长龙. 新课程教学法：初中化学［M］. 长春：东北师范大学出版社，2004：75.

子系统。

那么，核心素养取向的化学教学，为什么倡导基于“任务”而不是基于“知识”的教学内容设计呢？像游离态和化合态都是元素的具体存在形态一样，知识和任务都是教学内容的具体表现形态。例如，过氧化钠与水的反应，是以知识的形态来呈现的教学内容；“预测过氧化钠与水反应的产物”，是以任务的形态来呈现的教学内容。同知识形态相比，任务形态具有以下显著特点：

· 思维驱动性。任务具有真实性和情境性，更能激发学生的学习兴趣，诱发学生的思考，驱动学生的深度学习。

· 素养发展性。任务更能体现教学内容的素养发展功能。例如，要预测过氧化钠与水反应的产物，学生需要首先判断出该反应为氧化还原反应，然后基于元素价态视角进行分析，在分析基础上对产物进行推断。

· 发展阶段性。任务更能关注学生核心素养发展的个体和群体差异，契合学生化学学科核心素养的发展阶段及水平。例如，同样是过氧化钠与水的反应，可以设计成不同水平的任务，如“观察并描述过氧化钠与水反应的实验现象”“预测过氧化钠与水反应的产物”“设计实验验证过氧化钠与水反应的产物”等。

基于呈现形式来划分，可将任务的呈现形式分为两种，一种是陈述式任务，如“建构氧化还原反应认识模型”；另一种是问题式任务，如“反应热都是化学能贡献的吗？”就任务的思维驱动性来看，问题式任务对学生的思维具有更大的冲击力，更能激发学生的探究欲望。

（3）板块结构设计

◎学习情境设计

基于任务的板块结构设计，在布置任务前，应首先让学生了解任务的由来，即任务产生的背景。介绍任务产生的背景，实际上就是创设情境。

以“实验探究月饼盒中小包装袋的作用”这个任务为例。在布置该任务前，教师先展示了月饼盒中的包装袋，接着提出了“为什么月饼盒中都要放小包装袋”的问题。这一问题引发学生思考：包装袋中有什么物质，这种物质有什么作用，等等。这时，教师很自然地就布置了学习任务：如何通过实验来探究小包装袋中物质的作用？

◎学习内容设计

“如何通过实验来探究小包装袋中物质的作用”，这是一个问题式任务，是一个完整的研究课题。该任务实际上可拆分成两个子任务：子任务1是小包装袋中的物质是什么，起什么作用？子任务2是如何设计实验，证明这种物质具有这种作用？

◎学习活动设计

子任务1的学习活动，可设计成调查探究。学生通过查阅资料，知道小包装袋中的物质是还原铁粉，其作用是吸收空气中的氧气，减缓食物变质。

子任务2的学习活动，可设计成实验探究，设计实验方案并加以实施。对于实验方案，学生可能有多种设计思路，教师在此过程中要及时组织学生进行讨论、汇报和交流。经过讨论，可设计数字化实验，采用氧气传感器，测定装有还原铁粉的密闭锥形瓶中氧气分压的变化。

◎学习评价设计

在汇报交流中，教师需及时对学生的设计方案加以点评，并注意引导学生从定性实验设计向定量实验设计发展，提高学生的实验设计水平。因此，评价任务的目标为：诊断并发展学生化学实验探究的水平（定性水平、定量水平）。

◎教学策略设计

学习任务的分解、实验探究方案的设计和原理的分析，是完成该任务的重点和难点。因此，基于重点和难点，以及学生的实际，可进行核心教学策略设计：通过小组讨论，对学习任务进行合理拆分；通过小组讨论、汇报和交流，引导学生设计和实施实验探究方案；引导学生独立进行脱氧剂脱氧作用的化学原理分析及解释，书写化学方程式。

◎**教学目标设计**

核心素养取向的化学教学目标，依据素养发展功能，可划分为建构性化学教学目标和迁移性化学教学目标。[①]建构性化学教学目标，重在通过化学知识的建构过程，形成和发展学生的化学学科核心素养。例如，“通过实验探究Fe^{3+}和Fe^{2+}的转化关系，了解铁盐和亚铁盐的性质”，在这一目标中，“通过实验探究Fe^{3+}和Fe^{2+}的转化关系”表述的是建构过程，“了解铁盐和亚铁盐的性质”表述的是建构的结果。这一目标的素养功能在于发展科学探究素养。迁移性化学教学目标，重在通过化学知识的迁移应用，展示和表现化学学科核心素养。例如，“实验探究铝盐和铁盐的净水效果”，在这一目标中，净水剂的选择属于真实情境问题，净水剂净水效果的比较，为学生运用所学过的铝盐和铁盐知识，展示科学探究素养及其发展水平，进行真实情境下的问题解决提供了表现机会。

“感受氧化还原反应的存在”板块，其教学目标可设计为：通过食品脱氧剂脱氧作用的实验探究、原理分析及解释，认识生活中的氧化还原现象，形成基于氧化还原反应原理视角解释氧化还原现象的意识。

二、核心素养取向的大概念和核心概念教学设计

通过化学学科理解，可以建构主题概念的层级结构；通过主题大概

① 郑长龙，等. 化学课程与教学论［M］. 2版. 长春：东北师范大学出版社，2018：37.

念、核心概念和基本概念的关联，可以使主题教学内容结构化、系统化。主题大概念承载着主题的素养发展功能，同时，也对主题核心概念和基本概念的学习发挥着统摄和引领作用。

在以往的化学教学中，过分重视主题核心概念和基本概念的教学，缺乏对主题大概念的抽提、建构及迁移，使得化学知识难以转化为化学学科核心素养。因此，核心素养取向的化学教学，要高度重视主题大概念的建构，倡导显性化地开展主题大概念教学。

1. 核心素养取向的主题大概念教学设计

（1）“独立式”主题大概念课时教学设计

主题大概念教学的显性化设计，可以采取“独立式”，即以单独设置课时的形式，建构主题大概念。

例如，高中必修阶段“化学反应与能量”主题的第一课时：“认识物质及其变化的能量视角”，其教学设计如图2-14所示。

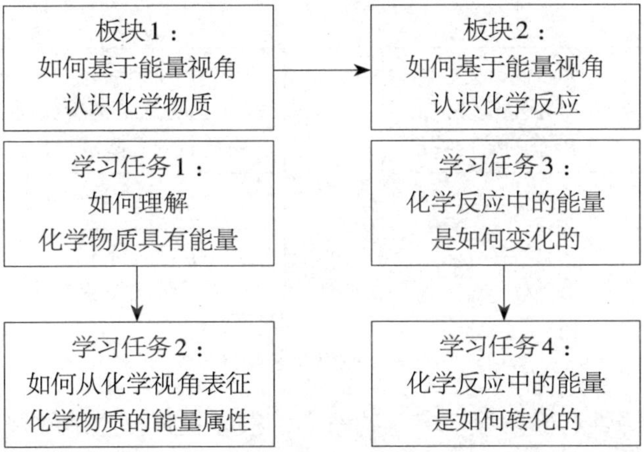

图2-14 “独立式”主题大概念课时教学设计示例

“化学反应与能量”主题的素养发展功能在于建立认识能量的化学视角。因此，化学能视角是该主题的大概念。具体而言，该主题的目的就是让学生基于化学能视角认识化学物质，基于化学能视角认识化学反应。通过如图2-14所示的教学设计，可以引导学生建构主题大概念，形成认识化学物质及其变化的化学能视角，从而发展学生具有化学学科特质的能量观。

（2）“融合式”主题大概念课时教学设计

主题大概念教学的显性化设计，还可以采取“融合式”，即将对主题大概念的建构融合在主题核心概念的课时教学中。

例如，高中选择性必修阶段“烃的含氧衍生物”主题中“乙醛”的课时教学设计，如图2-15所示。

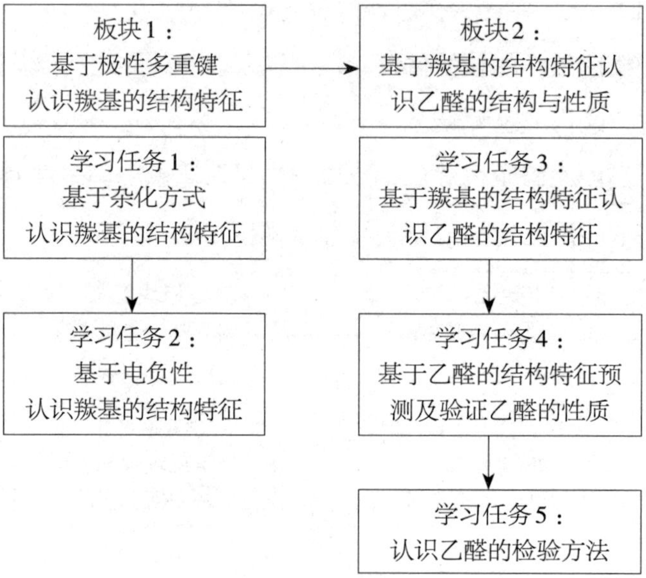

图2-15 “融合式”主题大概念课时教学设计示例

对于选择性必修阶段“醛”的教学，很多教师孤立地教授醛羰基的结构特征，并引导学生基于此预测醛的化学性质。但是，学生很难将这些有机化学知识关联起来，只好死记硬背。实际上，羰基是烃的含氧衍生物中十分重要的基础性官能团，醛、羧酸、酯和酰等烃的含氧衍生物官能团中都含有C═O。从化学学科理解来看，C═O属于多重键（双键或三键），对于多重键结构特征，可以基于碳原子的杂化方式或者碳原子的成键方式进行认识。由于碳元素和氧元素的电负性不同，C═O属于极性多重键（不同于烯烃），因此，可以基于电负性，分析碳氧双键的电子云密度分布情况。从上述分析中，可以抽提出认识碳氧双键的“一”，即“极性多重键”，①这一认识视角具有迁移功能，极性多重键只有C═O吗？运用分析C═O结构特征的一般思路，就可以分析C≡N的结构特征。

如图2-15所示的课时设计，将“极性多重键”的建构设计为板块1“基于极性多重键认识羰基的结构特征”，与乙醛的结构与性质的探究教学融合起来，发挥主题大概念的统摄和引领作用。

2. 核心素养取向的主题核心概念教学设计

所谓主题核心概念，是指对建构主题大概念起到关键支撑作用的概念。例如，“化学反应与热”主题的主题大概念是“热是化学反应中能量变化的表现形式”。对该大概念的建构起到关键支撑作用的概念是“焓变”，因此，焓变就是该主题的核心概念。

核心概念通常是知识态的，如焓变、醛基等。但由于其对大概念建构的关键支撑作用，因此，核心素养取向的课时教学设计特别强调发挥主题核心概念的素养功能，从而基于素养功能建立起核心概念与主题大概念之间的有机联系。

以高中必修阶段的“离子反应”主题为例。该主题的大概念是“离子之间的化学相互作用”，“电离”是该主题的核心概念之一。核心素养取向的“电离”概念教学设计如图2-16所示。

---

① 郑长龙.化学学科理解与“素养为本”的化学教学［J］.课程·教材·教法，2019，39(09)：125.

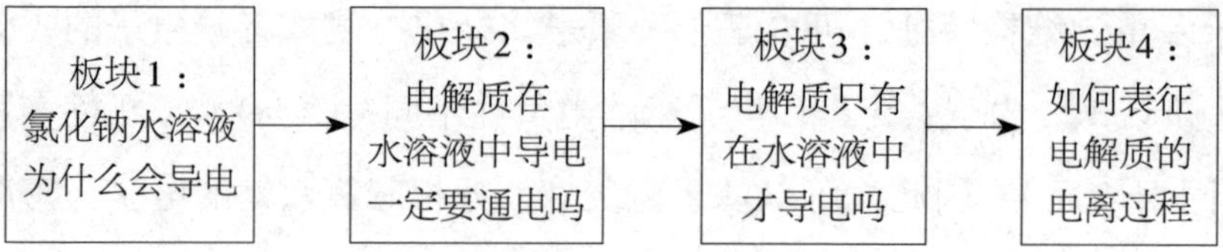

图2-16 “电离”核心概念课时教学设计

为进一步分析这四个板块的素养发展功能，可以对这四个板块作进一步的素养功能显性化处理，如图2-17所示。

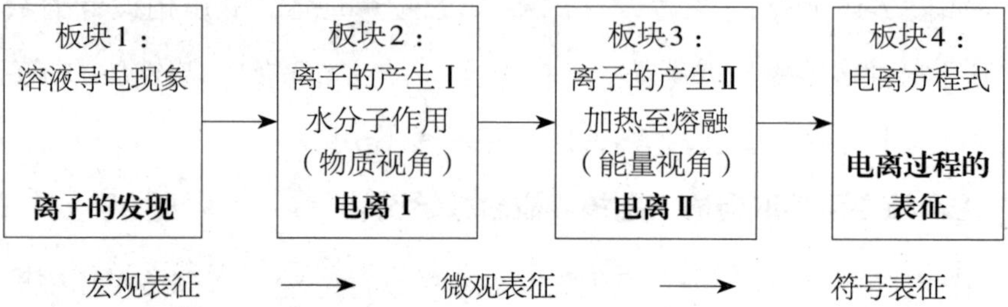

图2-17 “电离”核心概念课时教学设计四个板块的素养发展功能设计

图2-16、图2-17所示的课时设计，就教学思路而言，体现了化学学科宏-微-符三重表征的思维方式；对产生自由移动离子两种机制的探究，很好地起到了对主题大概念建构的关键支撑作用；在对两种机制的探究中，引导学生建构了认识离子产生机制的物质视角和能量视角，从而极大地拓展了学生的思维视野，有利于学生创新能力的发展。

参考文献

[1] 中华人民共和国教育部.普通高中化学课程标准（2017年版）[M].北京：人民教育出版社，2018.

[2] 黄四林，左璜，莫雷，等.学生发展核心素养的国际研究[J].中国教育学刊，2016(06)：8-14.

[3] 房喻，徐端钧.普通高中化学课程标准（2017年版）解读[M].北京：高等教育出版社，2018.

[4] 王磊，魏锐.学科核心素养发展导向的高中化学课程内容和学业要求——《普通高中化学课程标准（2017年版）》解读[J].化学教育，2018，39(09)：48-53.

[5] Duncan R G，Hmelo-Silver C E . Learning progressions：Aligning curriculum，instruction，and assessment[J]. Journal of Research in Science Teaching，2009，46(06)：606-609.

[6] Neumann K，Viering T，Boone W J，et al. Towards a Learning Progression of Energy[J]. Journal of Research in Science Teaching，2013，50(02)：162-188.

[7] Hadenfeldt J C，Neumann K，Bernholt S，et al. Students' progression in understanding the matter concept[J]. Journal of Research in Science Teaching，2016，53(05)：683-708.

[8] 姚建欣，郭玉英.为学生认知发展建模：学习进阶十年研究回顾及展望[J].教育学报，2014，10(05)：35-42.

[9] 郭玉英，姚建欣，张静.整合与发展——科学课程中概念体系的建构及其学习进阶[J].课程·教材·教法，2013，33(02)：44-49.

[10] 郭玉英，姚建欣.基于核心素养学习进阶的科学教学设计[J].课

程·教材·教法，2016，36（11）：64-70.

［11］刘晟，刘恩山.学习进阶：关注学生认知发展和生活经验［J］.教育学报，2012，8（02）：81-87.

［12］王磊，黄鸣春.科学教育的新兴研究领域：学习进阶研究［J］.课程·教材·教法，2014，34（01）：112-118.

［13］孙影，毕华林.科学教育中学习进阶的开发模式研究述评——以ChemQuery评价系统为例［J］.全球教育展望，2015，44（08）：104-113.

［14］李润洲.指向学科核心素养的教学设计［J］.课程·教材·教法，2018，38（07）：35-40.

［15］蒋永贵.指向核心素养的学习目标研制［J］.课程·教材·教法，2017，37（09）：29-35.

［16］姜建文，王丽珊.基于核心素养的化学教学目标设计策略［J］.化学教育，2020，41（05）：37-44.

［17］何彩霞.化学学科核心素养导向的大概念单元教学探讨［J］.化学教学，2019（11）：44-48.

［18］钱卫军.核心素养视角下基于主题的整体教学设计［J］.中学化学教学参考，2019（02）：12-13.

［19］周业虹.学科核心素养下的化学概念教学设计［J］.化学教学，2018（09）：37-41.

［20］陈进前.基于化学学科核心素养发展制订教学目标［J］.化学教学，2018（07）：8-12.

［21］王云生.建构基于学科核心素养培养的教学单元［J］.化学教学，2017（03）：8-12.

［22］郁玲.论学科核心素养下的高中化学课堂教学策略［J］.中学化学教学参考，2018（08）：12-13.

［23］毕华林，黄婕，亓英丽.化学学习中“宏观-微观-符号”三重表征的研究［J］.化学教育，2005（05）：51-54.

［24］郑长龙.2017年版普通高中化学课程标准的重大变化及解析［J］.化

学教育，2018，39(09)：41-47.

[25] 郑长龙.化学学科理解与“素养为本”的化学课堂教学[J].课程·教材·教法，2019，39(09)：120-125.

[26] 郑长龙，孙佳林.“素养为本”的化学课堂教学的设计与实施[J].课程·教材·教法，2018，38(04)：71-78.

[27] 郑长龙，李艳梅.论化学科学经验的传递机制——兼论化学课堂教学的最基本功能[J].化学教育，2007(09)：11-14+30.

[28] 郑长龙.化学课堂教学板块及其设计与分析[J].化学教育，2010，31(05)：15-19.

[29] 郑长龙，等.化学课程与教学论[M].2版.长春：东北师范大学出版社，2018.

[30] 苗东升.系统科学精要[M].2版.北京：中国人民大学出版社，2006.

第三章

无机物性质主题的教学设计及典型案例分析

化学学科核心素养理论概要地阐述了化学学科核心素养的内涵、结构及水平，认为化学学科核心素养是一种解决化学问题的本事，是“举一反三”的本事，是创新的本事。

化学学科理解，基于学科视角，对化学主题“举一反三”的“一”进行了表征，即主题大概念及其认识视角和认识思路，倡导基于学科理解的核心素养取向的化学教学设计。

学习进阶，基于教学视角，在学情分析、课标及教材分析的基础上，对主题大概念及其认识视角和认识思路的建构与迁移进行了水平化设计，倡导基于学习进阶的核心素养取向的化学教学设计。

板块理论和CASES-T模型，基于技术视角，为核心素养取向的化学主题大概念和核心概念的教学设计提供了方法论依据，倡导“板块-任务式”的化学教学设计，使化学知识素养化，素养显性化。

上述理论，分别从学科视角、教学视角和技术视角，系统地为核心素养取向的化学教学设计提供了理论基础，如图3-1所示。

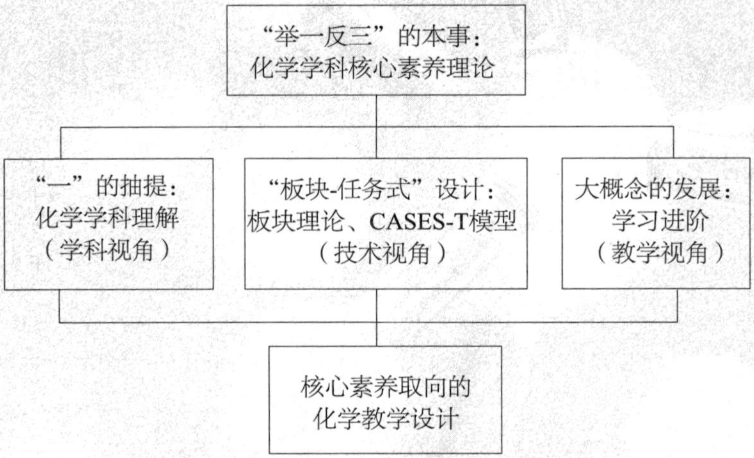

图3-1　核心素养取向化学教学设计的理论基础

依据上述理论，课题组自2018年8月至2019年11月，从五个学科主题中选择了10节教学内容（见表3-1），进行了核心素养取向的化学教学设计与实施的教学实践，取得了较好的教学效果。

表3-1　学科主题典型课例一览表

序号	主题名称	典型课例	实践学校
1	无机物性质	铁及其化合物	长春市第二实验中学
2		硫及其化合物	丹东市第二中学
3	有机物性质	甲烷（必修）	重庆市第一中学校
4		乙醛	丹东市第四中学
5	化学反应与能量	化学反应与能量（必修）	重庆市巴蜀中学校
6		化学反应与能量（选择性必修）	东北师范大学附属中学
7	化学反应速率及限度	化学平衡常数	东北育才学校
8		水体系中的化学平衡	东北育才学校
9	物质结构与性质	原子结构（必修）	石家庄市第一中学
10		原子结构（选择性必修）	石家庄市第一中学

第一节
无机物性质主题的学科理解及进阶设计

物质性质知识是学生认识化学物质世界的重要载体。典型元素化合物知识是学习物质结构理论和化学反应原理，认识和解决STSE问题的重要基础，具有重要的学科价值和社会价值。

一、无机物性质主题的学科理解

人类对化学物质世界的认识，首先源于无机物。组成化学物质的最小的、最简单的、不可分割的物质到底是什么？如何从最简单的物质逐步得到较为复杂的物质呢？这是最初的本原性问题。为解决这些问题，人们提出了元素的概念，并基于元素对物质进行分类。因此，元素成为认识化学物质多样性、认识化学物质间相互转化的重要视角。波义耳的元素概念指的是“物质”（即单质），道尔顿的元素概念指的是一种“原子”。道尔顿的元素概念的意义在于：一是丰富了认识化学物质的视角，不仅有元素视角，还有原子视角，这样，就可以基于这两个视角来认识物质的多样性、认识物质间的相互转化；二是提出了“原子”概念，开启了化学微观世界的大门，随即，如何基于原子视角来解释物质的多样性和相互转化，即如何认识物质的结构与性质的关系（简称“构性关系”）就成为了另一个本原性问题。基于以上认识，可以抽提出无机物性质主题的三个大概念。

1. 物质的多样性

“能从不同层次认识物质的多样性”[①]，是“宏观辨识与微观探析”素养的重要内容之一。对多样性的认识有宏观层次和微观层次两种。无机物性质主题主要是引导学生从宏观层次来认识多样性。宏观层次，又可分为物质视角和元素视角两类。

（1）基于物质视角认识多样性

从物质视角来看，物质的多样性表现在多个方面，主要有：

· 物质类别的多样性。基于组分视角，可将物质分为纯净物和混合物。纯净物又称为单组分体系，可分为单质和化合物。混合物又称为多组分体系或分散系，包括溶液、浊液、胶体等。

· 物质状态的多样性。基于聚集状态视角，可将物质分为固态物质、液态物质、气态物质和等离子体等。

· 物质形态的多样性。基于形态视角，可将固态物质分为晶态和非晶态。例如，固态Al_2O_3有α-Al_2O_3和γ-Al_2O_3等不同的形态，且它们的性质有较大的差异。

（2）基于元素视角认识多样性

从元素视角来看，物质的多样性主要表现在以下方面：

· 元素类别的多样性。基于质子视角，目前发现的化学元素已超过118种；基于中子视角，元素又存在同位素，包含有若干种核素。这些化学元素组成了几千万种化学物质；

· 元素价态的多样性。基于价态视角，元素有多种价态。例如Fe、Cl、S、N等元素都属于多变价元素。元素价态的多样性，导致了同一种元素可以形成多种化学物质。

---

① 中华人民共和国教育部. 普通高中化学课程标准（2017年版）[M]. 北京：人民教育出版社，2018：3.

2. 物质间的相互转化

事物是可以相互转化的，这是哲学的重要观点。物质间相互转化的思想，是化学科学对哲学的重要贡献。那么，如何认识化学物质间的相互转化呢？

（1）基于物质视角的相互转化

从物质类别来看，单质、氧化物、氧化物的水化物和盐之间存在相互转化关系。依据物质类别的相互转化，可以合成新的物质。此外，基于物质的聚集状态，可以实现物质状态之间的相互转化；基于物质的形态，可以实现物质晶形的相互转化。

（2）基于元素视角的相互转化

很多金属元素和非金属元素具有多变价的特点，因此，基于元素价态可以实现同一种元素不同价态物质间的相互转化。例如，S存在–2价、0价、+2价、+4价和+6价，是典型的多变价非金属元素，在一定条件下，S不同价态的物质之间可以发生相互转化。

3. 物质的构性关系

道尔顿的原子论，使人们开始基于原子来思考物质及其变化问题。原子是如何化合的，一个原子与多少个原子相化合（“价”的问题），如何基于原子解释物质的化合与分解，等等，对这些问题的不断思考使得物质的“构性关系”问题成为了化学学科的一个基本理论问题。

根据认识方式，可将物质性质分为一类性质和二类性质。一类性质，是指不需要通过化学反应就能表现出来的性质，如物质的大部分物理性质；二类性质，是指需要通过化学反应才能表现出来的性质，如物质的化学性质。无机物的化学性质，最主要的就是酸碱性和氧化（还原）性。

在高中必修阶段，学生主要是基于价电子来认识物质的构性关系。

对于“律前”（指在教材中位于元素周期律内容之前）的元素性质，主要是基于元素原子的核外电子排布来解释；对于“律后”（指在教材中位于元素周期律内容之后）的元素性质，主要是基于元素周期律来进行解释和预测。

二、无机物性质主题的进阶设计

1. 学情分析

高一学生已能初步从物质类别视角认识无机物的多样性，能够初步运用分类思想，基于物质类别对无机物进行简单分类；能够基于物质类别实现常见物质间的转化；能够基于元素原子最外层电子数目（少于或多于4个电子）判断金属元素和非金属元素，初步建立了结构与性质的关联。

在本主题学习中，学生要进一步拓展认识无机物多样性的视角——元素视角；对于多变价元素，能够基于元素价态实现物质间的相互转化；能够基于位-构-性模型，认识元素的原子结构与元素性质的周期性变化规律。

2. 课标和教材分析

（1）课标分析

义务教育化学课标中与无机物性质主题相关的内容，主要体现在“我们周围的空气”“金属与金属矿物”“生活中常见的化合物”“化学物质的多样性”等二级主题中，具体内容见表3-2所示。[①]

① 中华人民共和国教育部. 义务教育化学课程标准（2011年版）[M]. 北京：北京师范大学出版社，2012：19-21，23.

表3-2 义务教育课标中与无机物性质主题有关的主要内容

我们周围的空气	·说出空气的主要成分，认识空气对人类生活的重要作用。 ·知道氧气能跟许多物质发生氧化反应。 ·能结合实例说明氧气、二氧化碳的主要性质和用途。 ·了解自然界中的氧循环和碳循环。
金属与金属矿物	·了解金属的物理性质，认识常见金属的主要化学性质，了解防止金属腐蚀的简单方法。 ·知道可用铁矿石炼铁。
生活中常见的化合物	·认识常见酸碱的主要性质和用途，知道酸碱的腐蚀性。 ·了解用酸碱指示剂（酚酞、石蕊）和pH试纸检验溶液酸碱性的方法。
化学物质的多样性	·认识物质的三态及其转化。 ·区分纯净物和混合物、单质和化合物。 ·能从元素组成上认识氧化物。 ·知道无机化合物可以分成氧化物、酸、碱、盐。 ·认识物质的多样性。

初中化学主要通过常见物质及其化合物的性质，引导学生体会物质的多样性和基于物质类别的物质转化思想。

在高中化学必修阶段，与无机物性质主题相关的内容主要体现在“元素与物质”“金属及其化合物”“非金属及其化合物”“物质性质及物质转化的价值”和“原子结构与元素周期律”等二级主题中，具体内容见表3-3所示。①

表3-3 高中必修阶段与无机物性质主题有关的主要内容

元素与物质	·认识元素可以组成不同种类的物质，根据物质的组成和性质可以对物质进行分类。 ·同类物质具有相似的性质，一定条件下各类物质可以相互转化。 ·认识元素在物质中可以具有不同价态，可通过氧化还原反应实现含有不同价态同种元素的物质的相互转化。

① 中华人民共和国教育部.普通高中化学课程标准（2017年版）[M].北京：人民教育出版社，2018：14-15.

续表

金属及其化合物	·结合真实情境中的应用实例或通过实验探究，了解钠、铁及其重要化合物的主要性质。 ·了解这些物质在生产、生活中的应用。
非金属及其化合物	·结合真实情境中的应用实例或通过实验探究，了解氯、氮、硫及其重要化合物的主要性质。 ·认识这些物质在生产中的应用和对生态环境的影响。
物质性质及物质转化的价值	·结合实例认识金属、非金属及其化合物的多样性。 ·了解通过化学反应可以探索物质性质、实现物质转化。 ·认识物质及其转化在自然资源综合利用和环境保护中的重要价值。
原子结构与元素周期律	·结合有关数据和实验事实认识原子结构、元素性质呈周期性变化的规律，建构元素周期律。 ·知道元素周期表的结构，以第三周期的钠、镁、铝、硅、硫、氯，以及碱金属和卤族元素为例，了解同周期和主族元素性质的递变规律。

高中必修阶段主要通过典型金属及其化合物和典型非金属及其化合物性质的探究，引导学生进一步认识物质的多样性，基于物质类别和元素价态认识物质间的相互转化思想；通过元素周期律，认识原子结构与元素性质之间的关系。

在高中选择性必修阶段，与无机物性质主题相关的内容主要体现在物质结构与性质模块“核外电子排布与元素周期律（表）”这一二级主题中，具体内容见表3-4。[①]

① 中华人民共和国教育部.普通高中化学课程标准（2017年版）[M].北京：人民教育出版社，2018：37.

表3-4　高中选择性必修阶段与无机物性质主题有关的主要内容

核外电子排布与元素周期律（表）	·认识元素的原子半径、第一电离能、电负性等元素性质的周期性变化。 ·知道原子核外电子排布呈现周期性变化是导致元素性质周期性变化的原因。 ·知道元素周期表中分区、周期和族的元素原子核外电子排布特征。

高中选择性必修阶段通过元素性质的递变规律，引导学生基于核外电子排布的周期性变化，认识原子结构与元素性质之间的关系。

（2）教材分析

人民教育出版社依据2017年版课标编写出版的普通高中教科书（以下简称人教版新教材），将无机物性质的内容分为“律前”和“律后”两部分。

“律前”的无机物主要是典型的金属元素钠及其化合物和典型的非金属元素氯及其化合物，以及多变价的金属元素铁及其化合物。这样的编排，一是通过物质的分类，进一步凸显认识物质多样性的物质类别视角，以及基于此视角来建立物质间的转化关系；二是通过典型金属元素和非金属元素及其化合物的学习，使学生系统化地建立基于物质类别研究无机物性质的一般思路；三是利用学生已有的元素原子核外电子排布的知识解释物质的性质。

“律后”的无机物主要是典型的多变价非金属元素硫及其化合物、氮及其化合物。这样的编排，一是建构认识物质多样性的元素价态视角，以及基于此视角来建立物质间的转化关系；二是通过对递变规律的认识，建构位-构-性模型，发展学生认识无机物构性关系的水平。

3. 进阶设计

（1）无机物性质主题进阶变量的表征

物质的多样性、物质间转化关系和物质的构性关系，是通过物质的性质这一知识载体来建构的。依据进阶变量表征模型，无机物性质主题的进阶变量可表征如下。

· 概念变量。初中阶段主要是认识生活中常见物质的性质，高中必修阶段主要是认识典型代表物的性质，高中选择性必修阶段主要是基于周期和族系统认识物质的性质。

· 认识变量。初中阶段主要是基于物质类别视角认识物质的性质，高中必修阶段主要是基于物质类别和元素价态视角认识物质的性质，高中选择性必修主要是基于位-构-性认识物质的性质。

· 方法变量。初中阶段主要是运用实验观察、描述表达（个别建构）和比较关联（类别建构）的方法，高中必修阶段主要是运用实验探究、抽象概括、解释预测的方法，高中选择性必修阶段主要是运用模型建构、设计验证、分析评价的方法。

（2）无机物性质主题学习进阶理论预设模型

◎水平1：基于物质类别认识常见物质的性质

通过对个别物质性质的实验观察，初步形成“化学物质是多样的”和“物质间是可以转化的”的认识；基于元素原子最外层电子数目（少于或多于4个电子）辨识常见的金属元素与非金属元素，初步建立物质的结构与性质的关联。

◎水平2：基于物质类别和元素价态认识典型物质的性质

基于物质类别和元素价态，系统认识物质的多样性和物质间的转化关系；基于元素原子核外电子的转移，认识物质结构与性质的关系。

◎水平3：基于元素周期律认识元素及其化合物的性质

基于周期性变化，认识物质性质的递变规律，建构位-构-性认识模型。

表3-5　无机物性质主题进阶设计

进阶水平	进阶变量			表现期望
	概念变量	认识变量	方法变量	
水平1：基于物质类别认识常见物质的性质	·常见物质性质的个别认识。	·初步形成“化学物质是多样的”和“物质间是可以转化的”的认识。 ·基于元素原子最外层电子数，辨识常见的金属元素与非金属元素。 ·初步建立物质的结构与性质的关联。	实验观察、描述表达。	·能初步基于物质类别认识物质的多样性。 ·能设计常见元素及其化合物的转化路径。 ·能基于元素原子最外层电子数区分金属元素和非金属元素。
水平2：基于物质类别和元素价态认识典型物质的性质	·典型物质性质的系统认识。	·基于物质类别和元素价态，系统认识物质的多样性和物质间的转化关系。 ·基于元素原子核外电子的转移，认识物质结构与性质的关系。	实验探究、比较关联、模型建构、解释预测、设计验证。	·能基于物质类别和元素价态，对物质系统分类，设计及验证典型物质间相互转化的方案。 ·能基于元素原子核外电子解释和预测物质的性质。
水平3：基于元素周期律认识元素及其化合物的性质	·物质性质的递变规律认识。	·基于周期性变化，认识物质性质的递变规律，建构位-构-性认识模型。	实验探究、模型建构、解释预测、设计验证、分析评价。	·能基于周期和族，比较元素的性质，认识物质的多样性。 ·能基于位-构-性模型解释和预测物质的性质。

第二节
金属及其化合物典型课例及分析

在2017年版课标“金属及其化合物”的内容要求中，选取了两种金属元素，一种是钠元素，其是主族金属元素代表，另一种是铁元素，其是副族金属元素代表。课题组以“铁元素不同价态物质间的相互转化”为课例，开展了核心素养取向的化学教学设计与实施研究。

一、教学设计

1. 素养功能定位

铁及其化合物是人教版高中化学必修第一册教材第三章的内容。在学习本章之前，学生通过钠及其化合物、氯及其化合物的学习，已经系统地建构了认识物质及其变化的物质类别视角，即基于物质类别认识物质的多样性及物质间的转化关系。铁元素属于多变价金属元素，因此，铁及其化合物的学习可以引导学生建立认识物质的多样性及物质转化关系的元素价态视角。

铁元素不同价态物质间的相互转化，是在学习了铁的单质、氧化物、氢氧化物和铁盐之后的一节综合提升课。“提升”主要表现在以下两个方面：

· 内容提升。教材中涉及的是Fe^{2+}和Fe^{3+}的相互转化，而本节课涉及的是二价铁和三价铁的相互转化；不仅如此，还将零价铁也纳入其中，探究铁元素三种价态物质间的相互转化。

· 素养提升。在学习本节课之前，学生已经有了基于元素价态看物质，基于元素价态看转化的意识。本节课的学习可以使学生系统地建立起元素价态视角。同时，有助于学生将物质类别与元素价态两个视角综合起来，解决物质间的相互转化问题。

元素的多变价一定涉及元素的低价态、高价态和中间价态，因此，基于“铁三角”模型，建立更具普遍意义的“价三角”模型，具有非常重要的素养功能，为后续认识硫元素、氮元素不同价态物质间的相互转化提供了方法论，也为解决陌生多变价元素不同价态物质间的相互转化问题提供了本事。

2. 教学目标设计

（1）通过对铁元素不同价态物质之间转化关系的探究，形成认识物质转化关系的综合视角。

（2）通过“铁三角”模型的抽提，建构认识多变价元素不同价态物质间相互转化的“价三角”模型。

（3）能基于“价三角”模型，解释和预测多变价元素不同价态物质间的相互转化。

3. 教学思路设计

本课的教学思路如图 3-2 所示。

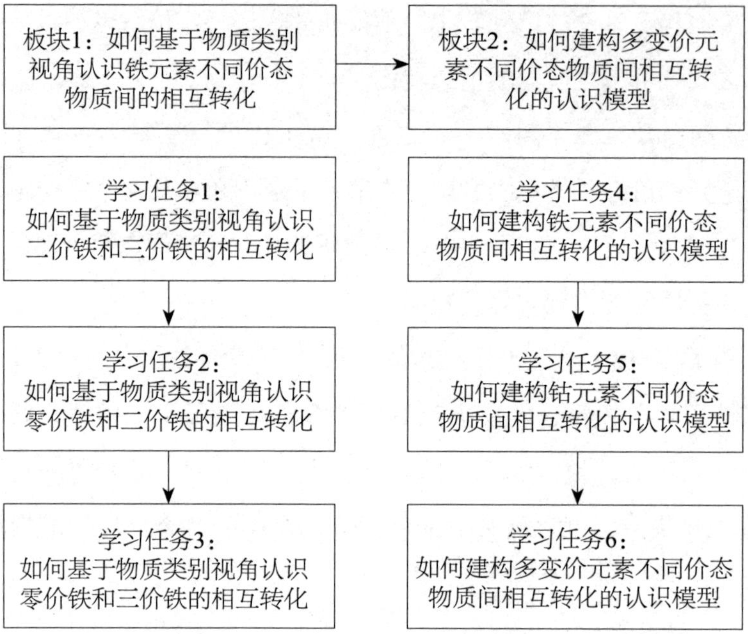

图3-2　“铁元素不同价态物质间的相互转化”一课的板块-任务式设计

二、教学实施

1. 情境创设

【师】这是一张元素周期表，特别标出的元素分别是Na、Mg、Al和Fe，它们都是金属元素（如图3-3所示）。这四种金属元素处在元素周期表中的不同区域，我这里分别用两种颜色的框格加以区分。Fe在一种颜色的框格内，Na、Mg、Al在另一种颜色的框格内。那么，Fe与其他三种金属元素有什么不同呢？

从元素价态来看，Na、Mg、Al这三种金属元素常见的价态只有两种，而Fe常见的价态则有三种。对于像Fe这样的多变价元素，如何实现不同价态物质之间的相互转化呢？这节课我们就来探究这个问题。

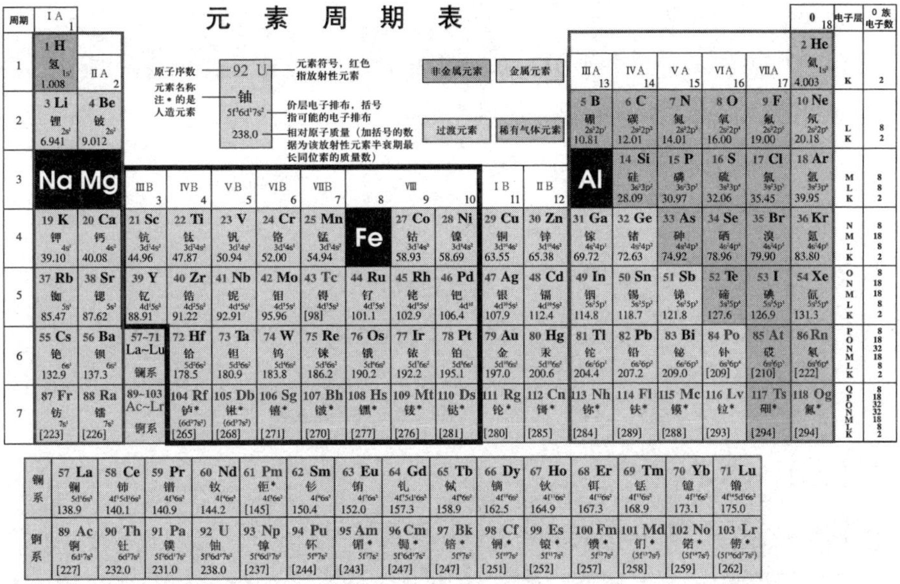

图3-3　四种金属元素在元素周期表中所处的位置

【板书】铁元素不同价态物质间的相互转化

2. 板块1的实施

【师】我们已经知道，实现物质间的相互转化，可以基于物质类别视角，也可以基于元素价态视角。无论哪种视角，都是单一视角。那么，如何综合这两种视角来探究物质间的相互转化呢？

【板书】板块1：如何基于物质类别视角认识铁元素不同价态物质间的相互转化

【师】铁元素有3种价态，0价、+2价和+3价，我们首先基于物质类别视角来探究二价铁和三价铁的相互转化。

【板书】学习任务1：如何基于物质类别视角认识二价铁和三价铁的相互转化

【师】对于铁元素来说，存在二价铁和三价铁相互转化的物质类别都有哪些？

【生】有氧化物、氢氧化物和盐。

【师】现在分成三个小组，每个小组选择一类物质，来探究二价铁和三价铁的相互转化（如图3-4所示）。

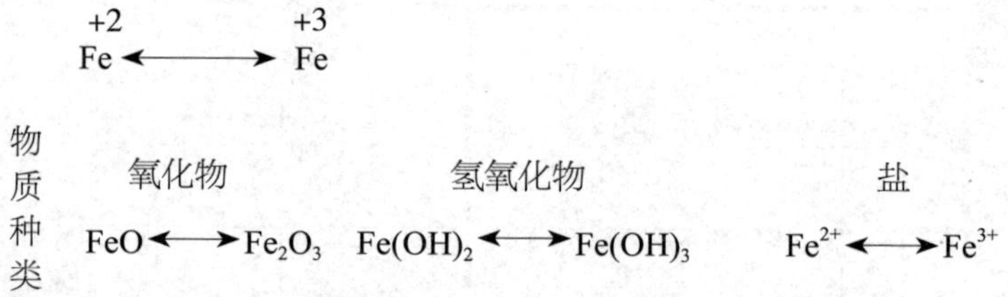

图3-4　二价铁和三价铁相互转化探究方案

【生】小组讨论。

【生】三个小组分别用投影展示各自设计的转化方案。

【师】根据大家的汇报，能否概括出二价铁和三价铁相互转化的一般思路？大家讨论一下。

【生】小组讨论，展示、汇报各自的讨论结果：低价态转化为高价态，用氧化剂；高价态转化为低价态，用还原剂。

【师】对于二价铁和三价铁相互转化的一般思路，可以用下面的模型（如图3-5所示）来表示：

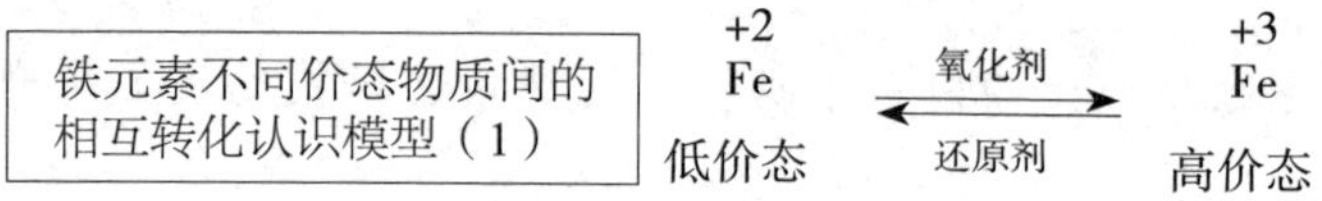

图3-5　二价铁和三价铁相互转化认识模型

【板书】学习任务2：如何基于物质类别视角认识零价铁和二价铁的相互转化

【师】与学习任务1的完成方式一样，也分成三个小组（三种探究方案如图3-6所示）；讨论后，各组汇报并展示成果。

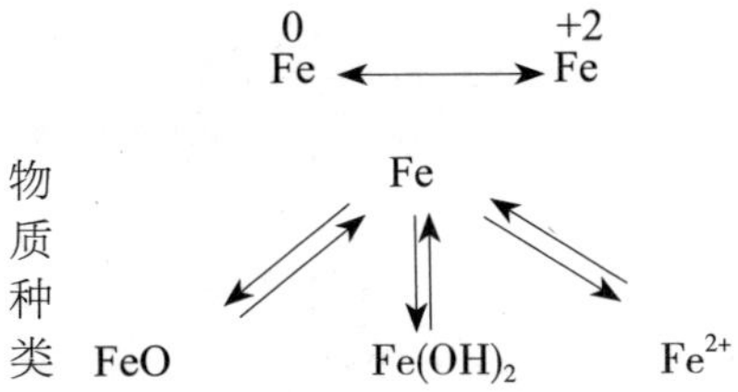

图3-6　零价铁和二价铁相互转化探究方案

【生】小组讨论。

【生】三个小组分别用投影展示各自设计的转化方案。

【师】根据大家的汇报，能否概括出零价铁和二价铁相互转化的一般思路？大家讨论一下。

【生】小组讨论，展示、汇报各自的讨论结果：低价态转化为高价态，用氧化剂；高价态转化为低价态，用还原剂。

【师】对于零价铁和二价铁相互转化的一般思路，可以用下面的模型（如图3-7所示）来表示：

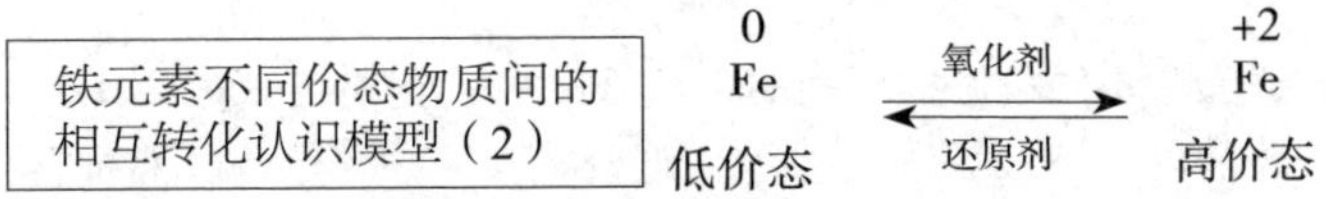

图3-7　零价铁和二价铁相互转化认识模型

【板书】学习任务3：如何基于物质类别视角认识零价铁和三价铁的相互转化

【师】同前面一样，也分成三个小组（三种探究方案如图3-8所示）；讨论后，各组汇报并展示各自的讨论结果。

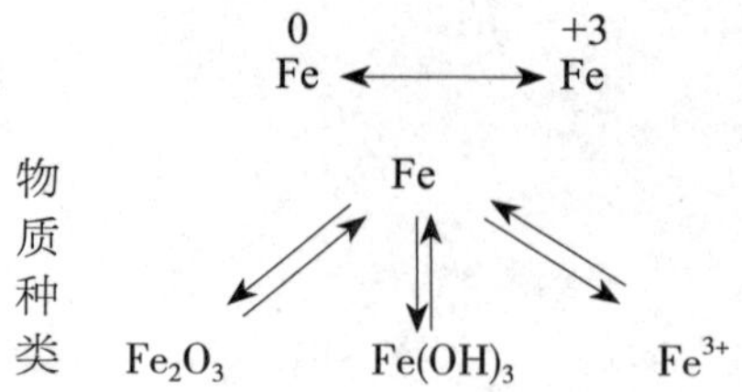

图3-8　零价铁和三价铁相互转化探究方案

【生】小组讨论。

【生】三个小组分别用投影展示各自设计的转化方案。

【师】根据大家的汇报，能否概括出零价铁和三价铁相互转化的一般思路？大家讨论一下。

【生】小组讨论，展示、汇报各自的讨论结果：低价态转化为高价态，用氧化剂；高价态转化为低价态，用还原剂。

【师】对于零价铁和三价铁相互转化的一般思路，可以用下面的模型（如图3-9所示）来表示：

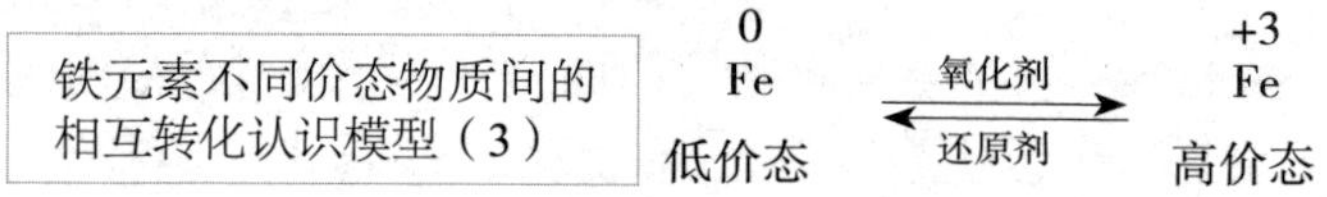

图3-9　零价铁和三价铁相互转化认识模型

3. 板块2的实施

【师】通过板块1的学习，我们建立了认识铁元素不同价态物质间相互转化的三个认识模型。那么，我们能否将这三个模型综合起来，构建一个统一的模型呢？大家讨论一下。

【板书】板块2：如何建构多变价元素不同价态物质间相互转化的认识模型

【板书】学习任务4：如何建构铁元素不同价态物质间相互转化的认识模型

【生】小组讨论。

【生】展示汇报各自的讨论结果。

【师】综合大家的讨论，可以用下面的模型来表示铁元素不同价态物质间的相互转化（如图3-10所示）。

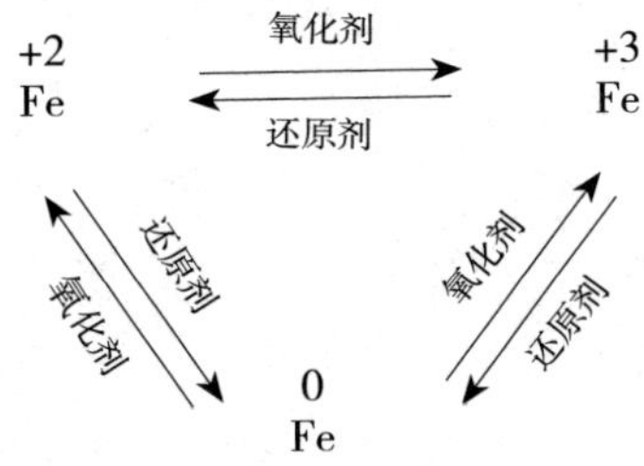

图3-10　铁元素不同价态物质间的相互转化认识模型

【师】这个认识模型，我们把它叫"铁三角"模型。

【师】"铁三角"模型是否具有普适性呢？我们在元素周期表中与铁元素同一框格内再找一个元素——铁元素后面的钴元素。

【板书】学习任务5：如何建构钴元素不同价态物质间相互转化的认识模型

【师】下面我们通过一个视频来认识一下钴元素。大家注意观察，视频中都提到了哪些含钴元素的物质。

【生】观看视频。

【师】在刚才的视频中，有钴单质，CoO、Co_3O_4、$CoCl_2$、$CoSO_4$、$Co(OH)_2$和$CoAl_2O_4$（铝酸钴）。这个$CoAl_2O_4$就是我们做焰色试验时用到的蓝色钴玻璃中的含钴物质。其实含钴元素的物质有很多，除了视频中所列举的物质以外，还有Co_2O_3和$Co(OH)_3$。

【师】这些物质中，钴元素都表现出哪几种价态？大家讨论一下，如何实现钴元素不同价态物质间的相互转化？

【生】在这些物质中，钴元素共表现出三种价态：0价、+2价和+3价。

仿照“铁三角”模型，可以用“钴三角”模型来实现钴元素不同价态物质间的相互转化。

【生】投影展示“钴三角”模型（如图3-11所示）。

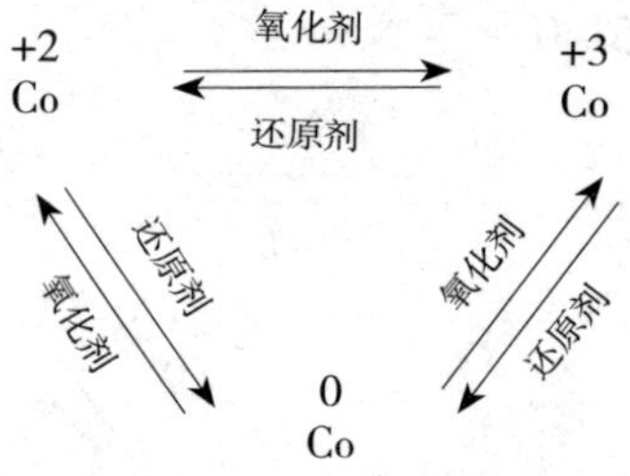

图3-11　钴元素不同价态物质间的相互转化认识模型

【师】铁元素、钴元素都是多变价元素，常见的价态只有三种。如果某一多变价元素的常见价态有四种、五种，那么，如何用模型来表示该元素不同价态物质之间的转化关系呢？

【板书】学习任务6：如何建构多变价元素不同价态物质间相互转化的认识模型

【师】这个问题挑战性较大，小组讨论一下，说出你们小组的看法。

【生1】我们小组用正方形来表示具有四种价态的多变价元素不同价态物质之间的相互转化关系。

【生2】我们小组用五边形来表示具有五种价态的多变价元素不同价态物质之间的相互转化关系。

【师】如果具有六种价态，那就用六边形来表示了？

【师】大家再讨论一下，如何基于三角形的思路来加以概括。

【生】我们组是这样认为的，无论有多少种价态，总有一个是低价态，一个是高价态，其余的都是中间价态。这样，就可以用三角形来表示了。

【师】非常好！用“中间价态”对高、低价态以外的其他价态进行了概括。这样，就可以统一用一个模型来表示多变价元素不同价态物质之间的相互转化关系。这个模型，可以叫“价三角”模型（如图3-12所示）。

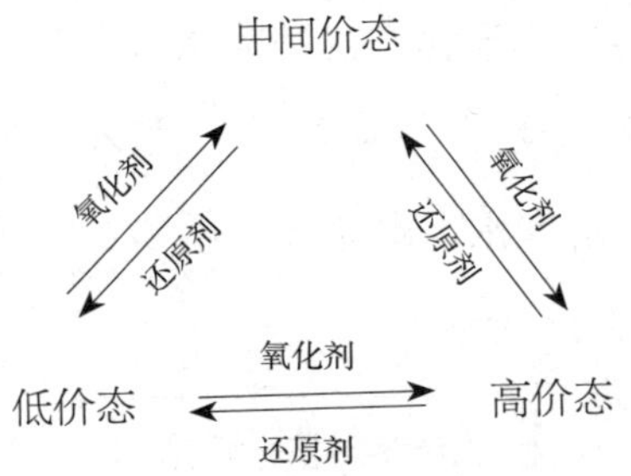

图3-12　多变价元素不同价态物质间相互转化的“价三角”认识模型

三、分析评价

“铁元素不同价态物质间的相互转化”一课，素养发展功能定位准确，注重基于学科理解和学习进阶来选择和组织教学内容，并运用“板块-任务式”设计来加以呈现，使得课的结构清晰，逻辑合理；注重“一”的抽提，紧紧围绕“物质间的相互转化”这一主题大概念，基于元素价态视角，引导学生建构多变价元素不同价态物质间的相互转化的认识模型；注重通过抽象概括、模型建构等高阶思维活动，发展学生的高阶思维能力；注重运用高水平教学行为，通过生生讨论和师生交流，引导学生自主建构认识视角，凝练认识思路。具体来说，本节课具有以下特点。

1. 较好地体现了核心素养取向化学课的基本特征

核心素养取向的化学课所要解决的根本问题是如何使知识转化为素养。解决这一问题的关键是知识的学科功能化。为什么知识的学科功能化是关键？按照课堂教学的圈层结构模型，只考虑知识层和教学层交互的教学，是知识教学，无论知识如何结构化，也无法转化为素养。只有知识层、认识层和教学层交互的教学，才有可能是素养发展的教学。认识层之所以重要，就在于它体现了知识的学科功能，也就是提供了具有学科特质的认识方式和方法，再具体来说，就是提供了大概念及其认识视角和认识思路，就是提供了“举一反三”的“一”。那么，如何使知识学科功能化呢？那就是运用学科理解理论，凝练知识所蕴含的学科本原性问题，抽提“一”和大概念（如图3-13所示）。

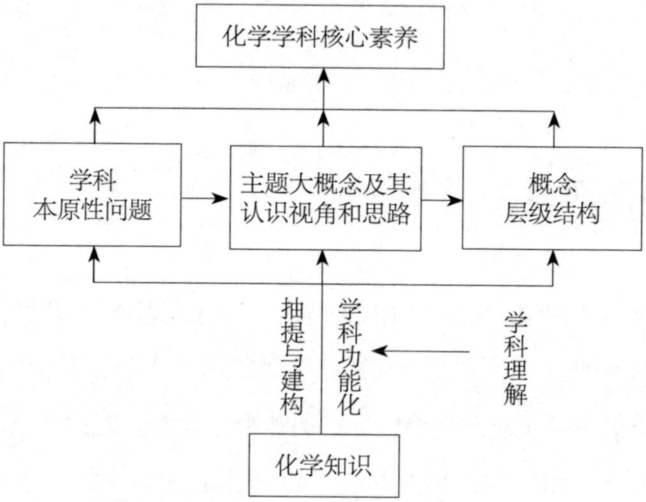

图3-13　基于学科理解的知识学科功能化

基于上述讨论，从化学知识学科功能化视角，可以概括出核心素养取向化学课的三条基本特征：显性化地呈现学科本原性问题，显性化地呈现大概念及其认识视角和认识思路，显性化地呈现概念的层级结构。

“铁元素不同价态物质间的相互转化”一课所要解决的学科本原性问题是如何实现多变价元素不同价态物质间的相互转化；大概念是“物质间的相互转化”，元素价态是认识视角，“价三角”模型是认识思路；“铁三角”模型属于核心概念，铁元素不同价态物质间的相互转化认识模型（1）、（2）和（3）（如图3-5、图3-7、图3-9所示）则是基本概念。因此，这节课满足核心素养取向化学课的三条基本特征，是一节素养课。

2. 较好地达成了学生化学学科核心素养的发展水平目标

本原性问题、大概念及其认识视角和认识思路、概念层级结构，是从学科视角概括出来的判断素养课的三条标准；从教学视角来看，学生的化学学科核心素养是否得到发展，是否达到了预设的发展水平，也是衡量素养课的重要标准。学科视角，判断的是一节课是否是素养课；教学视角，判断的是一节素养课是否达到了预设的素养发展水平，是对素养发展程度及效果的判断。那么，“素养是否得到发展”该如何来判断呢？主要是从两个方面加以衡量：一个是化学学科核心素养发展水平，另一个是主题进阶水平。

从素养发展水平来看，铁及其化合物属于对物质及其变化的宏观认识，宏观认识有三种水平，即现象水平、规律水平和转化水平。“铁元素不同价态物质间的相互转化”一课作为提升课，使学生对铁及其化合物的宏观认识达到了最高的转化水平。基于模型来认识多变价元素不同价态物质间的相互转化，属于“模型认知”。模型认知有三种水平，即模型意识水平、模型建构水平和模型运用水平。这节课较好地引导学生渐进地从铁元素不同价态物质间的相互转化认识模型（1）、（2）、（3）来抽提“铁三角”模型，通过讨论探究，进一步建构“价三角”模型；在模型运用方面，引导学生基于“铁三角”模型来描述钴元素不同价态物质间的相互转化，并在此基础上，提炼出“钴三角”模型，为“价三角”模型的建构进一步提供了依据。因此，本节课较好地达成了学生化学学科核心素养的发展水平目标。

从无机物性质主题的进阶水平来看，“铁元素不同价态物质间的相互转化”一课的目标水平属于预设水平2，即对典型物质的系统认识。其建构性表现是能基于物质类别和元素价态系统认识物质间的转化关系；其迁移性表现是能基于物质类别和元素价态设计物质间的相互转化方案。本节课综合运用了物质类别和元素价态两个视角，系统建构铁元素不同价态物质间的相互转化模型，并运用模型来设计钴元素不同价态物质间的相互转化。因此，本节课较好地达成了主题进阶水平。

3. 较好地运用板块-任务式设计显性化呈现素养化的教学内容

基于学科视角可以判断一节课是否是素养课，基于教学视角可以衡量学生的素养发展水平。此外，还应从教学设计技术视角来评判教学内容的组织和呈现，具体来说，就是是否体现了知识的素养化、素养的显性化、组织的结构化。

知识的素养化，说的是知识应以素养化的方式来呈现。那么，怎样呈现知识才是素养化呈现呢？那就是要明确知识的素养功能，要明确认识知识素养功能的视角。例如，“如何基于物质类别视角认识二价铁和三价铁的相互转化”中，“二价铁和三价铁的相互转化”是知识；该知识所蕴含的素养功能是多变价元素不同价态物质间的相互转化；对该知识素养功能认识的视角是物质类别。基于此标准来分析，本节课无论是板块，还是任务的表述，都较好地体现了知识的素养化。

素养的显性化，说的是知识的素养功能及其认识视角，应以显性化的方式来呈现。这意味着，核心素养取向的化学教学，对大概念、对认识视角和认识思路，不再是所谓的渗透式的、隐性的，而是公开的、显性的。例如，“建构铁元素不同价态物质间相互转化的认识模型”中，模型的建构，是一种素养，而且，这句话作为板块的名称，表明素养本身已成为了课堂教学内容的一部分。素养的显性化呈现是素养课的一个显著特征。本节课在此方面的设计是比较到位的。

组织的结构化，说的是基于“板块-任务式”所设计的板块之间的连接和任务之间的连接，应以结构化的方式加以呈现。例如，本节课学习任务之间的连接，很好地体现了基于认识模型的概念层级结构，如图3-14所示。

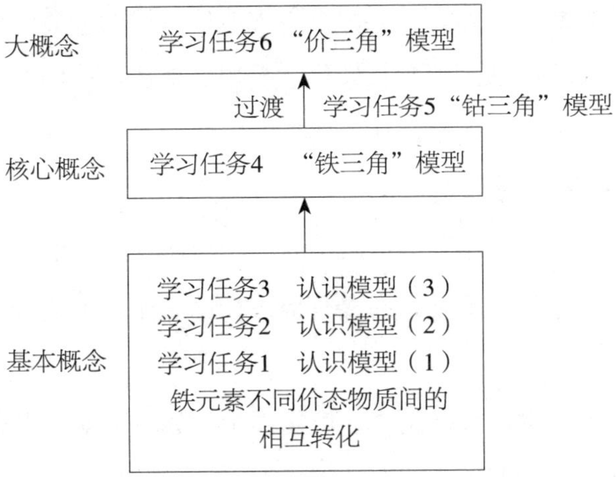

图3-14 学习任务组织的结构化

4. 较好地通过高水平的教学实施保证了素养的建构与迁移

发展什么素养，发展到什么程度，如何显性化、结构化地呈现，都是基于“教什么”维度对素养课进行的分析。对任何一节化学课的分析，不仅要基于“教什么”维度，还要基于“怎么教”维度。那么，基于“怎么教”维度，如何对素养课进行分析呢？其分析工具就是CASES-T模型，也就是要对情境创设、学习活动选择、学习评价设计及教学策略实施进行分析。

（1）情境创设的分析

按照情境的素养功能来划分，可将情境分为建构性情境和迁移性情境。建构性情境的素养功能，是为本原性问题的抽提和“一”的建构提供认识的背景，从而引发学生的深度思考。依据情境与大概念的关联程度，可将建构性情境分为三种水平，即生活情境水平、知识情境水平和素养情境水平。核心素养取向的化学课，倡导创设基于主题（学科）大概念的情境，即情境与本节课所要发展的素养直接关联，达到素养情境水平。

本节课以金属元素在元素周期表中的区域（用不同颜色的框格来显示）为背景，引发学生思考——不同颜色框格中的金属元素有什么不同，从而引出多变价元素的概念，并提出本节课所要解决的问题——如何实现多变价元素不同价态物质间的相互转化。按照建构性情境创设水平，该情境属于素养情境水平，与本节课所要建构的主题大概念直接关联。

（2）学习活动的分析

化学学习活动分为化学科学实践活动、化学科学思维活动和化学科学应用活动。化学科学思维活动，主要有描述表达、比较关联、抽象概括和模型建构。

本节课在学习活动的设计上，高度重视模型建构活动，引导学生通过高阶思维来建构不同层级的一系列认识模型。

（3）学习评价的分析

核心素养取向的化学课，倡导"实施'教、学、评'一体化，有效开展化学日常学习评价"①。提问与点评、迁移与应用，是化学课堂学习评价关注的重点。

本节课在学习评价设计上，注重远迁移活动设计，例如，引导学生基于"铁三角"模型，来解决陌生情境下的新问题——如何实现钴元素不同价态物质间的相互转化。

（4）策略实施的分析

本节课在教学策略的选择上，具有较强的针对性；在策略实施上，注重运用高水平课堂教学行为。例如，探究铁元素不同价态物质间的相互转化，不是采用常见的单一视角，而是运用了综合视角，从而使得探究的设计巧妙、合理。另外，在认识模型的层级建构中，运用了讨论、交流等高水平教学行为，从而保证了建构式学习的有效实施。

---

① 中华人民共和国教育部.普通高中化学课程标准（2017年版）[M].北京：人民教育出版社，2018：74.

5. 创新设计

本节课中有两处创新性设计，在以往的教学设计文献中未见报道。

第一，元素“分区”思想与“律前”元素化合物性质认识的有机结合。对于元素原子的结构与元素性质，在中学阶段，主要是基于元素在元素周期表中的位置来认识的，简称“位-构-性”；而在学科中，主要是基于元素在周期表中所处的区域（如s区、p区、d区等）来认识的，称为元素的“分区”思想。对于“律前”元素化合物知识的学习，未见有基于“位置”进行研究的报道。本节课在情境创设中，将学生之前学过的金属元素与铁元素，在周期表中用不同颜色的框格加以区分，这一设计极为巧妙。巧妙之处在于，通过不同颜色的框格，而不是s区、p区、d区，把Na、Mg、Al三种元素与Fe进行了区分，从而引入了“多变价元素”。这一设计，也为学生将来建立元素的分区思想奠定了很好的基础。因此，这一设计是一种高位设计，属于创新性设计。

第二，“价三角”模型的抽提。“铁三角”模型，是中学教学中常用的表征铁元素不同价态物质间转化关系的模型。但是，这一模型只适用于铁元素。如何使这一模型更具素养功能，成为主题大概念呢？“价三角”模型的抽提，很好地解决了这一问题。而且，该模型具有广泛的迁移价值，对认识多变价元素不同价态物质间的相互转化都是适用的。因而，该模型的抽提具有较大的创新性。这样的设计也是一种高位设计。

第三节
非金属及其化合物典型课例及分析

2017年版课标在“非金属及其化合物”的内容要求中，选取了氯、硫、氮三种非金属元素。课题组以“二氧化硫性质的探究”为课例，开展了核心素养取向的化学教学设计与实施研究。

一、教学设计

1. 素养功能定位

“物质间的相互转化”是无机物性质主题的大概念。大概念的建构不是一蹴而就的，而是在主题核心概念的学习基础上逐步形成的。认识典型物质间的转化关系，就是该主题的核心概念。铁及其化合物的学习，其素养功能定位是从金属元素视角，认识含铁元素不同物质间的转化关系；硫及其化合物的学习，其素养功能定位是从非金属元素视角，认识含硫元素不同物质间的转化关系。基于此，“二氧化硫性质的探究”一课的素养功能是基于典型物质，认识物质间的转化关系。

物质间的转化关系，是通过物质的化学性质表现出来的。例如，SO_2与O_2反应生成SO_3，这一反应说明SO_2具有还原性；同时，也表明了SO_2与SO_3之间的转化关系。因此，必须基于物质性质的学习来认识物质间的转化关系。

那么，如何进行核心素养取向下的典型物质性质的学习呢？通过本节课的学习，学生应系统地建立起认识典型物质性质的一般框架，如图3-15所示。

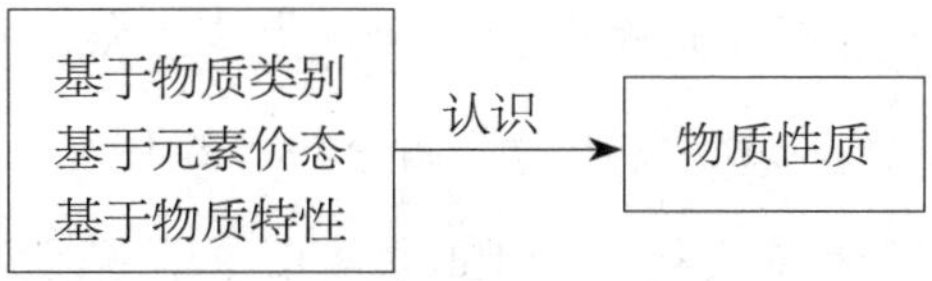

图3-15　典型物质性质的一般认识框架

2. 教学目标

（1）通过SO_2与水、碱和盐反应的实验探究，形成基于物质类别预测和验证典型物质性质的视角。

（2）通过SO_2氧化性和还原性的实验探究，形成基于元素价态预测和验证典型物质性质的视角。

（3）通过SO_2漂白作用的实验探究，形成基于物质特性认识典型物质性质的视角。

（4）能概括和运用典型物质性质的一般认识框架，分析和预测物质可能具有的化学性质。

3. 教学思路设计

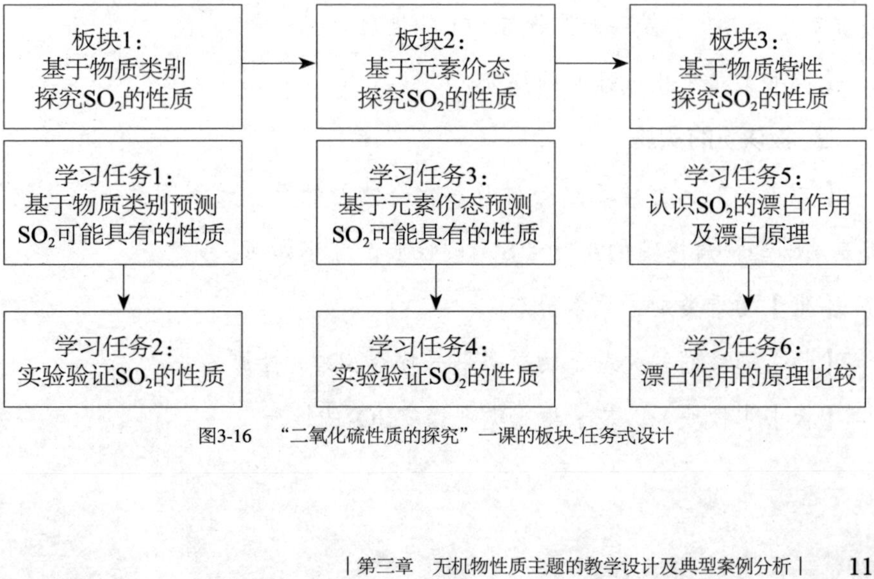

图3-16　“二氧化硫性质的探究”一课的板块-任务式设计

二、教学实施

1. 情境创设

【师】大家看大屏幕。这是一张元素周期表。第一张元素周期表是俄国化学家门捷列夫于1869年发明的。到今年（2019年），元素周期表迎来了它150岁的生日。为了庆祝它的150岁生日，世界上一个权威的化学组织决定在全世界评选出118位优秀的青年化学家，作为元素周期表中118种元素的代言人。

【师】这个位置是什么元素？

【生】硫元素。

【师】硫元素的位置，给了我国华东师范大学80后的优秀青年化学家姜雪峰教授。为什么将这个位置给了他呢？主要是因为他在绿色硫化学研究领域中作出了突出的贡献。

【师】我们都知道，SO_2是一种有刺激性气味的气体，会污染空气。姜教授说，要通过自己的研究为S除臭，将SO_2转变成药物中重要的功能分子，变废为宝。

【师】那么，SO_2究竟是一种什么样的物质，为什么能让姜教授视为珍宝呢？今天我们就一起来探究SO_2的性质。

【板书】二氧化硫性质的探究

2. 板块1的实施

【师】我们已经学习过金属及其化合物的性质。大家回忆一下，我们都是从哪些视角探究的？对于SO_2的性质，你想如何探究？

【生】物质类别，元素价态。

【师】那我们就先基于物质类别来探究SO_2的性质。

【板书】板块1：基于物质类别探究SO_2的性质

【师】基于物质类别，SO_2可能具有哪些化学性质呢？大家分小组讨论一下。

【板书】学习任务1：基于物质类别预测SO_2可能具有的性质

【师】哪个小组汇报一下你们的想法？

【生】SO_2是酸性氧化物，应该具有酸性氧化物的性质。因此，我们推测，SO_2可能具有的性质是：与水反应，水溶液能使酸碱指示剂变色；可以与碱性氧化物反应；可以与碱反应；可以和某些盐反应。

【师】这些仅仅是我们的预测，它一定是事实吗？

【板书】学习任务2：实验验证SO_2的性质

【师】请大家仔细观察，说出你观察到的实验现象，并加以解释。

【演示实验1】二氧化硫与水反应的实验

【生】我们观察到，试管中的气体是无色的，说明SO_2是一种无色的气体；之后我们看到试管中液面上升，证明试管中的压强发生了变化，说明SO_2是溶于水的；把SO_2的水溶液滴到pH试纸上，我们发现pH试纸变红，说明SO_2溶于水之后形成了酸性物质。

【师】这个实验说明SO_2是一种无色气体，溶于水；能与水反应生成H_2SO_3（亚硫酸）（如图3-17所示）。

结论

1. 无色气体，溶于水
2. 能与水发生反应

$$SO_2+H_2O \rightleftharpoons H_2SO_3$$

图3-17　基于【演示实验1】得出的结论

【师】下面请大家根据实验桌上的试剂和仪器［H_2S溶液、SO_2的水溶液、$KMnO_4$溶液、$Ca(OH)_2$溶液、注射器］，设计实验，验证我们对SO_2其他可能具有的性质的预测。

【学生实验1】设计实验，验证SO_2的性质。

【师】哪个小组汇报一下实验过程和结果?

【生】我们小组的实验过程是：先用注射器量取少量SO_2的水溶液，再把它缓慢地滴入到$Ca(OH)_2$溶液中直到过量。我们小组观察到的现象是：先产生白色沉淀，一会儿白色沉淀溶解。所以，我们小组最后得出的结论是：SO_2既能与碱反应，又能与盐反应（如图3-18所示）。

【生】我们小组没有看到沉淀。我们是这样操作的：吸取$Ca(OH)_2$溶液，将其加入到SO_2水溶液中。

【师】这是怎么回事?

【生】我认为他把碱加到了SO_2的水溶液中，SO_2的水溶液是过量的，直接产生了$Ca(HSO_3)_2$。所以，没有看到沉淀。

【师】大家认同吗？解释得非常好!

结论

1. 能与碱反应

$SO_2 + Ca(OH)_2 = CaSO_3\downarrow + H_2O$

2. 能与盐反应

$SO_2 + H_2O + CaSO_3 = Ca(HSO_3)_2$

图3-18　基于【学生实验1】得出的结论

3. 板块2的实施

【师】刚才，我们基于物质类别预测并验证了SO_2的性质。那么，如何基于元素价态来进一步探究SO_2的性质呢?

【板书】板块2：基于元素价态探究SO_2的性质

【师】基于元素价态，SO_2可能具有哪些化学性质呢?

【板书】学习任务3：基于元素价态预测SO_2可能具有的性质

【师】对于这样的一个问题，大家如何来思考?

【生】用“价三角”模型。低价态转化为高价态，加入氧化剂；高价态转化为低价态，加入还原剂。低价态转化为中间价态，加入氧化剂；中间价态转化为低价态，加入还原剂。中间价态转化为高价态，加入氧化剂；高价态转化为中间价态，加入还原剂。

【师】很好！硫元素是多变价元素，对于多变价元素不同价态物质间的转化，应该运用“价三角”模型。

【师】依据“价三角”模型，如何预测SO_2的性质呢？大家分小组讨论一下。

【师】哪个小组汇报一下你们的想法？

【师】我们一起看一下两个小组的讨论成果（拍摄），他们画出了硫元素的“价三角”示意图。我觉得他们画得都挺好。请一个小组的代表来给同学们汇报一下。

【生】硫元素的化合价有–2价、0价、+4价和+6价，而SO_2中的S属于+4价，是中间价态。硫元素从+4价到+6价，属于从中间价态到高价态，应该加入氧化剂。所以，SO_2会被氧化成SO_3或H_2SO_4。硫元素从+4价到0价，属于从中间价态到低价态，应该加入还原剂。所以，SO_2会被还原成单质硫。

【师】这说明什么？

【生】SO_2既具有氧化性，又具有还原性。

【师】这些仅仅是我们的预测，还需要实验验证！

【板书】学习任务4：实验验证SO_2的性质

【师】下面请大家继续利用实验桌上的试剂和仪器，设计实验，验证SO_2的性质。

【学生实验2】设计实验，验证SO_2可能具有的氧化性和还原性。

【师】大屏幕上展示的是一个小组根据实验现象写出的化学方程式。请这个小组的同学自己来汇报一下吧！

【生】我们从实验试剂中找到了$KMnO_4$溶液，我们知道$KMnO_4$是有强氧化性的，它还有特别明显的紫色。于是，我们把少量$KMnO_4$溶液滴入到SO_2的水溶液中。发现$KMnO_4$溶液的紫色褪去，说明MnO_4^-中+7价的Mn被还原成了+2价，生成了锰离子，这证明SO_2具有还原性。然后，我们又发现桌面上的试剂盒里面有H_2S溶液。我就抽取了少量的H_2S溶液滴入到SO_2水溶液的试剂瓶中，发现产生了淡黄色的沉淀。我推测淡黄色沉淀应该是单质硫，是SO_2和H_2S发生了氧化还原反应生成的。所以，SO_2还具有氧化性。

【师】那你写的这个化学方程式，自己能说一说吗？

【生】我发现了我没有配平。反应物$KMnO_4$的化学计量数应该是2。

【师】好，很好（展示投影，如图3-19所示）。

结论

1. SO_2具有还原性

$$5SO_2+2KMnO_4+2H_2O = K_2SO_4+2MnSO_4+2H_2SO_4$$

2. SO_2具有氧化性

$$SO_2+2H_2S = 3S\downarrow+2H_2O$$

图3-19　基于【学生实验2】得出的结论

4. 板块3的实施

【师】以上我们基于物质类别视角和元素价态视角，探究并认识了SO_2的性质。那么，SO_2还有没有其他特殊的性质呢？

【板书】板块3：基于物质特性探究SO_2的性质

【板书】学习任务5：认识SO_2的漂白作用及漂白原理

【师】下面给同学们看一个实验视频，观察现象，思考你能得出什么结论。

【视频演示实验】

【师】根据实验现象，你能得出SO_2具有什么性质？它的原理是什么？小组讨论一下。

【生】把品红溶液加入到SO_2水溶液中，在摇匀的时候，可以发现品红溶液的红色褪去，变成了无色透明的溶液。这个现象说明SO_2具有漂白性，可以使品红溶液褪色。当把褪色后的溶液放入到水浴中加热时，看到有气泡冒出，这个气泡我觉得应该就是SO_2了。SO_2从溶液中逸出来之后，溶液又变成了红色。这样更加说明了SO_2具有漂白性，可以使品红溶液褪色。

【师】这说明SO_2具有漂白作用，其漂白原理请大家看投影（如图3-20所示）。

漂白原理

SO_2与有色物质化合生成无色物质，无色物质不稳定，加热后又恢复成原来的颜色。

图3-20　SO_2的漂白原理

【师】我们还学过哪些物质具有漂白作用？它们的漂白原理都是一样的吗？小组讨论一下。

【板书】学习任务6：漂白作用的原理比较

【师】哪个小组汇报一下？

【生】我们之前学过的Cl_2，Cl_2溶于水，生成的HClO具有漂白作用。我们组还想到了活性炭。

【师】HClO、活性炭，都具有漂白作用，那它们的漂白原理一样吗？

【生】活性炭是物理漂白，SO_2和HClO是化学漂白。

【师】SO_2和HClO的漂白原理是一样的吗？

【生】不一样。SO_2漂白，可逆；HClO漂白，不可逆。

【师】这样，我们基于漂白原理，对物质漂白作用的认识就可以系统化了。

三、分析评价

主题大概念、核心概念和基本概念，构成了学科主题的概念层级结构。如何开展核心素养取向的主题大概念和核心概念教学，是一个新的重要研究课题。如果说“铁元素不同价态物质间的相互转化”一课是无机物性质主题核心素养取向的大概念教学样例的话，那么，“二氧化硫性质的探究”一课则是无机物性质主题核心素养取向的核心概念教学的样例。由于日常教学中大量的是核心概念教学，因此，本节课更具有典型性和示范性。

1. 较好地实现了知识教学向素养教学的转变

“SO_2的性质”是传统和经典的化学教学内容。长期以来，教师们已经习惯于基于知识的SO_2性质教学，并形成了较为成型的教学套路，如图3-21所示。在讲课、听课和评课上，一些教师更多关注知识点，关注某个知识点讲没讲、讲透没讲透。有的知识点，如SO_2的密度，原本完全可以通过一两道习题解决，却也拿到课堂上细讲，占用课堂宝贵的时间。知识点永远是讲不完的，只教知识不教本事的教学不可能是素养教学。那么，教知识的课堂如何变成教本事的课堂呢？“二氧化硫性质的探究”一课具有很好的示范价值。

SO_2的性质
一、SO_2的物理性质
二、SO_2的化学性质
1. 酸性氧化物
2. 氧化性
3. 还原性
4. 漂白性

图3-21　基于知识的SO_2性质的教学套路

这节课具备了素养课的基本特征。学生为什么要学习SO_2化学性质的知识？SO_2的化学性质，表征的是含硫物质之间的转化关系。如何认识非金属元素及其化合物之间的相互转化是本原性问题；物质间的相互转化是无机物性质主题的大概念；SO_2的化学性质是核心概念。

这节课达成了素养发展水平。对SO_2的化学性质的认识，属于对物质性质的宏观认识。本节课使学生对SO_2的化学性质的认识，从现象水平（实验现象）逐步发展到规律水平（酸性氧化物），再发展到转化水平（SO_2与H_2S、S、SO_3之间的转化关系）；使学生对“价三角”模型的认识达到了应用水平，能基于此模型预测和设计含硫物质间的转化关系。从进阶水平来看，本节课属于预设水平2，即建立对SO_2这一典型物质的系统认识，“系统”表现在认识视角的全面性上，即基于物质类别、元素价态及物质特性视角，认识典型物质的性质。

这节课较好地运用板块-任务式设计呈现教学内容。三个板块，显性化地呈现了认识物质性质的三个视角——物质类别、元素价态和物质特性，利于学生整体、系统、结构化地建构认识物质性质的一般思路。

2. 设计并实施了一系列高水平教学活动

“二氧化硫性质的探究”一课在学习活动设计和教学行为实施上，特点鲜明，特色突出，表现在：

· 重视开展推理预测活动。学习任务1和3都是推理预测活动。学习任务1是基于物质类别的推理，在分析得出SO_2是酸性氧化物的基础上，根据酸性氧化物的性质特征，预测SO_2可能具有的性质。学习任务3是基于元素价态的推理，在分析得出SO_2中的硫元素是+4价，是中间价态的基础上，根据“价三角”模型，预测SO_2可能具有的性质。

· 重视开展设计验证活动。学习任务2和4都是设计验证活动。教师提供了实验试剂和仪器，学生依据各自的实验方案，进行实验探究，以验证预测的结果正确与否。

· 重视运用高水平教学行为。在6个学习任务中，学习任务1、3、5和6都采取了讨论交流教学行为，“讨论交流”属于高水平教学行为；学习任务2和4都采用了学生亲自进行实验设计和实验验证的教学行为，“设计验证”属于高水平教学行为。正是这些高水平教学行为的高质量实施，为本节素养课高质量的完成奠定了基础。

3. 创新设计

本节课有两处设计具有新意，值得肯定。

第一，情境创设。将纪念门捷列夫元素周期表发明150周年、我国化学家姜雪峰教授在绿色硫化学领域的学术贡献与本节课所要探究的硫的氧化物的性质有机结合起来，以故事的形式呈现给学生，既激发了学生的学习热情，又引出了本节课的探究主题，情境设计十分巧妙，富有新意。如能在后面的教学中对开始提出的情境问题（SO_2为什么能让姜教授视为珍宝）有所呼应，则能进一步提升情境创设的作用。

第二，对认识物质性质视角的系统化设计。对无机物性质的认识，不仅有物质类别、元素价态视角，还有物质特性视角。物质特性，是辨识无机物的重要视角。因此，基于这三个视角整体、显性化地设计SO_2性质的教学，体现了对物质性质的共性认识和特性认识的统一。基于物质类别、元素价态和物质特性视角，系统地认识无机物性质，具有重要的方法论价值和素养功能。

参考文献

[1] 中华人民共和国教育部.普通高中化学课程标准（2017年版）[M].北京：人民教育出版社，2018.

[2] 中华人民共和国教育部.义务教育化学课程标准（2011年版）[M].北京：北京师范大学出版社，2012.

[3] 宋天佑，程鹏，徐家宁，等.无机化学 [M]. 3版.北京：高等教育出版社，2015.

[4] 徐端钧，聂晶晶，刘清.新编普通化学 [M]. 2版.北京：科学出版社，2017.

[5] 刘臣，于春华，贾同改.以问题解决整合知识的高三复习教学——以“铁的重要化合物”为例 [J].化学教育，2019，40(21)：20-26.

[6] 王正兵.素养为本的化学教学与评价的设计和实施——以“补铁剂中铁的检验与转化”为例 [J]. 化学教育，2019，40(11)：29-35.

[7] 张俊华，王澜，王磊. 引导学生运用元素化合物认识模型解决实际问题的教学研究——以“菠菜补铁是真的吗”探究教学为例 [J]. 化学教育，2015，36(05)：22-25.

[8] 阎芬，于少华，王磊. 中学化学教学中促进学生认识发展的问题设置有效性研究——以“基于代表物学习铁及其化合物的性质”为例 [J].化学教育，2015，36(13)：32-35.

[9] 张丽华.“素养为本”的元素化合物知识教学——以“铁及其重要化合物”为例 [J]. 化学教学，2019(08)：57-61.

[10] 张恢宁.“探究铁及其化合物的性质”教学设计 [J].中学化学教学参考，2019(16)：21-22.

[11] 王正兵.“素养为本”的化学教学与评价设计——以“二氧化硫的性质

和作用”为例［J］.中学化学教学参考，2019(13)：17-21.
［12］解延铮，彭丽莉.“二氧化硫的性质和作用”教学设计［J］.中学化学教学参考，2016(16)：32-34+75.
［13］何翔.促进学生个性化深度学习的教学策略设计——以“二氧化硫的性质和作用”为例［J］.化学教育，2019，40(03)：64-69.
［14］朱楠，靳建华.探究“二氧化硫的性质”教学设计［J］.化学教育，2016，37(17)：35-38.
［15］邓君，赵雷洪.SOLO分类理论在评估教学思维水平中的应用——以“二氧化硫的性质和应用”为例［J］.化学教学，2018(02)：3-6+13.
［16］唐云波.从“知识本位”走向“素养为重”的元素化合物教学设计——以“硫及其化合物”教学为例［J］.化学教学，2017(10)：35-40.
［17］许志勤.渗透学科核心素养养育的元素化合物教学设计——以“二氧化硫”为例［J］.化学教学，2016(04)：55-59+74.
［18］郑长龙.2017年版普通高中化学课程标准的重大变化及解析［J］.化学教育，2018，39(09)：41-47.
［19］郑长龙.化学学科理解与“素养为本”的化学课堂教学［J］.课程·教材·教法，2019，39(09)：120-125.
［20］郑长龙，孙佳林.“素养为本”的化学课堂教学的设计与实施［J］.课程·教材·教法，2018，38(04)：71-78.
［21］郑长龙，李艳梅.论化学科学经验的传递机制——兼论化学课堂教学的最基本功能［J］.化学教育，2007(09)：11-14+30.
［22］郑长龙.化学课堂教学板块及其设计与分析——祝贺《化学教育》刊庆30周年［J］.化学教育，2010，31(05)：15-19.
［23］郑长龙，等.化学课程与教学论［M］.2版.长春：东北师范大学出版社，2018.
［24］郑长龙.新课程教学法：初中化学［M］.长春：东北师范大学出版社，2004.

第四章

有机物性质主题的教学设计及典型案例分析

化学物质世界不仅包含无机物，还包含有机物。有机物数量众多，具有区别于无机物的结构特征和性质特征；与人们的衣食住行及现代工业、农业和科学技术发展有着十分密切的联系。因此，将有机物性质作为独立的学科主题，引导学生建构有机物性质的认识框架，对于发展学生的化学学科核心素养，具有重要的意义和价值。

第一节
有机物性质主题的学科理解及进阶设计

学生为什么要学习有机物的性质？有机物性质主题，对于发展学生的化学学科核心素养具有怎样的功能和价值？如何针对有机物性质主题的素养功能、学生的知识基础和认知特点，以及课标和教材分析，对有机物性质主题的教学进行发展性设计？要回答这些问题，非常有必要对有机物性质主题进行学科理解和进阶设计。

一、有机物性质主题的学科理解

人类认识有机物的历史非常久远。几千年前，人类就懂得酒和醋的酿造。文艺复兴后期，自然科学逐渐摆脱了宗教神学的束缚，开始得到快速发展。16~17世纪的化学，冶金和医药是最主要的两个研究领域，矿物、植物和动物中的物质是主要研究对象。直到19世纪，瑞士化学家贝采里乌斯才首次提出了“有机”（Organic）和“无机”（Inorganic）的概念，成为有机化学的开创者之一。

有机化学，也称碳化合物化学。那么，碳元素何以有如此大的能耐支撑起一个有机化学世界呢？主要原因有以下几方面。

·碳四价

碳四价理论是有机化学的基本理论，凯库勒是这一理论的创立者。他在研究元素的化合价时发现，碳元素的化合价比较特殊，在CO_2、CH_4、CCl_4中，碳的化合价是+4价，而在乙醇和乙烷中，又表现出其他化合价。为此，他专门对多碳化合物进行了研究，发现一个碳原子与四个氢原子是等价的。于是，他提出了碳四价理论。

从结构视角来看，碳元素位于第二周期、第ⅣA族，价层电子排布为$2s^22p^2$。价电子数目为4，恰好等于其价轨道数，为饱和原子。与同周期硼元素缺电子的原子和氮元素富电子的原子相比，碳元素的原子可以最大程度地成键，既可以在碳原子之间成键，碳原子也可以与其他非金属元素的原子结合。

· 碳原子半径小

与同主族硅元素的原子相比，碳原子半径较小，形成C—C的两个碳原子的原子轨道“头碰头”的重叠程度很大，“肩并肩”的重叠程度也很大。而形成Si—Si的两个硅原子的原子轨道不仅“头碰头”的重叠程度远小于C—C，其“肩并肩”重叠的可能性也较小，所以很少见硅硅双键或三键。因此，碳原子可以形成多种形式的碳链。

· 碳碳键稳定

在第ⅣA族元素的原子中，Si—Si的键能是176 kJ/mol，而C—C的键能为348 kJ/mol，所以，C—C的稳定性远高于同主族的Si—Si，甚至高于同周期的N—N及O—O，一些共价键的键能如表4-1所示。因此，碳原子之间可以相互成键且形成稳定的长链碳骨架。

表4-1　一些共价键的键能（298.15K）

键	$\Delta_r H_m^{\ominus}$/（$kJ \cdot mol^{-1}$）	键	$\Delta_r H_m^{\ominus}$/（$kJ \cdot mol^{-1}$）
C—C	348	C═C	615
Si—Si	176	C≡C	812
Si—O	460	C—O	351
Si—H	318	C—H	413
Si═O	/	C═O	745
N—N	193	O—O	142

· **碳四面体**

乳酸旋光异构的发现，对有机物分子的平面结构理论提出了挑战。为解决这一问题，荷兰化学家范特霍夫开始深入研究乳酸的结构。如果把碳原子上的取代基都换成氢原子的话，那么，乳酸分子就变成了甲烷分子。甲烷分子中，碳原子无疑处在中心位置，那么，4个氢原子如何排布呢？能量越低越稳定的物理学原理启发了他，只有当4个氢原子均匀分布在碳原子周围的空间，甲烷分子才最稳定。于是，他提出了“碳四面体”学说，开启了立体化学大门，很好地解释了有机物分子的异构问题，使“空间排布”成为认识有机物分子结构的重要视角。

与无机物不同，从组成物质的元素视角来看，组成有机物的元素只有C、H、X（指卤族元素）、O、N、S等少数几种，但有机物的数量却比无机物多得多。有机物微观结构的特殊性，导致了有机物的多样性。有机物的性质是通过有机反应体现的，有机反应既表明了有机物的性质，也表明了有机物之间的转化关系。有机物的结构特征，决定了有机反应的类型，当然，也就决定了有机物的性质特征。因此，“为什么只有少数几种元素组成的有机物，种类、数量如此之多”“为什么通过少数几种有机反应类型，就可以实现有机物之间的相互转化”这样的问题就成为了有机物性质主题的学科本原性问题。基于以上认识，可以抽提出有机物性质主题的三个大概念。

1. 有机物的多样性

能从不同层次认识物质的多样性，是“宏观辨识与微观探析”素养的重要内容之一。[①]对多样性的认识有宏观层次和微观层次。无机物性质主题主要是从宏观层次来认识物质的多样性；有机物性质主题则主要是从微观层次来认识物质的多样性。从微观结构来看，同分异构现象是造成有机物种类繁多、数量巨大的根本原因。

分子式相同，但结构不同的现象，称为同分异构现象。“异构”主要表现在两个方面，一是构造异构，即分子式相同，但分子中原子或基团连接的方式或次序不同所造成的异构；二是立体异构，即分子式相同，分子中原子或基团的连接方式或次序也相同，但原子或基团的空间排布方式不同所造成的异构。这样，就形成了认识有机物多样性的两个视角，即连接视角和空间视角。

（1）基于连接视角认识多样性

基于连接视角，有机物的多样性主要表现在以下几个方面。

·碳骨架异构

这类异构主要是指由于碳骨架中碳原子之间连接方式的不同而导致的异构。例如，4个碳的烷烃，有直链（正丁烷）和支链（异丁烷）两种异构体；4个碳的环烷烃，有环丁烷和甲基环丙烷两种异构体。

·官能团异构

这类异构主要是指分子式相同，但官能团不同的异构现象。例如，乙醇（CH_3CH_2OH）和甲醚（CH_3OCH_3），分子式相同，但官能团一个是“—OH”，一个是“$-\overset{|}{\underset{|}{C}}-O-\overset{|}{\underset{|}{C}}-$”。官能团异构，也是由于分子中原子

---

① 中华人民共和国教育部.普通高中化学课程标准（2017年版）[M].北京：人民教育出版社，2018：3.

之间的连接方式不同而导致的异构。

· 位置异构

这类异构主要是指由于分子中原子或基团在碳骨架上的位置不同而导致的异构。例如，1-丁烯（$CH_2{=}CHCH_2CH_3$）和2-丁烯（$CH_3CH{=}CHCH_3$）。位置异构，实质上是连接顺序不同而导致的异构。

（2）基于空间视角认识多样性

有机化合物分子是有空间结构的，[①]因此，“空间”或“立体”是认识有机物多样性的重要视角。基于空间视角，有机物的多样性主要表现在以下几个方面。

· 构象异构

这类异构主要是由于围绕σ键自由旋转而导致的分子内原子或基团空间排布方式的不同。例如，CH_3CH_3的两种代表性构象：重叠式和交叉式。

· 构型异构

这类异构主要是指由于双键或环的存在，使得键的自由旋转受阻而导致的原子或基团空间排布方式的不同。例如，1,2-二甲基环丙烷的顺式结构和反式结构（即“顺反异构”），如图4-1所示。

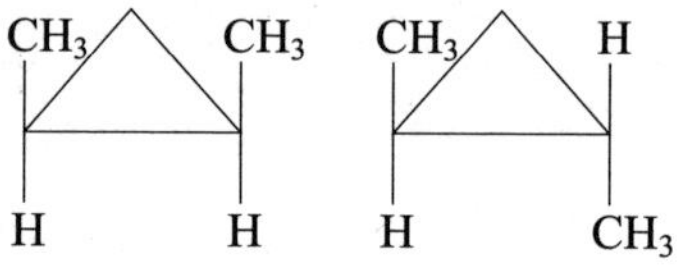

图4-1　1,2-二甲基环丙烷的顺式结构和反式结构

· 旋光异构

这类异构主要是指由于不对称分子中原子或基团的空间排布方式对平面偏振光的偏振面发生不同影响而引起的异构。含有手性碳原子的分子具

① 中华人民共和国教育部. 普通高中化学课程标准（2017年版）[M]. 北京：人民教育出版社，2018：21.

有旋光异构现象。例如，乳酸分子的镜像关系，如图4-2所示。

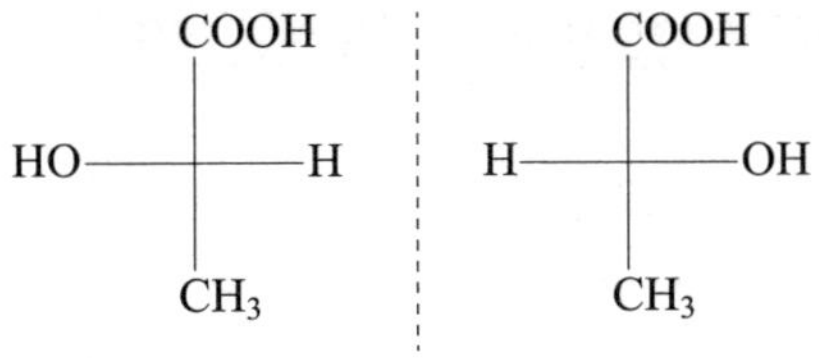

右旋乳酸　　左旋乳酸

图4-2　乳酸分子的镜像关系

2. 有机物之间的相互转化

有机物之间的相互转化，是通过有机反应实现的。有机反应，既体现了有机物的性质，又反映了有机物之间的转化关系。那么，如何通过有机反应来认识有机物之间的转化关系呢？

（1）基于官能团视角认识相互转化

所谓官能团，是指决定有机物特性的原子或原子团，常见的官能团如表4-2所示。

表4-2　常见官能团及其代表物

官能团结构简式	官能团名称	代表物
$>C=C<$	碳碳双键	$CH_2=CH_2$ 乙烯
$-C\equiv C-$	碳碳三键	$CH\equiv CH$ 乙炔
$-\underset{\vert}{\overset{\vert}{C}}-X$（Cl、Br、I）	碳卤键	CH_3CH_2Br 溴乙烷
$-OH$	羟基	CH_3CH_2OH 乙醇、C_6H_5OH 苯酚
$-\overset{\overset{O}{\Vert}}{C}-H$	醛基	CH_3CHO 乙醛
$-\overset{\overset{O}{\Vert}}{C}-$	羰基	CH_3COCH_3 丙酮

续表

官能团结构简式	官能团名称	代表物
$-\overset{\overset{\large O}{\|}}{C}-OH$	羧基	CH_3COOH 乙酸
$-\overset{\overset{\large O}{\|}}{C}-O-R$	酯基	$CH_3COOC_2H_5$ 乙酸乙酯
$-NO_2$	硝基	$C_6H_5NO_2$ 硝基苯
$-NH_2$	氨基	H_2N-CH_2COOH 氨基乙酸

官能团既是有机物类别的标识，同时，也是有机物性质的标识。也就是说，有机物一旦确定，其官能团就是确定的。对于大部分有机物来说，官能团确定，该物质的性质就是确定的。例如，溴乙烷（CH_3CH_2Br），其官能团是碳卤键，因而，它就具有卤代烃的化学性质，能够发生消去反应和水解反应。

$$\underset{\boxed{\begin{matrix}| & & | \\ H & & Br\end{matrix}}}{CH_2-CH_2} + NaOH \xrightarrow[\triangle]{\text{乙醇}} CH_2=CH_2\uparrow + NaBr + H_2O$$

$$CH_3CH_2-Br + NaOH \xrightarrow[\triangle]{\text{水}} CH_3CH_2-OH + NaBr$$

CH_3CH_2Br的消去反应，反映了卤代烃与$CH_2=CH_2$之间的转化关系；CH_3CH_2Br的水解反应，反映了卤代烃与CH_3CH_2OH之间的转化关系。因此，在有机物性质教学中，应逐步引导学生基于官能团视角来认识有机物之间的转化关系。

（2）基于条件视角认识相互转化

所谓条件，是指制约或影响有机物相互转化的因素。如果说官能团是实现有机物相互转化的内因的话，那么，条件则是实现有机物相互转化的外因。

有机反应具有多向性，即具有同时向多个反应方向进行的可能性。例如，消去反应，就存在E1、E2，E2、S_N2，E1、S_N1等多种反应方向的竞争。不同的反应方向，意味着有机物之间不同的转化关系。有机反应的这一特点，就决定了条件对反应方向的选择具有非常重要的作用。因此，在有机物性质教学中，应逐步引导学生基于条件视角来认识有机物之间的转化关系。

有机反应条件从其功能来说，主要有两类：

· 热力学条件，如加热、光照、加压等。这类条件的功能是驱动有机反应，使其有发生的可能性。

· 动力学条件，如催化剂、反应介质等。这类条件的功能是引发有机反应，使其有发生的现实性。反应介质可以使反应物均相地分散其中，有利于反应物分子的有效碰撞。例如，CH_3CH_2Br的消去反应是在CH_3CH_2OH中进行的。另外，有些反应的介质是酸性或碱性的，其作用是活化反应位点，降低活化能。当然，热力学条件中的温度、压强等，也同时具有动力学功能。

3. 有机物的构性关系

有机反应主要涉及四个主要问题：一是反应有可能在哪儿发生，二是有可能发生什么类型的反应，三是怎样才能发生反应，四是反应是怎样进行的。第一个问题，实质上是反应位点问题；第二个问题，实质上是反应类型问题；第三个问题，实质上是反应的可能性和现实性问题；第四个问题，实质上是反应机理问题。前两个问题的理论基础是结构化学；后两个问题的理论基础是化学热力学和化学动力学。构性关系主要涉及的是结构化学。

（1）基于结构视角认识有机反应位点

有机反应底物受到进攻试剂或溶剂给电子、吸电子效应的影响，底物分子电子云密度分布不均匀而形成的正电荷中心或负电荷中心（如图4-3所示）就是反应位点。

图4-3　正电荷中心与负电荷中心示意图

电子效应有诱导效应、共轭效应、超共轭效应和场效应。其中，最主要的是诱导效应和共轭效应。

· 诱导效应

因分子中原子或基团的极性（电负性）不同，而引起成键电子云沿着原子链向某一方向移动的效应，称为诱导效应。其主要特点是电子是沿着原子链传递的，其作用随着距离的增长迅速下降，3个原子以后诱导效应极其微弱。诱导效应是以静电诱导的方式传递的，只会引起电子云密度分布的改变和键极性的改变。

· 共轭效应

单双键交替出现的体系，或双键C的相邻原子上有p轨道的体系，均为共轭体系。共轭体系有 π-π 共轭、p-π 共轭等多种类型。共轭体系中，π 电子（或p电子）的运动范围已扩展到整个共轭体系，这种现象称为电子离域。π 电子的离域，会降低体系的能量。在共轭体系中，由于原子间相互影响而使体系内的电子云密度分布发生变化的一种电子效应，称为共轭效应。共轭体系中降低体系电子云密度的基团，称为吸电子基团，如—COOH、—CHO、—COR等；增加共轭体系电子云密度的基团，称为给电子基团，如$—NH_2$、—OH、—OOCR等。

官能团或官能团附近的原子，常常是有机反应中主要的反应位点。官能团作为取代基的引入，导致绝大多数非极性的碳骨架中电子云密度分布发生较大变化。

有机反应底物一般可能存在多处反应位点，因电子离域或电负性差异较小而使底物部分位点电子云密度分布相差不多，致使反应过程中生成不同中间体，使得反应途径多样化。这也是有机反应副产物多、产率较低的主要原因。

当然，在预测有机反应位点时，还要考虑空间效应，即原子或原子团大小的影响。

（2）基于结构视角认识有机反应类型

在反应位点上，有可能发生哪种类型的化学反应呢？要回答这一问题，一是要基于官能团视角，清楚每一官能团的特征反应；二是要基于转化视角，清楚有机反应的基本类型；三是要基于结构视角，清楚反应物的结构特征。

·官能团的特征反应

每一官能团都有其特征反应。常见官能团的主要化学性质及特征反应如表4-3所示。

表4-3 常见官能团的主要化学性质及特征反应

有机物		官能团	代表物	主要化学性质及特征反应
烃	烷烃	—	甲烷	取代（氯气、光照）、裂化
	烯烃	$>C=C<$	乙烯	加成、氧化（使酸性$KMnO_4$溶液褪色）、加聚
	炔烃	$-C\equiv C-$	乙炔	加成、氧化（使酸性$KMnO_4$溶液褪色）、加聚
	芳香烃	—	苯、甲苯	取代（液溴、铁粉）、硝化、加成、氧化（使酸性$KMnO_4$溶液褪色，除苯外）

续表

有机物		官能团	代表物	主要化学性质及特征反应
烃的衍生物	卤代烃	$-\overset{\vert}{\underset{\vert}{C}}-X$	溴乙烷	水解（$NaOH/H_2O$）、消去（NaOH/醇）
	醇	—OH	乙醇	置换、催化氧化、消去、脱水、酯化
	酚	—OH	苯酚	弱酸性、取代（浓溴水）、显色、氧化（露置空气中变粉红色）
	醛	—CHO	乙醛	还原、催化氧化、银镜反应、与新制 $Cu(OH)_2$ 反应
	羧酸	—COOH	乙酸	弱酸性、酯化
	酯	—COOR	乙酸乙酯	水解
重要的营养物质	葡萄糖	—OH、—CHO	/	具有醇和醛的性质
	蔗糖、麦芽糖	前者无—CHO，后者有—CHO	/	蔗糖：无还原性、水解（产物两种）；麦芽糖：有还原性、水解（产物单一）
	淀粉、纤维素	—OH（主要）	/	均可水解
	油脂	—COOR	/	氢化、皂化
	氨基酸、蛋白质	$—NH_2$、—COOH、—CONH—	/	氨基酸：两性、酯化；蛋白质：两性、水解

· 有机反应类型

基于转化视角，有机反应主要有以下基本类型，如表4-4所示。

表4-4　常见有机反应类型

序号	反应类型	具体反应样态
1	取代反应	卤化、硝化、磺化、酯化、皂化、水解
2	加成反应	烯烃和炔烃：与 H_2、X_2、HX、H_2O 反应；苯：与 H_2 反应；醛：与 H_2 反应
3	消去反应	醇：消去 H_2O；卤代烃：消去HX
4	氧化反应	“加O去H”（燃烧“加氧”，醇“去氢”氧化）

续表

序号	反应类型	具体反应样态
5	还原反应	“加H去O”（烯、炔、苯、醛、油脂“加氢”）
6	加聚反应	1,3-丁二烯型加聚；含有双键的不同单体间的加聚
7	缩聚反应	酚醛缩聚，氨基酸缩聚，醇酸缩聚

有机反应多种多样，就其类型而言，主要是上述7种类型。取代反应是发生在碳骨架上的，加成与消去、加聚与缩聚反应都是发生在官能团上的。“去氢”“加氢”的氧化反应和还原反应，可以用电子酸碱理论进行解释。

· 反应物的结构特征

任何一种有机物，从其成分来说，主要由两部分构成，即碳骨架和官能团。基于化学键视角，碳骨架涉及的化学键，主要有C—H和C—C两种类型。C—C属于非极性共价键；C—H由于C、H电负性差值很小，因而属于弱极性共价键。官能团涉及的化学键，主要有单键和多重键（双键和三键）两种类型。单键，由于卤原子、氧原子、氮原子与碳原子、氢原子的电负性相差较大，因而属于极性共价键。多重键，可分为非极性多重键（如C═C、C≡C）和极性多重键（如C═O、C≡N）两种。

键的极性，决定着有机反应中化学键的断键方式。共价键的断裂方式主要有两种：均裂与异裂。当然，还有协同反应方式。

所谓均裂，是指共价键断裂时，成键的一对电子平均分给两个原子或基团的一种断键方式，如图4-4所示。均裂产生的是自由基。

$$\mathrm{R:L} \xrightarrow{\text{均裂}} \mathrm{R}\cdot + \cdot\mathrm{L}$$

图4-4　共价键断裂的均裂方式

所谓异裂，是指共价键断裂时，原来的一对成键电子为某一原子或基团所占有的一种断键方式，如图4-5所示。异裂产生的是正、负离子。

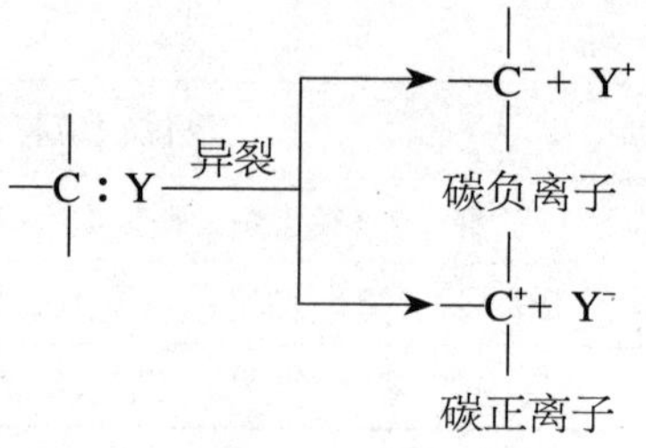

图4-5　共价键断裂的异裂方式

非极性共价键和弱极性共价键主要是以均裂的形式发生自由基反应；极性共价键主要是以异裂的形式发生离子型反应。极性溶剂，由于溶剂化作用，对正、负离子的产生起到稳定作用，从而有助于发生键的异裂。①

因此，对于反应物的结构特征，可以基于化学键的视角，分析碳骨架及官能团的共价键极性及其断键方式。

二、有机物性质主题的进阶设计

1．学情分析

有机物性质一直是高中化学学习的难点之一。学生之所以感到难学，原因主要有两个方面：一是内容多而杂，难以结构化；二是记忆性内容多，难以把握规律。

造成这些表面现象的深层次原因在于，学生还没有建立起有机化学世界的认识方式。相比于无机化学世界的认识方式，有机化学世界的认识方式有这样的特点：对于物质多样性，从无机物基于物质类别和元素价态的宏观认识，深入到有机物基于原子的连接方式和空间排布方式的微观认识；对于物质间的转化关系，从无机物基于物质类别和元素价态视角的认识，深入到有机物基于官能团视角的认识；对于构性关系，从无机物基于

① 古练权，汪波，黄志纾，吴云东.有机化学［M］.北京：高等教育出版社，2008：40.

电子结构来解释和预测无机物的性质，深入到有机物基于电子结构和空间结构来解释和预测反应位点及反应类型。这种认识方式从宏观到微观、从平面到立体的变化，成为了学生难以学好有机物性质主题的深层次原因。

因此，核心素养取向的有机物性质主题的教学，应注重学生认识方式的转变，引导学生逐步建立起有机物性质的认识视角和认识思路。

2. 课标和教材分析

（1）课标分析

义务教育课标中与有机物性质主题相关的内容，主要体现在“化学与社会发展”主题中。在燃料方面，涉及了天然气、液化石油气、煤气、酒精、汽油。在材料方面，涉及了塑料、合成纤维、合成橡胶。在人体与健康方面，涉及了对生命活动具有重要意义的有机物，如葡萄糖、淀粉、油脂、蛋白质、维生素等；涉及了对人体健康有影响的甲醛、黄曲霉素等。[①]

2017年版课标在高中化学必修阶段的内容标准中，单独将“简单的有机化合物及其应用”作为一级主题，其二级主题及内容如表4-5所示。[②]

表4-5 高中必修阶段与有机物性质主题有关的主要内容

有机化合物的结构特点	· 知道有机化合物分子是有空间结构的。 · 以甲烷、乙烯、乙炔、苯为例认识碳原子的成键特点。 · 以乙烯、乙醇、乙酸、乙酸乙酯为例认识有机化合物中的官能团。 · 知道有机化合物存在同分异构现象。
典型有机化合物的性质	· 认识乙烯、乙醇、乙酸的结构及其主要性质与应用。 · 结合典型实例认识官能团与性质的关系。 · 知道氧化、加成、取代、聚合等有机反应类型。 · 知道有机化合物之间在一定条件下是可以转化的。
有机化学研究的价值	· 知道合成新物质是有机化学研究价值的重要体现。 · 结合实例认识高分子、油脂、糖类、蛋白质等有机化合物在生产、生活中的重要应用。

① 中华人民共和国教育部.义务教育化学课程标准（2011年版）[M].北京：北京师范大学出版社，2012：28-30.

② 中华人民共和国教育部.普通高中化学课程标准（2017年版）[M].北京：人民教育出版社，2018：21.

在高中必修阶段，学生主要基于构造异构认识有机物的多样性，结合典型物质的典型性质认识有机物之间的转化关系，基于碳骨架认识有机物的结构特征及其与性质的关系。

高中选择性必修阶段单独设置了一个模块课程“有机化学基础”，其主题及内容如表4-6所示。①

表4-6　高中选择性必修阶段有机化学基础模块的主要内容

有机化合物的组成与结构	**有机化合物的分子结构**	·认识有机化合物的分子结构决定于原子间的连接顺序、成键方式和空间排布。 ·认识有机化合物存在构造异构和立体异构等同分异构现象。
	有机化合物的官能团	·认识官能团的种类（碳碳双键、碳碳三键、羟基、氨基、碳卤键、醛基、酮羰基、羧基、酯基和酰胺基），从官能团的视角认识有机化合物的分类，知道简单有机化合物的命名。 ·认识官能团与有机化合物特征性质的关系，认识同一分子中官能团之间存在相互影响，认识在一定条件下官能团可以相互转化。知道常见官能团的鉴别方法。
	有机化合物中的化学键	·认识有机化合物分子中共价键的类型、极性及其与有机反应的关系，知道有机化合物分子中基团之间的相互影响会导致键的极性发生改变。 ·从化学键的角度认识官能团及有机化合物之间是如何相互转化的。
烃及其衍生物的性质及应用	**烃的性质与应用**	·认识烷烃、烯烃、炔烃和芳香烃的组成和结构特点，比较这些有机化合物的组成、结构和性质的差异。
	烃的衍生物的性质与应用	·认识卤代烃、醇、醛、羧酸、酯、酚的组成和结构特点、性质、转化关系及其在生产、生活中的重要应用。 ·知道醚、酮、胺和酰胺的结构特点及其应用。
	有机反应类型与有机合成	·认识加成、取代、消去反应及氧化还原反应的特点和规律，了解有机反应类型和有机化合物组成结构特点的关系。 ·认识有机合成的关键是碳骨架的构建和官能团的转化，了解设计有机合成路线的一般方法。

① 中华人民共和国教育部. 普通高中化学课程标准（2017年版）[M]. 北京：人民教育出版社，2018：45，46，48，50，51.

续表

生物大分子及合成高分子	聚合物的结构特点	·了解聚合物的组成及结构特点，认识单体和单体单元（链节）及其与聚合物结构的关系。 ·了解加聚反应和缩聚反应的特点。
	生物大分子	·认识糖类和蛋白质的组成和性质特点。了解淀粉和纤维素及其与葡萄糖的关系，了解葡萄糖的结构特点、主要性质及应用。 ·认识氨基酸的组成、结构特点和主要化学性质，知道氨基酸和蛋白质的关系。 ·了解脱氧核糖核酸、核糖核酸的结构特点和生物功能。认识人工合成多肽、蛋白质、核酸等的意义。
	合成高分子	·认识塑料、合成橡胶、合成纤维的组成和结构特点。

高中选择性必修阶段的“有机化学基础”课程，在必修的基础上，引导学生基于立体异构，进一步拓展认识有机物多样性的视角；引导学生基于官能团视角，系统认识10种官能团的结构特征和性质特征，以及官能团之间的转化关系；基于结构视角，系统认识共价键的类型、极性及其与有机反应之间的关系。

（2）教材分析

从人教版新教材来看，必修阶段有机物的性质内容主要编排在必修第二册的第七章“有机化合物”和第八章“化学与可持续发展”中。通过同系物、同分异构体等基本概念的学习，引导学生建立认识有机物多样性的构造异构视角；通过乙烯、乙炔、乙醇、乙酸和乙酸乙酯的学习，引导学生建立认识有机物性质的官能团视角；通过甲烷、乙烯、乙炔、苯、乙醇、乙酸、聚乙烯的学习，引导学生认识取代反应、加成反应、氧化反应和加聚反应等有机反应类型及有机物之间的转化关系；通过葡萄糖、蛋白质、油脂的检验方法的学习，引导学生认识有机物的辨识方法；通过有机物结构特征的分析，引导学生建立有机物结构与性质的关联。

选择性必修阶段有机物的性质内容是在“有机化学基础”模块教材

中。这本教材共有五章，分别为：第一章“有机化合物的结构特点与研究方法”，第二章“烃”，第三章“烃的衍生物”，第四章“生物大分子”，第五章“合成高分子”。通过碳链异构、官能团异构和位置异构的学习，引导学生形成认识有机物多样性的连接和空间视角；通过烃及其衍生物、生物大分子及合成高分子的学习，引导学生系统建立认识有机物的性质及其相互转化的官能团视角；通过取代反应、加成反应、消去反应、氧化反应、还原反应、加聚反应和缩聚反应，引导学生能够基于有机反应类型解释和预测有机物的性质及其转化关系；通过碳骨架和官能团结构特征的学习，引导学生形成有机物结构决定有机物性质的观念。

3. 进阶设计

（1）有机物性质主题进阶变量的表征

物质的多样性、物质间的转化关系和物质的构性关系，都是通过物质的性质这一知识载体来建构的。依据进阶变量表征模型，有机物性质主题的进阶变量可表征如下。

· 概念变量。学生在初中主要是从燃料、材料和健康等方面认识常见有机物的性质，在高中必修阶段主要是认识有机代表物的主要性质，在高中选择性必修阶段主要是基于官能团系统认识有机物的性质。

· 认识变量。学生在初中主要是基于有机物的广泛应用，认识有机物的多样性；在高中必修阶段主要是基于构造异构认识有机物的多样性、认识典型有机物之间的转化关系，基于碳骨架认识有机物的构性关系；在高中选择性必修阶段主要是基于构造异构和立体异构认识有机物的多样性，基于官能团认识有机物之间的相互转化，基于结构视角认识有机物的构性关系。

· 方法变量。学生在初中主要是运用调查探究和讨论探究的方法，在高中必修阶段主要是运用实验观察、实验探究、描述表达、比较关联、抽象概括、解释预测的方法，在高中选择性必修阶段主要是运用模型建构、设计验证、分析评价和综合研究的方法。

（2）有机物性质主题的学习进阶理论预设模型

◎水平1：基于生活经验认识日常生活中常见的有机物

基于有机物的广泛应用，认识有机物的多样性；基于有机物的应用辨识日常生活中常见的有机物。

◎水平2：基于代表物认识有机物的多样性、转化关系及构性关系

基于对甲烷、乙烯、乙醇、乙酸、乙酸乙酯等代表物的主要性质的探究，认识有机物的多样性、有机物之间的转化关系和有机物的构性关系。

◎水平3：基于官能团系统认识有机物的多样性、转化关系及构性关系

基于对官能团的特征性质的探究，认识有机物的多样性、有机物之间的转化关系和有机物的构性关系。

表4-7　有机物性质主题的进阶设计

进阶水平	进阶变量			表现期望
	概念变量	认识变量	方法变量	
水平1：基于生活经验认识日常生活中常见的有机物	· 从燃料、材料和健康视角认识常见有机物。	· 基于有机物的广泛应用，认识有机物的多样性。	调查探究、讨论探究。	· 能基于有机物的应用辨识日常生活中常见的有机物。
水平2：基于代表物认识有机物的多样性、转化关系及构性关系	· 认识同分异构现象。 · 认识典型物质的典型性质。 · 认识碳原子的结构特征。	· 基于构造异构认识有机物的多样性。 · 认识典型有机物之间的转化关系。 · 基于碳骨架，认识有机物的构性关系。	实验观察、实验探究、描述表达、比较关联、抽象概括、解释预测。	· 能基于碳骨架写出简单烷烃的同分异构体。 · 能描述乙烯、乙醇、乙酸的典型性质及转化关系。 · 能概括常见有机物中碳原子的成键特征。 · 能基于甲烷、乙烯、乙炔的分子结构解释有机物性质。

续表

进阶水平	进阶变量			表现期望
	概念变量	认识变量	方法变量	
水平3：基于官能团系统认识有机物的多样性、转化关系及构性关系	·认识官能团异构和顺反异构。 ·认识官能团的特征性质及反应类型。 ·认识烃及烃的衍生物、生物大分子的检验方法。	·基于构造异构和立体异构认识有机物的多样性。 ·基于官能团认识有机物之间的相互转化。 ·基于结构视角认识有机物的构性关系。	实验探究、抽象概括、模型建构、解释预测、设计验证、分析评价、综合研究。	·能基于构造异构和立体异构写出有机物的同分异构体。 ·能描述官能团的特征性质。 ·能基于结构视角解释和预测有机反应位点和反应类型。 ·能基于官能团之间的转化关系设计有机物的合成路线。

第二节
有机物性质主题（必修）典型课例及分析

课题组以人教版高中化学必修2教材第三章第一节“最简单的有机化合物——甲烷”为例，开展了核心素养取向的有机物性质主题（必修）的化学教学设计与实施研究。

一、教学设计

1．素养功能定位

“最简单的有机化合物——甲烷”是高中有机化学的第一课，标志着学生开始认识一个新的化学物质世界——有机化学世界。有机化学世界与学生熟悉的无机化学世界有什么不一样？如何来认识有机化学世界中的物质及其变化规律？为此，非常有必要从整体上引导学生感受认识有机物及其变化规律的思维方式，建构认识有机化学世界的基本视角。那么，对于本节课来说，应该发展学生的哪些认识视角呢？

第一，微观视角。基于微观视角认识有机物的成分包括碳骨架和官能团两部分。开始关注有机物的碳骨架和官能团，意味着对物质成分及其多样性的认识，从基于物质类别和元素价态的宏观层次，深入到了微观层次。

第二，空间视角。有机物是有空间结构的。基于空间视角，认识碳原子的结构特征，认识有机物的异构现象，认识有机反应类型，这对于有机化学认识方式的形成和发展具有非常重要的意义。

第三，价键视角。共价键是有机物分子中原子之间相互作用的基本方式。基于价电子的成键特征，可以分析有机物的结构特征和反应特征。

因此，本节课的素养功能是引导学生初步建立认识有机化合物及其性质的微观视角、空间视角和价键视角，感受有机化学的独特认识方式。

2. 教学目标设计

（1）通过与B、N和Si的比较，认识碳原子成键的价键特征。

（2）通过化学史实和实验事实，了解碳四面体学说及其价值。

（3）通过对碳原子之间连接方式的探究，认识有机物分子的骨架特征。

（4）通过对甲烷性质的实验探究，认识甲烷的稳定性和取代反应的特征。

（5）能基于结构视角解释甲烷是最简单的有机物。

3. 教学思路设计

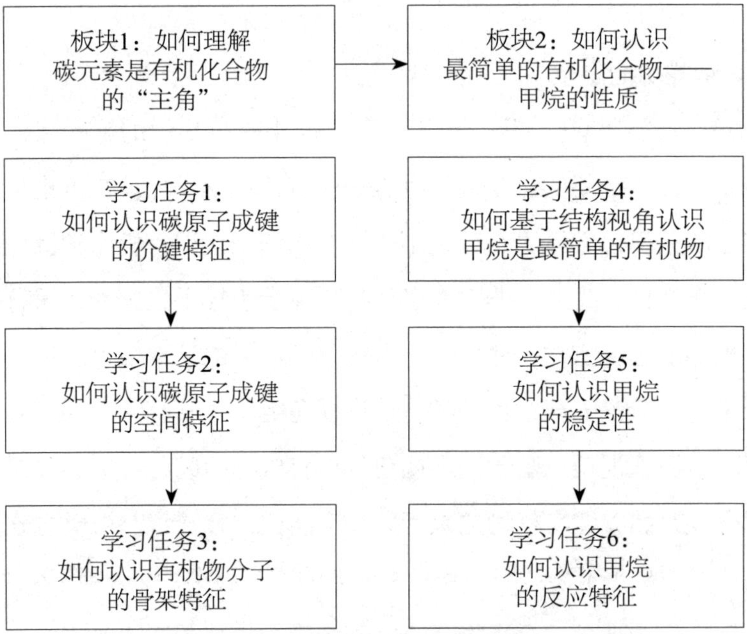

图4-6 “最简单的有机化合物——甲烷”一课的板块–任务式设计

二、教学实施

1. 情境创设

【师】（展示元素周期表）在元素周期表中，有一种元素非常神奇，以它为核心所形成的化合物有上亿种之多，可以说是以一己之力撑起了一个化学世界。那么，这种元素是什么呢？

【生】碳元素。

【师】从今天开始，我们将认识以碳为核心元素所形成的一类化合物——有机化合物。

【板书】第三章 有机化合物

【师】今天，我们先来认识最简单的有机化合物——甲烷。

【板书】第一节 最简单的有机化合物——甲烷

2. 板块1的实施

【师】那么，碳元素何以撑起了一个有机化学世界呢？

【板书】板块1：如何理解碳元素是有机化合物的“主角”

【板书】学习任务1：如何认识碳原子成键的价键特征

【师】基于结构视角，思考并讨论碳原子成键跟与碳元素同周期或同主族的其他元素的原子成键有什么不同。

【师】哪个小组汇报一下？

【生】碳元素与硼元素、氮元素同周期，我们组讨论了碳原子成键与硼原子和氮原子成键的不同。从原子结构示意图来看，硼原子最外层有3个电子，可以形成3个共价键；碳原子最外层有4个电子，可以形成4个共价键；氮原子最外层有5个电子，可以形成3个共价键。所以，碳原子形成的共价键数目最多。

【师】好！同硼原子、氮原子相比，碳原子可以形成更多的共价键。

碳原子最多可以形成4个共价键，说明碳元素的化合价为+4价（展示图4-7）。

结论1
碳四价，成键数目多

图4-7　碳原子与同周期元素原子的比较

【师】还有哪个组汇报？

【生】碳元素与硅元素同主族，我们组讨论了碳原子与硅原子成键的不同。我们分析了学案中给出的键能数据，C—C的键能是348 kJ/mol，C—H的键能是412 kJ/mol；而Si—Si的键能是176 kJ/mol，Si—H的键能是318 kJ/mol。键能大小可以说明键的稳定程度。因此，我们组认为，碳原子比硅原子更易形成稳定的共价键。

【师】好！碳元素与硅元素同主族，与硅原子相比，碳原子与氢原子形成的共价键更稳定，碳原子之间形成的共价键也更稳定；C—C的键能远大于Si—Si的键能，说明碳原子自身形成稳定共价键的能力更强（展示图4-8）。

结论2
键能大，成键稳定

图4-8　碳原子与同主族元素原子的比较

【师】因此，从电子结构来看，碳原子成键数目多且稳定。

【师】碳原子可以与4个原子相互作用，稳定地形成4个共价键。最简单的原子是氢原子，1个碳原子与4个氢原子稳定地结合，即形成了CH_4——甲烷。那么，甲烷分子的5个原子是如何排布的呢？

【板书】学习任务2：如何认识碳原子成键的空间特征

【师】在化学史上，就甲烷分子中碳原子、氢原子的排布问题，曾经形成了两种理论，一种是平面形理论，另一种是四面体理论。

【师】有关这两种理论的内容，请大家看学案。你认为哪种理论更合理呢？小组讨论一下，并说出你们的理由。

【师】哪个小组汇报一下。

【生】我们小组赞同四面体理论。学案中给出CH_2Cl_2这种物质只有一种结构。我们分别按照平面形和四面体两种理论来排布，结果发现如果按照平面形来排布，这个物质有两种结构；如果按照四面体排布，这个物质只有一种结构。所以，我们赞成四面体理论。

【师】他们组是依据原子排布的可能性得出的结论。还有其他意见吗？

【生】我们组是拿气球做了一个小实验，红气球代表碳原子，蓝气球代表氢原子。我们先按照平面形理论排布，结果，松手时发现，这5个气球变成了四面体，碳原子在中心，4个氢原子在4个顶点。根据斥力最小规则，我们小组支持四面体理论。

【师】很好！这个模拟很有创意，也能说明问题。

【师】正是在这些证据的支持下，荷兰化学家范特霍夫的“碳四面体”学说得到了大家的认同。也正是这一理论，开启了立体化学的大门，人们开始认识到，有机物分子是有空间结构的（展示图4-9）。

结论3 碳四面体，有空间结构

图4-9　碳原子成键的空间结构特征

【师】通过上面的讨论，我们知道：碳原子与氢原子之间能形成具有一定空间结构的稳定的共价键分子，同时，碳原子与碳原子之间能稳定地形成共价键。这说明了什么？

【板书】学习任务3：如何认识有机物分子的骨架特征

【师】这意味着碳原子和碳原子之间，依靠稳定的共价键，可以不断地连接起来，形成长短不一的碳链。

【师】那么，碳原子和碳原子之间的连接方式都是一样的吗？请大家讨论一下。

【生】不完全一样。碳原子与碳原子可以形成单键，即 $>C-C<$；也可以形成双键，即 $>C=C<$；还可以形成三键，即 $-C\equiv C-$。

【师】碳链只有直链一种吗？

【师】碳链的连接不仅有直链，还有支链（展示图4-10）。

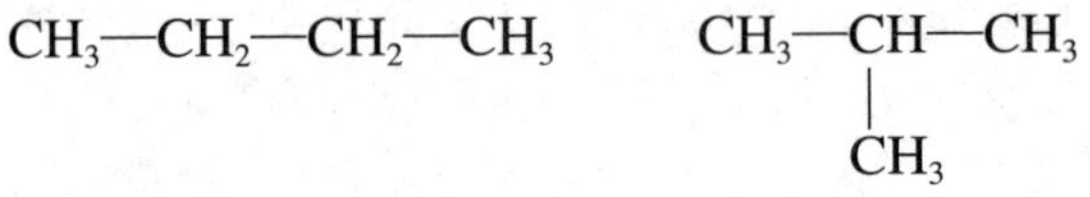

图4-10　碳链的两种形式：直链和支链

【师】碳原子与碳原子之间的连接只能是链的形式吗？

【师】碳原子与碳原子之间的连接，不仅有链状，还有环状（展示图4-11）。

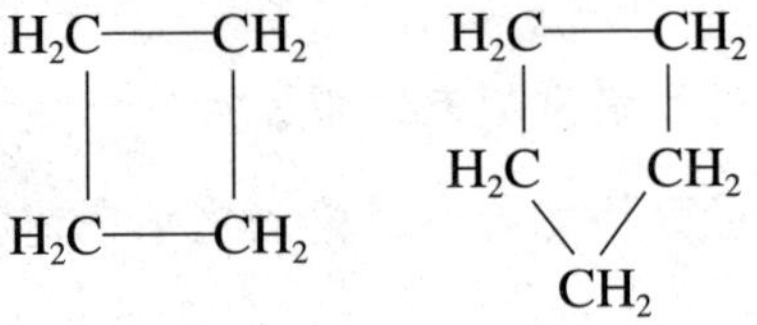

图4-11　碳原子与碳原子之间的环状连接

【师】总结一下上面的讨论。碳原子与碳原子之间的连接，从共价键的数目来看，有单键、双键和三键；从连接的几何形状来看，有链状和环状；链状，又有直链状和支链状（展示图4-12）。

结论4
碳原子之间的连接方式
· 键的视角：单键、双键、三键
· 形的视角：直链、支链、环

图4-12　碳原子之间的连接方式

【师】碳原子之间通过共价单键、双键或三键相结合，形成不同长度的直链状、支链状或环状结构，这些结构称为有机物的碳骨架。

【师】碳原子之间连接方式的多样性，既是有机物多样性的重要表现形式之一，又是导致有机物种类繁多的重要原因之一（展示图4-13）。

结论5
碳原子之间连接方式的多样性，既是有机物多样性的重要表现形式之一，又是导致有机物种类繁多的重要原因之一。

图4-13　基于连接视角认识有机物的多样性

【师】正是碳原子成键的价键特征、空间特征和有机物分子的碳骨架特征，使得碳元素成为了有机化合物的“主角”。

3. 板块2的实施

【师】在前面的学习中，我们知道甲烷是有机物。那么，为什么说甲烷是最简单的有机物呢？

【板书】板块2：如何认识最简单的有机化合物——甲烷的性质

【板书】学习任务4：如何基于结构视角认识甲烷是最简单的有机物

【师】请大家从结构的视角思考一下。

【生】首先从碳的数目来说，甲烷只有一个碳；其次从空间结构来说，甲烷是正四面体，原子只有一种空间排布方式。

【师】还有吗？

【生】我觉得还有可能是因为它是由两种元素组成的。

【师】只由C一种元素组成的物质，岂不更简单？

【生】那是碳单质，不是有机物。

【师】还有吗？

【生】我认为还有成键方式单一，只有共价键。

【师】同学们说得很好。我们来梳理一下。从组成来看，甲烷的组成元素少，只有两种元素，且氢是最简单元素；从成键方式来看，只有C—H，价键单一；从空间结构来看，碳原子、氢原子只有一种空间排布方式。

【师】这样一种最简单的有机物具有哪些化学性质呢？

【板书】学习任务5：如何认识甲烷的稳定性

【师】请根据提供的试剂和仪器，设计并实施实验方案。

【师】哪个小组汇报一下你们组的实验方案及实验结果？

【生】我们组基于物质类别预测甲烷可能具有酸性。实验方案是向滴有酚酞溶液的NaOH溶液中推入甲烷气体。实验结果是没有明显变化，这证明甲烷不具有酸性。

【生】我们组基于元素价态预测甲烷可能具有还原性。实验方案是，分别向盛有酸性$KMnO_4$溶液和浓硫酸的试管中推入甲烷气体。实验结果是没有明显变化，这证明甲烷不具有还原性。

【师】甲烷不与强酸、强碱、强氧化剂反应，说明甲烷在常温常压下性质非常稳定（展示图4-14）。

结论6
常温常压下，甲烷具有稳定性。

图4-14　甲烷具有稳定性

【师】但是在一些特定条件下，甲烷还是能够发生化学反应的。

【板书】学习任务6：如何认识甲烷的反应特征

【师】大家都知道，甲烷是天然气的重要成分，可以燃烧。通常情况下，1 mol甲烷在空气中完全燃烧，生成CO_2和H_2O，同时放出890 kJ/mol的热量。这个反应，我们在初中已经学过，我们一起来写出化学方程式（展示图4-15）。

结论7

甲烷的氧化反应：

$$CH_4+2O_2 \xrightarrow{点燃} CO_2+2H_2O$$

图4-15　甲烷的氧化反应

【师】在这个反应中，点燃是为了提供热能，使甲烷分子的化学键断裂；热能是一种能量形式，但是能够提供能量的只有热能这一种形式吗？下面我们探究一下，光能能否使甲烷分子的化学键断裂。

【师】请观察甲烷与氯气在光照条件下反应的实验现象。

【视频演示实验】实验装置如图4-16所示。

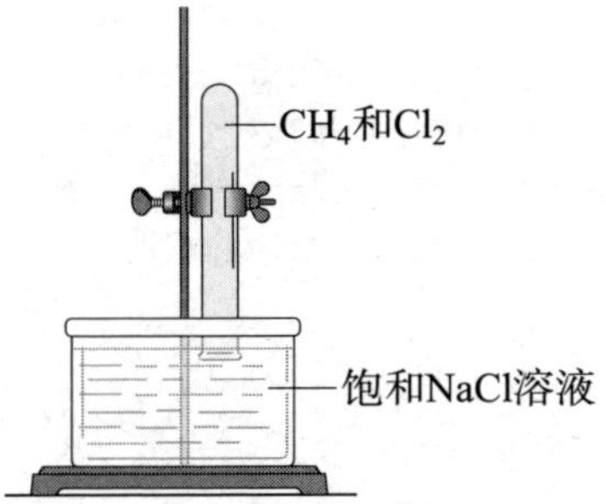

图4-16　甲烷与氯气反应的实验装置

【师】你观察到了哪些实验现象？

【生】我看到试管中的液面先上升后下降，气体黄绿色逐渐变浅，有油状液体产生。

【师】观察得比较仔细。

【师】之所以产生这些现象，是因为在光照的条件下，甲烷与氯气发生了反应，生成了一种新的气态物质——一氯甲烷（CH_3Cl）。

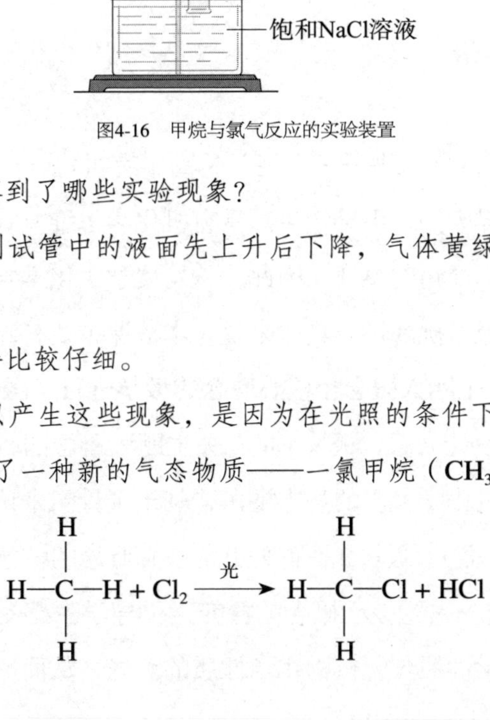

【师】这个反应实际上是氯气分子中的氯原子取代了甲烷分子中的氢原子。有机化学中，把有机物分子中的某些原子或基团被其他原子或基团所替代的反应，称为取代反应。

【师】甲烷分子中的4个氢原子都可以被氯气分子中的氯原子逐个取代，而分别生成一氯、二氯、三氯和四氯取代物。大家可以尝试写出这些取代反应的化学方程式。一氯甲烷是气体，其余三种取代物是液体；四氯取代物，即CCl_4。

【师】甲烷能发生取代反应，体现了甲烷的化学性质（展示图4-17），同时，取代反应是一种重要的有机反应类型。

结论8
甲烷能发生取代反应。

图4-17　甲烷的取代反应

三、分析评价

“最简单的有机化合物——甲烷”是高中有机化学的开篇，它承担着开启有机化学世界大门，引导学生感受有机化学思维方式，建构认识有机物及其变化的基本视角的重任。因此，从发展学生化学学科核心素养的角度来看，这节课极具挑战性。具体来说，本节课主要有以下特色。

1．较好地对主题大概念和核心概念的教学进行了融合

从整节课的设计来看，板块1是有关主题大概念的教学，目的是引导学生建构认识有机化学世界的基本视角，基于碳骨架来认识“有机物的多样性”（主题大概念）。板块2是有关主题核心概念的教学，目的是通过对“甲烷的性质”这一主题核心概念的探究，引导学生感受有机反应与无机反应、有机物化学性质与无机物化学性质的差异，从而形成认识有机反应的基本视角。

主题大概念的教学，在任何学科主题教学整体设计中都是不可缺少的。本节课作为高中有机化学的起始课，当然要有这一主题的大概念教学。这节课设计的巧妙之处在于，将板块1的大概念教学定位在“物质视角”，来提示有机化合物的独特性；将板块2的核心概念教学定位在“反应视角”，来揭示有机化学变化的独特性。这样的设计，既实现了主题大概念教学与主题核心概念教学的有机融合，又有利于学生从整体上感受有机化学物质及其变化的思维方式。

2. 紧紧围绕学科本原性问题的解决来建构主题认识视角

当把元素周期表中碳元素的大门缓缓推开的时候，展现在学生眼前的是一个新的化学世界——有机化学世界。因此，本节课用元素周期表来创设情境，寓意深刻，真正起到了“境”的作用。随之而来的问题就是：碳元素何以能够支撑起一个有机化学世界？这就是有机物性质主题的学科本原性问题！是啊，平淡无奇的“C”，怎么就成了化学“巨星”了呢？C到底有哪些独特的本事？这些疑问，强烈驱动了学生的探究欲望，从而为板块1的学习创设了积极、有价值的探究氛围。

板块1通过三个学习任务的设计，在解决学科本原性问题的过程中，引导学生建构了认识有机化学的三个基本视角，即价键、空间和连接视角，而这三个视角非常具有素养功能。

学习任务1的设计，充分利用了学生关于元素周期表的知识基础，基于同周期相邻元素原子的价键特征比较，得出碳原子呈正四价，可以最大程度地成键；基于同主族相邻元素原子的成键键能的比较，得出碳原子成键稳定。通过这样的教学，引导学生逐步建立价键视角，并基于价键视角来认识有机物及其变化规律。因此，学习任务1的设计独具匠心。

学习任务2从素养功能来看，其价值在于使学生对物质结构的认识从平面向立体发展，形成空间视角，引导学生基于原子的空间排布来认识有机物和有机反应。在教学设计上，通过对化学史上平面形理论和四面体理论的讨论，引导学生基于证据作出分析和评价，从而建立起“碳四面体”这一核心概念。

学习任务3基于碳原子之间可以稳定成键的认识，引导学生从“键”和“形”两个方面，认识碳原子之间连接方式的多样性，建立碳骨架这一基本概念，建构认识有机物多样性的连接视角。

所以，板块1通过对价键特征、空间特征和骨架特征的探究，较好地解决了有机物主题的学科本原性问题，并在探究过程中引导学生逐步建构了认识有机物的一些基本视角。

3. 注重在与无机物性质的比较中认识有机反应特征

对于有机化学世界特殊性的认识，板块1是基于物质视角，板块2则是基于反应视角。

板块2以甲烷为知识载体，设计了三个学习任务。学习任务4是将板块1所建立的有机物认识视角应用到甲烷这种具体物质的特征分析中，从价键和空间两个视角来分析甲烷是最简单的有机化合物。这一学习任务，既是板块1的应用，又很好地把两个板块关联起来；同时，价键和空间也是认识有机反应的两个重要视角。

学习任务5设计了一个预测验证类学习活动，通过这样一个活动，引导学生在实验探究中感受有机物不同于无机物的反应特征。

学习任务6通过观察和分析视频演示实验的现象，引导学生认识甲烷的取代反应，从而进一步体会有机物的反应特征。

4. 注重多样化科学探究活动的开展

本节课在学习活动的设计和实施中，非常重视开展多样化的科学探究活动。学习任务1以讨论探究的形式，组织学生开展基于证据的推理活动；学习任务2以化学史实为素材，引导学生开展讨论探究，发展学生分析评价的高阶思维能力；学习任务5以实验探究的形式，组织学生设计实验方案，验证预测结果。

此外，在教学行为的选择上，本节课注重高水平教学行为的运用。学习任务1、2采取了讨论交流的教学行为，学习任务5采取了实验设计、验证的教学行为。这些行为，属于高水平教学行为，为讨论探究方案和实验探究活动的有效开展提供了保障。

第三节
有机物性质主题（选择性必修）典型课例及分析

碳骨架和官能团构成了有机物。在选择性必修阶段，课题组选取了醛基作为官能团的代表，以“醛的结构与性质探究”为课例，开展了核心素养取向的化学教学设计与实施研究。

一、教学设计

1. 素养功能定位

官能团是具有有机物特质的基团，决定着有机物的结构特征和反应特征，是“结构决定性质”的学科大概念在有机物性质主题的具体体现。醛基是有机化学中十分重要的官能团之一，是实现有机物相互转化的重要链条，是极性多重键官能团的重要代表。乙醛是醛基官能团的典型代表物，具有重要的素养发展价值。

本节课的素养功能主要是进一步发展学生的极性视角。极性，主要是有机物分子电子云密度分布不均匀导致的。因此，基于极性视角，可以判断有机物分子的反应位点，解释和预测有机物的性质，从而进一步拓展对有机物“构性关系”这一主题大概念的理解。

2. 教学目标设计

（1）通过对碳氧双键成键特点的分析，认识羰基的结构特征，进一步发展认识有机物结构的价键视角和极性视角。

（2）通过分析醛基的结构特征，预测醛的化学性质。

（3）通过探究乙醛的化学性质，认识乙醛与乙醇、乙酸的转化关系，知道醛基的检验方法。

（4）能基于极性多重键分析含醛基有机物的反应位点及反应类型。

3. 教学思路设计

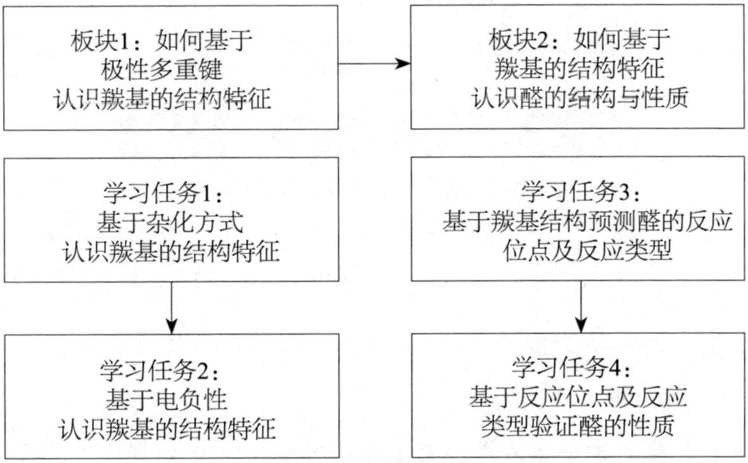

图4-18　“醛的结构与性质探究”一课的板块-任务式设计

二、教学实施

1. 情境创设

【师】这是一份体检报告单（如图4-19所示）。从这张报告单中，你看出了哪些信息？

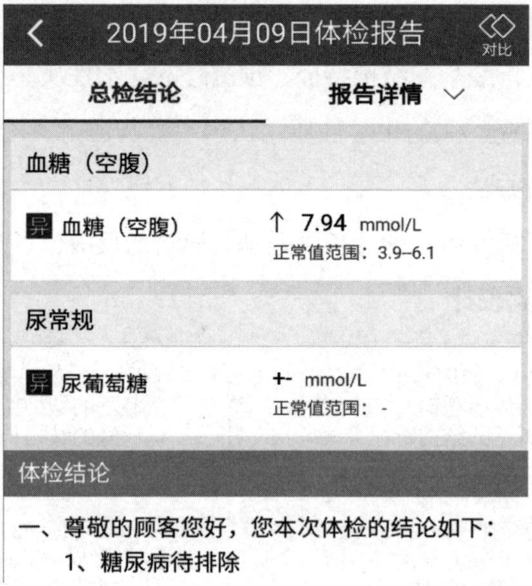

图4-19　体检报告单

【生】上面写着血糖为7.94 mmol/L，正常值范围是3.9~6.1 mmol/L，证明这个人的血糖偏高。

【师】血糖高就是血液中的葡萄糖含量偏高。生物课上我们学到了葡萄糖可以用哪种试剂来检测？

【生】斐林试剂。

【师】那么是哪种官能团发生了反应？

【生】是醛基。

【师】那么，醛基为什么能够发生这个反应呢？今天我们就从结构和性质的角度来进行探究。

【板书】醛的结构与性质探究

2. 板块1的实施

【师】大家看下面一组官能团（如图4-20所示），归纳一下它们在结构上有什么共同点。

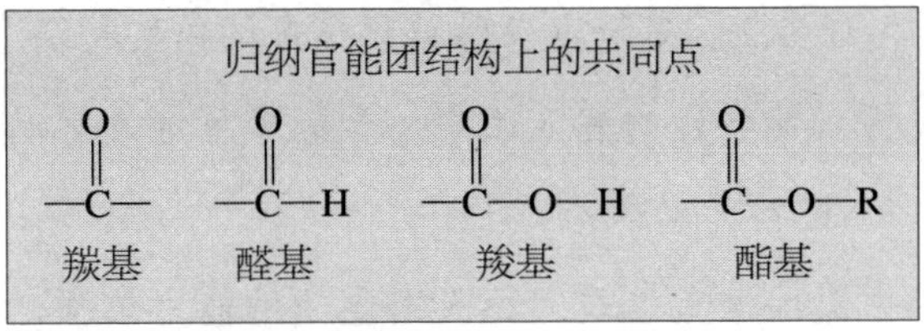

图4-20 四种官能团的结构

【生】这四种官能团都含有碳氧双键。

【师】碳氧双键称为“羰基”，是烃的含氧衍生物的基础性官能团之一。要探究醛的结构与性质，就必须先认识羰基的结构特征。

【板书】板块1：如何基于极性多重键认识羰基的结构特征

【师】对于官能团的结构特征，我们如何进行分析？

【生】主要是从价键和极性两方面入手。

【师】还有吗？

【生】我们学习了结构，我觉得可以从轨道的角度来分析。

【师】那么，如何基于轨道视角进行分析呢？

【板书】学习任务1：基于杂化方式认识羰基的结构特征

【师】小组讨论一下。

【生】羰基的碳原子和氧原子是双键连接的，在以前学习的醇类中，碳原子和氧原子是单键连接的。羰基中的碳原子是sp^2杂化，而醇中与羟基连接的碳是sp^3杂化。

【师】sp^2杂化轨道在成键时有什么特点？

【生】通过sp^2杂化所形成的碳氧双键中，一条是σ键，一条是π键。σ键稳定，π键不稳定。

【师】我们通常把两个原子之间形成的双键或三键，称为多重键。

【师】因此，从杂化方式来看，羰基中的碳原子发生了sp^2杂化，碳原子与氧原子之间形成了多重键——碳氧双键。

【板书】学习任务2：基于电负性认识羰基的结构特征

【师】在我们以前学过的官能团中，含有多重键的官能团有哪些？它们与羰基有什么不同？大家讨论一下。

【生】羰基中氧的电负性较大，吸引电子的能力较强，所以碳氧双键的电子对偏向于氧；而碳碳双键和碳碳三键中，两个碳的电负性相同，所以电子对没有偏移。

【师】还有补充吗？

【生】碳氧双键中，氧的电负性强，电子对偏向于氧，氧相对于碳显正电性，碳显负电性。

【师】是氧显正电性吗？

【生】氧显负电性，碳显正电性。

【师】因此，碳氧双键是极性共价键，碳碳双键和碳碳三键是非极性共价键（展示图4-21）。

结论1

基于轨道视角：羰基的碳氧双键是多重键

基于极性视角：羰基的碳氧双键是极性键

羰基的碳氧双键是极性多重键

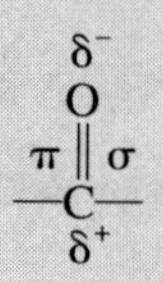

图4-21 羰基的碳氧双键是极性多重键

3. 板块2的实施

【师】那么，如何基于极性多重键认识醛的反应位点及反应类型呢？

【板书】板块2：如何基于羰基的结构特征认识醛的结构与性质

【板书】学习任务3：基于羰基结构预测醛的反应位点及反应类型

【师】请大家小组讨论、交流一下。

【生】我们组认为，反应位点有两处：一处是碳氧键，一处是碳氢键。

【师】大家同意他的说法吗？

【生】补充一下，碳氧双键中一个是σ键，另一个是π键。反应位点应该在π键上，因为π键不稳定，易断裂。

【师】还有吗？

【生】在羰基里，碳氧双键是个极性键；而在醛基里，除了碳氧双键是极性键，碳氢单键也是极性键。在碳氧双键中，氧是显负电性的，而碳氢单键中，碳是显负电性的。

【师】这个小组基于羰基的结构特点，分析了醛基的结构特征。

【师】还有其他看法吗？

【生】因为碳氧双键中氧显负电性，碳显正电性；又因为碳氢单键中氢显正电性，碳显负电性，所以，碳容易被两种电性中和，中和之后它显的是正电性；又因为碳氢单键中氢显的是正电性，同性相斥，所以，易被显负电性的原子断键。

【师】展示图4-22。

> 醛基中的C—H易断裂
>
> 由于氧原子电负性较大，呈负电性，碳原子呈正电性；正电性的碳又吸引了碳氢之间的电子，使氢原子也呈正电性。碳氢键容易被呈负电性的原子或原子团进攻。

图4-22 醛基中的C—H易断裂

【师】综合以上讨论，醛基的反应位点是碳氧双键中的π键和碳氢键（展示图4-23）。

> 结论2
>
> 醛基的反应位点：
>
> · 碳氧双键中的π键
>
> · C—H

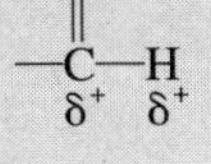

图4-23 醛基的反应位点

【师】那么，在反应位点上，醛基有可能发生什么类型的反应呢？大家讨论一下。

【生】它易被氧化，因为碳氧双键上的氧显负电性，碳相对于它显正电性，所以说它们之间易被插入显负电性的原子团，比如说羟基，加入羟基的话，就会被氧化成酸。

【师】大家同意吗？

【生】应该是在碳氢键上发生的反应。因为氢相对于碳显正电性，碳显负电性，但在醛基上氧显负电性，碳显正电性。所以，二者相加的话，碳显正电性，氢显正电性，易被带负电荷的原子团进攻，比如加入羟基的话，就容易被氧化成酸，生成乙酸。

【师】很好！还有吗？

【生】除了在碳氢单键上反应，还可以在碳氧双键上发生反应。碳氧双键中的π键不稳定，断裂可以加氢，还原成乙醇。

【师】我们来总结一下。在碳氧双键的π键上，有可能发生加成反应；在C—H上，有可能发生氧化反应（展示图4-24）。

结论3
醛基的反应类型：
· π键：加成反应
· C—H：氧化反应

图4-24　醛基的反应类型

【板书】学习任务4：基于反应位点及反应类型验证醛的性质

【师】醛基能够发生加成反应，可以通过下面的事实验证。

【事实1】乙醛蒸气和氢气的混合气体通过热的镍催化剂，乙醛与氢气即发生催化加氢反应，得到乙醇（展示图4-25）。

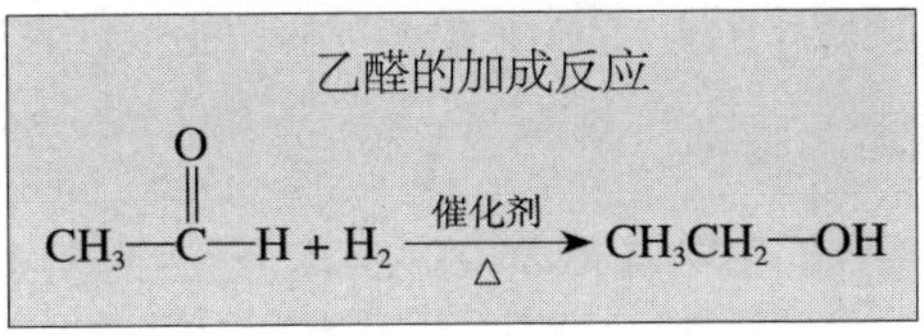

图4-25　乙醛与氢气的加成反应

【师】乙醛的催化加氢反应，也是乙醛的还原反应。通过该反应，可以实现乙醛与乙醇的转化。

【师】醛基能够发生氧化反应，可以通过下面的事实验证。

【事实2】乙醛在一定温度和催化剂存在的条件下，能被空气中的氧气氧化成乙酸（展示图4-26）。

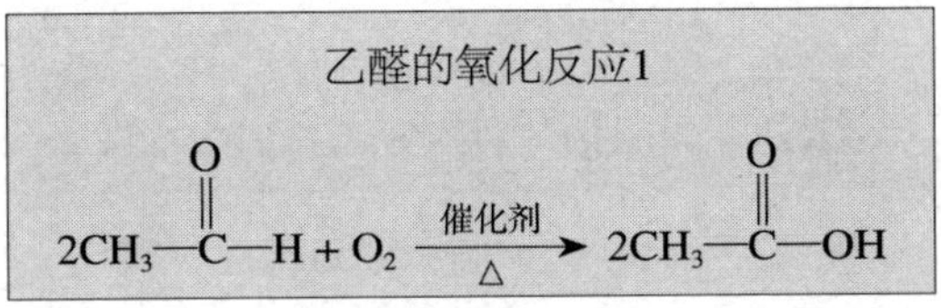

图4-26　乙醛与氧气发生的氧化反应

【师】通过该反应，可以实现乙醛与乙酸的转化。

【师】乙醛还可以与弱氧化剂发生反应。

【实验验证1】演示银镜反应实验。

【师】你观察到了什么现象？

【生】试管壁上有银镜生成，非常漂亮！

【师】这个反应常用来检验醛基（展示图4-27）。

乙醛的氧化反应2

$$CH_3CHO + 2[Ag(NH_3)_2]OH \xrightarrow{\triangle} CH_3COONH_4 + 2Ag\downarrow + 3NH_3 + H_2O$$

图4-27　乙醛的银镜反应

【实验验证2】学生实验：乙醛与新制$Cu(OH)_2$反应。

【实验试剂及仪器】10% NaOH溶液、5% $CuSO_4$溶液、乙醛溶液、试管、酒精灯、试管夹、胶头滴管、火柴。

【师】请大家完成乙醛与新制$Cu(OH)_2$反应的实验，注意观察实验现象。

【生】分组实验。

【师】哪个小组汇报一下实验过程及现象？

【生】我们先取了2 mL NaOH溶液，然后加了几滴$CuSO_4$溶液，观察到出现浑浊；再向其中加入0.5 mL乙醛溶液，用酒精灯加热试管，观察到砖红色沉淀。

乙醛的氧化反应3

$$CH_3CHO + 2Cu(OH)_2 + NaOH \xrightarrow{\triangle} CH_3COONa + Cu_2O \downarrow + 3H_2O$$

图4-28　乙醛与新制$Cu(OH)_2$反应

【师】新制$Cu(OH)_2$也称为斐林试剂，常用它来检验葡萄糖。

三、分析评价

醛是一种重要的烃的含氧衍生物，醛基是有机物重要的官能团之一。因此，以“醛的结构与性质探究”为课例，开展核心素养取向的有机物性质主题的化学教学研究，具有引领作用和示范价值。具体来说，本节课主要有以下特色。

1. 注重主题大概念引领下的核心概念的高位建构

有机物结构与性质的关系，是有机物性质主题的大概念。本节课以“醛的结构与性质探究”为课题名称，反映了注重主题大概念引领，进一步发展学生对有机物构性关系认识的设计理念。

对醛基结构特征的认识，本节课采取了高位建构的设计理念。在板块1的引入中，首先给学生提供了一组官能团：羰基、醛基、羧基和酯基，让学生归纳这些官能团在结构上的共同点。这样的设计，不是散点式地学习官能团，就醛基谈醛基，而是将醛基置于含有碳氧双键的一类官能团之中，将官能团在结构上建立关联，进行结构化。正是基于这样的理念，这节课将板块1设计为：如何基于极性多重键认识羰基的结构特征。这种基于羰基来认识醛基的高站位、大格局设计，能够拓宽学生的认识视野，从而有利于学生对醛基及后续的羧基和酯基等核心概念的高位建构。

2. 注重主题认识视角的系统化建构和显性化呈现

对于烃的含氧衍生物，学生之前已经学习了醇，认识了碳氧单键的结构特征。醛基是学生将要认识的新的官能团，含有碳氧双键。碳氧双键属于多重键。如何认识多重键的结构特征，是学生碰到的新问题。为此，本节课专门设计了一个板块，系统建构多重键的视角，为板块2的学习，以及后续的羧基和酯基等官能团的认识奠定基础。

对于碳氧双键结构特征的认识，这节课设计了两个学习任务。学习任务1基于轨道视角，从碳原子的杂化方式来引导学生认识碳氧双键的结构特征。轨道视角的建构，使学生的微观认识从共价键水平发展到了 σ 键和 π 键水平，达到了基于轨道相互作用的本质微观水平。学习任务2基于极性视角，引导学生从碳、氧原子电负性的比较中，来认识碳氧双键的结构特征。轨道和极性，就成为了学生分析官能团结构特征的本事，具有广泛的迁移价值。

在板块2的学习任务3的设计中，进一步强化了认识有机物性质的两个重要视角，即反应位点和反应类型。引导学生基于对醛基结构共性和特性的分析，来判断键的极性，以此来确定反应位点和反应类型。

因此，本节课无论是在醛基结构还是在醛基性质的认识上，都十分重视认识视角的系统化，并且在板块及学习任务的表述中显性化地加以呈现。

3. 注重高阶思维活动的设计和高水平教学行为的运用

本节课在学生认识活动的设计上，比较注重高阶思维活动的设计。例如，在学习任务3中，先是引导学生运用板块1所认识的碳氧双键的结构特征来解释醛基的结构；之后，引导学生基于醛基的结构特征来预测醛基的反应位点和反应类型。在学习任务4中，教师引导学生从事实验证和实验验证两个方面开展验证性活动。解释、预测和验证，都属于高阶思维活动，因而，对学生系统地建构主题认识视角具有非常重要的价值。

本节课运用了高水平的教学行为，以保证主题核心概念的有效学习和主题认识视角的系统建构。例如，学习任务1、2、3都运用了讨论交流的教学行为；学习任务4中，“实验验证2”设计为学生实验，通过学生自主设计和实施乙醛与新制$Cu(OH)_2$反应的实验，来进一步验证醛基的还原性。讨论交流和学生实验都属于高水平教学行为。

参考文献

[1] 中华人民共和国教育部.普通高中化学课程标准（2017年版）[M].北京：人民教育出版社，2018.

[2] 中华人民共和国教育部.义务教育化学课程标准（2011年版）[M].北京：北京师范大学出版社，2012.

[3] 邢其毅，裴伟伟，徐瑞秋.有机化学 [M]. 3版.北京：高等教育出版社，2005.

[4] 古练权，汪波，黄志纡，吴云东.有机化学 [M].北京：高等教育出版社，2008.

[5] 汪小兰.有机化学 [M]. 4版.北京：高等教育出版社，2005.

[6] 崔志常.基于化学素养的“甲烷”教学设计 [J].中学化学教学参考，2019(16)：25-26.

[7] 高超.例谈论证式教学设计——以“甲烷分子的结构”为例 [J].中学化学教学参考，2015(24)：41-42.

[8] 汪纪苗，元乐天，包朝龙，周益波.探寻知识本源 促进知识内化——“甲烷”课堂教学实录和点评 [J].中学化学教学参考，2015(11)：21-25.

[9] 张四方，武迪迪.基于核心素养的HPS教学实践——以“甲烷”为例 [J].化学教育，2019，40(13)：33-36.

[10] 吴育飞，张中强，张萍.甲烷氯代反应条件的系统化探究与教学实施策略的优化 [J].化学教育，2015，36(21)：57-61.

[11] 王建军.深度学习理念下的有效教学设计——“甲烷”的磨课实践与教学体悟 [J].化学教学，2015(01)：42-45.

[12] 刘岩.微课在高中化学教学中应用的初步探索——以“乙醛”教学的

微课应用模型为例［J］.化学教育，2015，36(11)：22-25.

［13］马永忠.“目标式教学”在高效课堂教学中的应用初探——以“醛”（第一课时）为例［J］.中学化学教学参考，2016(24)：44.

［14］郑长龙. 2017年版普通高中化学课程标准的重大变化及解析［J］.化学教育，2018，39(09)：41-47.

［15］郑长龙.化学学科理解与“素养为本”的化学课堂教学［J］.课程·教材·教法，2019，39(09)：120-125.

［16］郑长龙，孙佳林.“素养为本”的化学课堂教学的设计与实施［J］.课程·教材·教法，2018，38(04)：71-78.

［17］郑长龙.化学课堂教学板块及其设计与分析——祝贺《化学教育》刊庆30周年［J］.化学教育，2010，31(05)：15-19.

［18］郑长龙，等.化学课程与教学论［M］. 2版.长春：东北师范大学出版社，2018.

第五章

化学反应与能量主题的教学设计及典型案例分析

化学反应从现代化学开始的那一天就是化学的核心。[①] 通过化学反应可以认识物质的性质，认识物质之间的转化关系；通过化学反应可以合成物质，创造物质。在化学反应中，既有物质之间的转化，又有能量之间的转化。能量对于化学反应的价值，在于基于能量视角概括化学反应规律，揭示化学反应原理；化学反应对于能量的价值，在于基于化学视角进行能源的开发与合理利用，从而造福人类。因此，建构认识化学反应的能量视角，并基于此视角认识化学反应的价值，对于发展学生的化学学科核心素养具有十分重要的意义。

① 彭笑刚. 物理化学讲义［M］. 北京：高等教育出版社，2012：620.

第一节
化学反应与能量主题的学科理解及进阶设计

化学反应与能量主题是中学化学课程与教学的重要主题。之所以重要，主要是因为：第一，这部分内容涉及的是化学热力学，而化学热力学理论是化学学科的重要基础理论之一；第二，化学热力学理论是认识物质性质及其变化规律的支撑性理论，具有重要的解释和预测功能。因此，这一主题对于学生“变化观念与平衡思想”素养的发展，具有独特的功能和价值。

化学反应与能量作为化学学科的核心内容，涉及的内容范围非常广泛。为此，本课题组对该主题的内容范围作了限定，重点从“热”的视角来认识化学反应的能量变化，初步建构化学热力学的思维方式。

一、化学反应与能量主题的学科理解

从原理层面来看，对于任何化学反应，都存在四个学科本原性问题：

· 反应能否发生？本质上是反应方向的问题；

· 反应能否进行到底？本质上是反应限度的问题；

· 反应需要多长时间？本质上是反应速率的问题；

· 反应是如何进行的？本质上是反应机理的问题。

在这四个问题中，第一个问题是前提和基础，只有这个反应能够发生，才存在限度、速率和机理问题。对于一个反应的发生，既要研究反应的可能性，还要研究反应的现实性，二者缺一不可。可能性，属于反应的驱动问题；现实性，属于反应的引发问题。无论是驱动还是引发，都与能量密切相关。

能量是科学大概念，同时也是物理学、化学和生物学的学科大概念。这样，就形成了认识能量问题的物理学视角、化学视角和生物学视角。对于化学反应来说，化学学科的能量视角主要是内能（化学能属于内能）、自由能和活化能（如图5-1所示）。

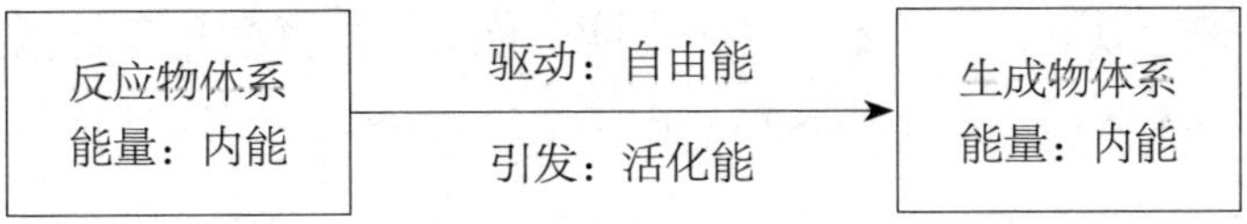

图5-1　认识化学反应的能量视角

本主题主要是从化学热力学视角进行探讨。

1. 认识化学物质的能量视角

（1）物质是具有能量的

同物质具有质量一样，物质也是具有能量的。物质是由分子（广义分子）构成的，因此，从单个分子水平来看，其能量可以按动能和势能进行区分，如图5-2所示。

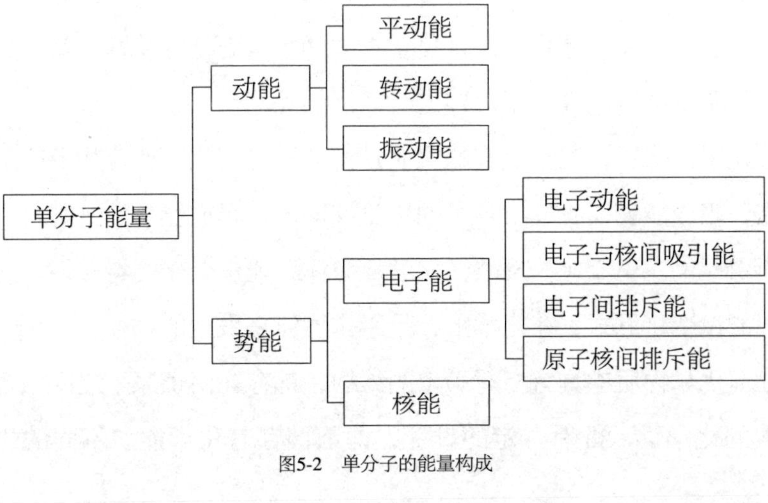

图5-2　单分子的能量构成

分子的平动能、转动能和振动能，属于分子热运动能。分子的平动，是指分子的质心在空间的平行移动，每个原子有相同的位移；分子的转动，是指分子围绕通过质心定轴的旋转，每个原子有相同的角位移。分子的振动，是指在保持分子的质心和空间取向基本不变的前提下，各原子偏离平衡位置的运动形式。它是一种分子内部的运动，不需外力，每个原子有不同的位移。

电子能，是指基于薛定谔方程或变分原理所确定的核外电子的总能量。在定核近似下，一般不考虑核动能，但原子核间的排斥能依然存在。

对于由大量分子构成的理想体系来说，通常是用内能（用U表示，也称热力学能）来表示物质体系所具有的能量。它包括体系中所有分子自身能量的总和、与体系力平衡相关联的能量（用pV表示）、与体系热平衡相关联的能量（用$T\Delta S$表示）等。

对于化学反应体系来说，内能除包含理想体系的各项参量外，还需考虑反应体系中所有分子之间相互作用的势能的总和、与体系化学平衡相关联的混合自由能（用$\Delta G_{混}$表示）等。

（2）化学能体现了化学物质能量属性的特殊性

内能反映了物质的能量属性，具有普遍性，适合于所有的热力学体系。但对于化学反应体系来说，化学物质又具有怎样的特殊能量属性呢？对这种特殊的能量属性又是怎样进行表征的呢？

从化学键来看，化学反应的实质是化学键的变化。反应物分子的化学键断裂，吸收能量；生成物分子的化学键形成，释放能量。这种基于键能变化所引起的能量变化，反映了化学反应体系能量变化的特殊性。对这种特殊的能量变化形式，在化学上，是用化学能来表征的。

任何化学物质都具有相对稳定的结构，都存在由于原子之间相互作用而形成的化学键，都有一定的键能，即都储存有化学能。不同的化学物质，不仅组成不同、结构不同，化学能也不同。因此，化学能是对化学物质特有能量属性的反映，是状态能量，是能量的一种存在形式。

化学能属于内能，它只有在化学反应中才表现出来。化学反应中的吸热和放热现象，体现了化学能与热能之间的相互转化。化学反应中的电化学现象，则体现了化学能与电功之间的相互转化。

2. 认识化学反应的能量视角

（1）热和功是化学反应体系能量传递的重要形式

化学反应中有能量变化，意味着化学反应体系与环境之间要进行能量传递。例如，反应放热，说明体系向环境传递能量；反应吸热，说明环境向体系传递能量。体系与环境之间能量传递的形式主要有两种：一种是热，一种是功。

热，是系统与环境之间由于温度不同而导致的一种能量传递形式。从微观来看，热传递源于大量微观粒子的无序热运动。“热”与“热能”是两个不同的概念。热能是能量存在的一种表现形式，是一个系统在某个状态下的自身性质，决定于一个系统的冷热程度，是系统的状态函数。[1]热是能量传递的一种表现形式，与相互接触的两个物体的相对冷热程度有关，不是系统的状态函数（见图5-3所示）。

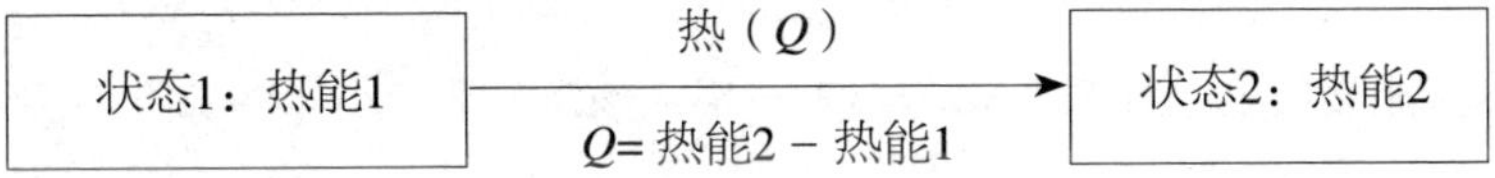

图5-3　热能与热的关系

功，是系统与环境之间由于力的不平衡而导致的一种能量传递形式。在热力学中，除热以外，系统与环境之间传递的能量均称为功。从微观来看，功是大量粒子做有序运动时，系统向环境传递的能量。体积功，是指系统由于体积改变而向环境所做的功。除了体积功，还有非体积功，如电

① 彭笑刚. 物理化学讲义［M］. 北京：高等教育出版社，2012：111.

功、表面功等。功与热一样，都不是系统的状态函数。状态能量与过程能量的关系如图5-4所示。

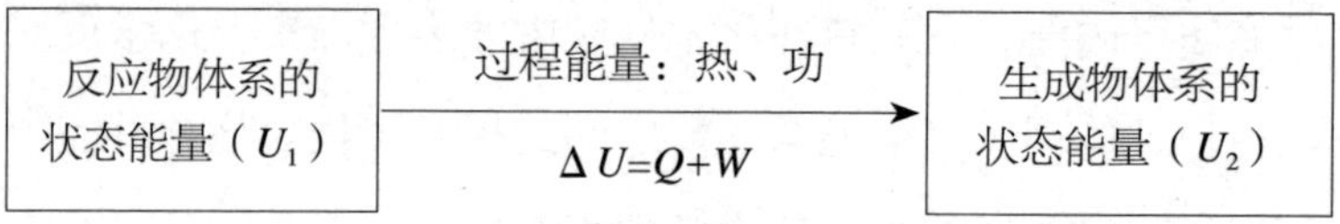

图5-4 状态能量与过程能量的关系

热能、化学能，都属于内能，是状态能量，是内能的具体表现形式；热和功，是过程能量，是体系与环境之间能量传递的形式，遵循能量守恒定律。

（2）ΔH是对等温、等压、无非体积功条件下化学反应体系热效应的描述

化学反应中的能量变化，常常是以热的形式表现出来的，如化学反应中的吸热和放热现象。对于吸收或放出的热量，可以通过实验测定的方法得到，例如，通过中和热的测定实验，可以测得中和反应的反应热。但是，有些反应的反应热测定较为困难。为此，人们寻求到一种通过计算得到反应热的方法，那就是用ΔH描述等温、等压、无非体积功条件下化学反应体系的热效应。ΔH之所以能够描述，下面的推导过程可以给出解释。

根据能量守恒定律，$\Delta U = Q + W$，该式可写成：$Q = \Delta U - W$。功有体积功（W）和非体积功（$W_{非体积}$）两种。无非体积功，即$W_{非体积} = 0$。$W = -p(V_2 - V_1) = -(pV_2 - pV_1)$。$Q = \Delta U - W = U_2 - U_1 + pV_2 - pV_1 = (U_2 + pV_2) - (U_1 + pV_1)$。如果将$U + pV$定义为$H$的话，那么，$Q = H_2 - H_1 = \Delta H$。因此，$\Delta H$是一种人为的描述，并不存在明确的物理意义，只是在数值上等于等温、等压、无非体积功条件下的反应热。

由于U、p、V都是状态函数，H也是状态函数。所以，利用盖斯定律可以设计过程，从而通过计算得到 ΔH。

焓，虽然具有能量的量纲，但它既不是热量，也不是能量，只是对等温、等压、无非体积功条件下反应热的描述。也就是说，在等温、等压、无非体积功的条件下，可以用 ΔH来表示反应热。由于很多化学反应都是在等温、等压、无非体积功条件下进行的，因此，ΔH的使用较为广泛。当然，任何化学反应都有反应热。在不采用实验测量的情况下，对等温、等容、无非体积功条件下的反应热，则可以通过体系内能的变化（ΔU）来加以描述。

等温、等压、无非体积功条件下的反应热，是化学反应过程中各种能量变化的总结果。化学反应中既有化学变化，也有物理变化。无论是化学变化还是物理变化，都伴随有能量变化。也就是说，反应热既包含化学变化导致的能量变化，也包含物理变化导致的能量变化，是这两种变化导致的能量变化的总和。化学变化中的能量变化，主要是由化学能变化导致的。物理变化导致的能量变化，主要有相变导致的能量变化（相变能），溶解过程导致的能量变化（溶解热）等。因此，反应热并不都是化学能变化所贡献的。

（3）ΔG是化学反应自发性和方向性的判断依据

一个化学反应能否发生，是否具有发生的可能性，这是在原理层面研究化学反应的一个学科本原性问题。

这个问题，从热力学的角度来看，就是一个化学反应在给定条件下能否自发地进行。基于能否自发，可将化学反应分为自发反应和非自发反应。所谓自发反应，就是指在给定条件下，不需要环境帮助，就能自动进行的反应，例如，铁钉生锈，在常温条件下，铁发生缓慢氧化，不需要借助环境的帮助。所谓非自发反应，就是在给定条件下，反应不能自动进行，要使反应进行，需要环境提供能量。环境提供能量的形式主要是做功，例如，常温下水的分解，就需要环境向体系输入电功。当然，供热也是一种提供能量的形式。

那么，如何判断一个化学反应在给定条件下能否自发进行呢？热力学定义了两个状态函数来进行判断。对于等温、等压条件下的化学反应，可以用吉布斯自由能（G）来判断；对于等温、等容条件下的化学反应，可以用亥姆霍兹自由能（A）来判断。由于化学反应常常是在等温、等压条件下进行的，因而，常用 ΔG 判断反应的自发性和方向性。$\Delta G < 0$，反应能自发进行；$\Delta G = 0$，反应达到平衡；$\Delta G > 0$，反应不能自发进行。G 描述的是体系在等温等压条件下做非体积功的能力，$-\Delta G$ 越大，说明体系向环境做非体积功的能力越大，反应越有可能发生。

从微观来看，熵表征的是体系微观状态数，体系微观状态数越大，熵越大。从宏观来看，熵表征的是体系的混乱度，体系混乱度越大，熵越大。“孤立体系中的熵永不减少”，这就是“熵增原理”，它是热力学判断过程自发性和方向性的根本性原理。

“永不减少”，意味着 $\Delta S_{体系} \geqslant 0$。“$\Delta S_{体系} > 0$”表示过程自发，“$\Delta S_{体系} = 0$”表示达到平衡。熵增原理的使用范围是孤立体系，即体系与环境之间没有物质交换和能量传递。但对化学反应体系而言，常常是封闭体系，即体系与环境之间没有物质交换，但有能量传递。为了使熵增原理能够用于化学反应体系自发性和方向性的判断，常采用的方法是设计体系，即将原体系的环境（对系统有影响的那部分）和封闭体系合并在一起，使之成为一个新的、更大的孤立体系。这样，就可以使用熵增原理。即：

$\Delta S_{总} = \Delta S_{体系} + \Delta S_{环境} \geqslant 0$。

那么，熵（指总熵）与自由能之间具有怎样的关系呢？ $\Delta S_{环境} = -\dfrac{Q}{T}$，在等温、等压、无非体积功时，$Q = Q_p = \Delta H$，因此，$\Delta S_{环境} = -\dfrac{\Delta H}{T}$。将其带入 $\Delta S_{总}$中，得到：

$$\Delta S_{总} = \Delta S_{体系} - \frac{\Delta H}{T} = -\frac{\Delta H - T\Delta S_{体系}}{T} = -\frac{\Delta G}{T} \geqslant 0。$$

因此，$\Delta S_{总} > 0$，也就是 $\Delta G < 0$。这说明，基于熵增原理可以推导出用吉布斯自由能判断给定条件下化学反应自发性和方向性的依据，熵增原理具有更大普适性。因而，熵增原理是判断化学反应自发性和方向性的更为根本的依据。

二、化学反应与能量主题的进阶设计

1．学情分析

基于已有经验和初中化学学习，学生对于化学反应的热现象比较熟悉。也就是说，学生能够将化学反应与能量在现象水平上进行关联。但是，在原理水平上，学生对化学反应本质的认识遇到了困难。主要表现在：

· 对"焓"的认识。学生无法理解"什么是焓""焓与能量的关系""焓变与化学反应的关系"等。这些难点，与概念本身的抽象性密切相关。

· 对"条件"的认识。学生熟悉的条件是具体的化学反应条件，如加热、电解、光照等。而对热力学条件，如孤立体系、封闭体系，等温、等压、无非体积功等，却较为陌生。为什么要规定这些条件，这些条件与焓之间有什么关系等，都使学生感到困惑。

导致这些问题的深层次原因，是学生对化学热力学的思维方式还没有建立起来，还没有建立起基于化学热力学来认识化学反应本质的认识视角和认识思路。因此，核心素养取向的化学反应与能量主题的化学教学，应注重学生化学热力学思维方式的建构，并逐步发展学生“变化观念与平衡思想”这一学科核心素养。

2. 课标和教材分析

（1）课标分析

义务教育课标中和化学反应与能量主题相关的内容主要体现在“化学变化的基本特征”和“化学与能源和资源的利用”两个二级主题中，如表5-1所示。[①]

表5-1　义务教育课标中和化学反应与能量主题有关的主要内容

化学变化的基本特征	·知道物质发生化学变化时伴随有能量变化。 ·认识通过化学反应实现能量转化的重要性。
化学与能源和资源的利用	·认识燃料完全燃烧的重要性，懂得选择对环境污染较小的燃料。 ·知道化石燃料（煤、石油、天然气）是人类社会重要的自然资源。 ·了解我国能源与资源短缺的国情，认识资源综合利用和新能源开发的重要意义。

义务教育课标主要涉及了化学反应与能量主题的内容本体及其价值两个方面。内容本体涉及了化学变化的能量变化特征和能量转化的化学反应视角。

高中2017年版课标中，在必修阶段“物质结构基础与化学反应规律”主题中，涉及了化学反应与能量转化内容，如表5-2所示。[②]

表5-2　高中必修阶段和化学反应与能量主题有关的主要内容

化学反应与能量转化	·认识物质具有能量。 ·认识吸热反应和放热反应。 ·了解化学反应体系能量改变与化学键的断裂和形成有关。 ·知道化学反应可以实现化学能与其他能量形式的转化。 ·体会提高燃料的燃烧效率、开发高能清洁燃料和研制新型电池的重要性。

① 中华人民共和国教育部. 义务教育化学课程标准（2011年版）[M]. 北京：北京师范大学出版社，2012：26-28.

② 中华人民共和国教育部. 普通高中化学课程标准（2017版）[M]. 北京：人民教育出版社，2018：18-19.

在必修阶段，2017年版课标强调建立能量视角，基于能量认识物质，基于能量认识反应；强调能量形式的转化。

在选择性必修阶段的“化学反应原理”模块中，化学反应与能量主题有关的内容主要集中在“体系与能量”“化学反应与热能”“化学反应的方向与限度”这三个二级主题中，具体内容如表5-3所示。[①]

表5-3　高中选择性必修阶段和化学反应与能量主题有关的主要内容

体系与能量	·认识化学能可以与热能、电能等其他形式能量之间相互转化，能量的转化遵循能量守恒定律。 ·知道内能是体系内物质的各种能量的总和，受温度、压强、物质的聚集状态的影响。
化学反应与热能	·认识化学能与热能的相互转化。 ·恒温恒压条件下化学反应的反应热可以用焓变表示。 ·了解盖斯定律及其简单应用。
化学反应的反向与限度	·知道化学反应是有方向的。 ·知道化学反应的方向与反应的焓变和熵变有关。

高中选择性必修化学反应原理模块，在必修课程的基础上，引导学生基于体系与环境，进一步提升认识化学反应中能量转化的水平；基于一定的热力学条件，定量认识反应热及其描述；基于能量视角和熵视角，认识化学反应的自发性和方向性。

（2）教材分析

从人教版新教材来看，必修阶段的化学反应与能量内容主要编排在必修第二册第六章第一节“化学反应与能量变化”中。引导学生通过吸热反应和放热反应认识化学反应热现象；基于键能变化认识化学反应中能量变化的原因；从化学能视角认识化学反应中化学能与热能的相互转化。

高中选择性必修阶段的化学反应与能量内容主要在选择性必修1化学

① 中华人民共和国教育部.普通高中化学课程标准（2017版）[M].北京：人民教育出版社，2018：28.

反应原理教材第一章“化学反应的热效应”中。对于化学反应的热效应，在必修阶段定性认识的基础上，引导学生通过焓变和盖斯定律进行定量认识；较为系统地引导学生通过系统与环境、内能、热力学条件、焓变等，建构化学热力学思维方式。

3. 进阶设计

(1) 化学反应与能量主题进阶变量的表征

依据进阶变量表征模型，化学反应与能量主题的进阶变量可表征如下。

· 概念变量。学生在初中主要是认识化学反应的吸热、放热现象，在高中必修阶段主要是认识吸热反应、放热反应，在高中选择性必修阶段主要是认识化学反应的热效应。

· 认识变量。学生在初中主要是基于变化特征认识化学反应中的能量变化，在高中必修阶段主要是基于微观结构认识化学反应能量变化的本质，在高中选择性必修阶段主要是基于反应原理定量认识化学反应中的能量变化。

· 方法变量。学生在初中主要是运用实验观察、描述表达和比较关联等方法，在高中必修阶段主要是运用实验探究、抽象概括、解释预测等方法，在高中选择性必修阶段主要是运用模型建构、设计验证、分析评价等方法。

(2) 化学反应与能量主题学习进阶理论预设模型

◎水平1：基于吸热、放热现象建立化学反应与能量变化的关联

认识化学反应中的吸热、放热现象，归纳能量变化是化学反应的重要特征之一。

◎水平2：基于吸热、放热反应定性认识化学反应体系的能量特征及其变化和转化

认识吸热反应和放热反应，基于化学能视角定性认识化学反应体系的能量特征及其变化和转化。

◎水平3：基于热效应定量认识化学反应体系的能量变化和转化

认识反应热及其表现形式（如中和热、燃烧热等），基于ΔH定量认识化学反应体系的能量变化和转化。

表5-4　化学反应与能量主题进阶设计

进阶水平	进阶变量			表现期望
	概念变量	认识变量	方法变量	
水平1：基于吸热、放热现象建立化学反应与能量变化的关联	·认识化学反应中的吸热、放热现象。	·认识能量变化是化学反应的重要特征之一。	实验观察、描述表达、比较关联。	·能从能量视角认识化学反应的特征。
水平2：基于吸热、放热反应定性认识化学反应体系的能量特征及其变化和转化	·认识吸热反应和放热反应。	·基于化学能视角认识化学反应体系的能量特征。 ·基于化学能视角认识化学反应体系能量的变化和转化。	实验观察、实验探究、描述表达、比较关联、抽象概括、解释预测。	·能基于化学能视角定性解释吸热、放热反应中能量的变化和转化。
水平3：基于热效应定量认识化学反应体系的能量变化和转化	·认识反应热及其表现形式（如中和热、燃烧热等）。	·基于ΔH定量认识化学反应体系的能量变化和转化。	比较关联、抽象概括、模型建构、解释预测、设计验证、分析评价。	·能基于盖斯定律定量计算化学反应的焓变。 ·能基于ΔG判断化学反应的自发性和方向性。

第二节
化学反应与能量主题（必修）典型课例及分析

课题组以人教版高中化学必修2教材第二章第一节“化学能与热能”为例，以“认识物质及其变化的能量视角”为课题，开展了核心素养取向的化学反应与能量主题（必修）的化学教学设计与实施研究。

一、教学设计

高中必修阶段化学反应与能量主题的学习，应首先引导学生建立起认识化学反应的能量视角，并以此大概念统领该主题具体知识的学习。为此，我们设计了“认识物质及其变化的能量视角”一课，将其作为“化学反应与能量”一章的第一课时。

1. 素养功能定位

在化学反应中，既有物质变化，又有能量变化。此前的化学学习中，学生主要是基于物质视角认识化学反应。本节课则引导学生建构认识化学反应的另一个重要视角——能量视角。这也标志着学生将开始从原理层面来认识化学反应，开始基于能量来感受和体会化学热力学的思维方式。因此，“认识物质及其变化的能量视角”一课，对发展学生的化学学科核心素养，尤其是对学生“变化观念”的建构，具有极为重要的价值。具体表现在：

· 基于能量认识物质。物质是具有能量属性的，从化学学科来看，化学能体现了化学物质能量属性的特殊性。因此，引导学生建立化学能是能量的一种重要存在形式，可以发展学生认识化学物质及其变化的能量视角；

· 基于能量认识变化。初中的化学学习是从宏观辨识的角度，使学生认识能量变化是化学反应的一个重要特征。高中必修阶段则在此基础上，引导学生从微观探析的角度，基于键能来认识化学反应中能量变化的原因；在分析吸热和放热反应中能量变化的基础上，基于能量视角认识化学反应中能量的转化，初步建立热是化学反应中能量的一种重要传递形式。

因此，本节课的素养功能是：引导学生从能量的存在形式和能量的传递形式两个方面，建构认识物质及其变化的能量视角。

2. 教学目标设计

（1）通过对化学物质内能构成成分及影响因素的探究，知道内能是状态能量，初步建立基于体系和状态认识能量的视角。

（2）通过对氢分子形成过程的探究，知道化学能属于内能，是能量的一种存在形式，建立键能与化学能之间的联系。

（3）通过对吸热反应和放热反应中能量变化的探究，认识化学反应中能量变化的原因，建立键能变化与能量变化之间的联系。

（4）通过对化学反应中能量传递过程的探究，认识热是化学反应体系与环境之间能量的一种传递形式。

（5）能基于化学能视角和热视角，解释和说明化学反应中的能量变化。

3. 教学思路设计

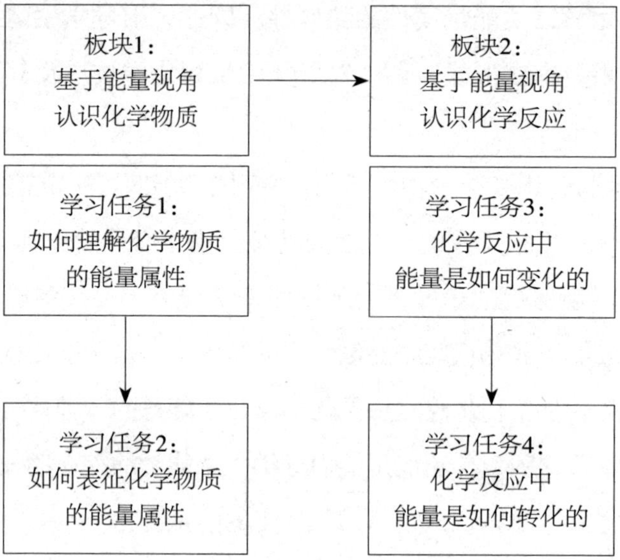

图5-5 “认识物质及其变化的能量视角”一课的板块-任务式设计

二、教学实施

1. 情境创设

【师】化学是变化之学。在化学反应中既有物质变化，又有能量变化。这就形成了研究化学反应的两个视角，一是物质视角，二是能量视角。以前，我们主要是基于物质视角，研究了物质及其变化的规律；那么，如何基于能量视角，研究物质及其变化的规律呢？

【师】化学反应是反应物在一定条件下转化为产物的过程，反应物和产物都是化学物质。因此，认识化学反应中的能量变化，就是要基于能量视角认识化学物质，基于能量视角认识化学反应。这就是今天我们将要研究的主要内容（展示图5-6）。

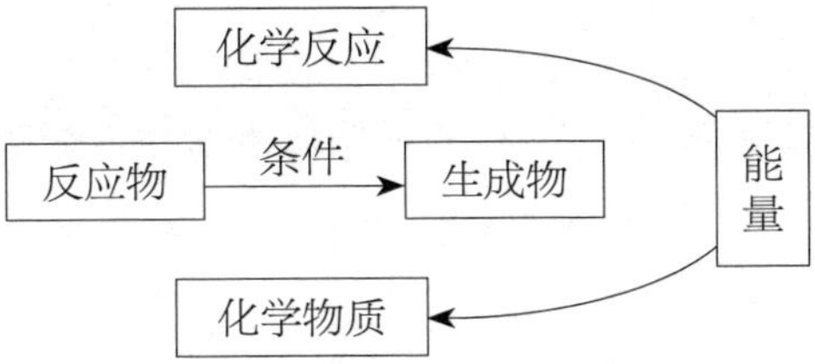

图5-6　基于能量视角认识物质及其变化

【板书】第一节　认识物质及其变化的能量视角

2. 板块1的实施

【师】那么，如何从能量视角认识化学物质呢？

【板书】板块1：基于能量视角认识化学物质

【师】通过物理课的学习，大家已经知道物质是具有能量的，能量是物质的固有属性。那请同学们从微观视角分析一下，化学物质为什么具有能量？

【板书】学习任务1：如何理解化学物质的能量属性

【师】分小组讨论一下。

【生】在我看来，就是每个分子都在时时刻刻地运动着。因此，它具有动能——分子动能。正是由于它，运动才会产生。

【师】物质是由分子、原子或离子等微观粒子构成的，这些微观粒子不停地在做无规则的热运动。因而，分子具有动能。表征大量分子的热运动，通常用分子的平均动能。

【师】还有其他想法吗？

【生】分子间还存在着一定的引力和斥力，也就是说还有势能。

【师】大量分子之间，还存在平均势能。

【师】刚才我们从分子自身和分子之间具有的能量进行了讨论，那么，从分子内部来看，还应具有哪些能量呢？大家讨论一下。

【生】分子是由原子构成的，原子又是由原子核和核外电子构成的。电子与电子之间，核与核之间，核与电子之间存在吸引与排斥，因此，也具有势能。

【师】很好！也就是说，分子内部还存在电子能和核能。

【师】梳理一下，从微观来看，物质主要具有分子动能、分子势能。我们把物质具有的这些能量，用一个词来概括，可以用哪个词呢？

【生】内能。

【师】如果把我们所研究的对象称为“体系”的话，那么，内能就反映了体系的能量属性。

【师】任何体系都具有能量，都具有内能。那么，物质的能量都是一定的吗？小组讨论一下。

【生1】我们组认为不一样。因为温度不同，分子的平均动能不同；体积不同，分子的平均势能不同。

【生2】我们组认为影响物质能量大小的因素还应该有物质的状态，另外还应该有物质的物质的量。

【师】很好！“物质的状态”应该是“物质的聚集状态”！还有补充吗？

【师】还应该有物质本身的性质。物质不同，物质的结构也不同，也就是电子能和核能不同。

【师】如果上面所说的这些因素都是确定的话，那么，体系的内能是确定的吗？

【生】是确定的。

【师】这些因素都是确定的，意味着体系的状态是一定的，那么，内能就是一定的。内能是状态能量。状态不同，内能不同；状态一定，内能一定（展示图5-7）。

结论1
内能，是状态能量。

图5-7　内能是状态能量

【师】这是质量为0.5 g的铁片。“0.5 g的铁片”就是一个体系，那么，它的内能是一定的吗？

【生】是一定的。因为质量确定，也就是物质的量确定；铁片是固体，铁片的体积也是确定的；在室温下，温度和压强也是确定的；金属铁的结构也是确定的。

【师】非常好！我们通常说的固态、液态和气态，指的是物质的聚集状态；而我们说“状态一定，内能一定”中的“状态”，指的是影响内能的所有因素。

【师】刚才大家以铁片为例，所说的那些因素如果都确定，那么我们就说体系的状态是一定的。这时，体系的内能就一定。在这些因素中，任何一个因素的改变，都意味着体系状态的改变，当然，内能也随之改变。

【师】那么，从化学的角度来看，化学物质体系的能量属性具有怎样的特殊性呢？我们又如何进行表征呢？

【板书】学习任务2：如何表征化学物质的能量属性

【师】下面是氢分子体系能量与氢原子核间距的关系示意图（如图5-8所示），分析图中的能量变化过程，体会化学物质体系能量属性的特殊性。

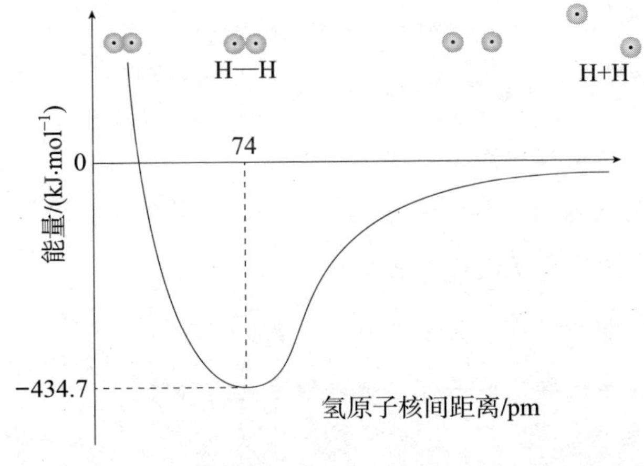

图5-8　氢分子体系能量与氢原子核间距关系示意图

【师】请大家各抒己见，和同学充分交流。

【生】我们组认为化学物质体系的能量属性，从本质上来说应该就是分子的键能带来的。当化学键断开的时候，体系的能量升高了。

【生】我们认为，当两个氢原子逐渐接近，也就是核间距逐渐变小时，既有核与核之间的排斥作用、电子与电子之间的排斥作用，又有核与电子之间的吸引作用。当氢原子核间距逐步缩小但大于74 pm时，引力是主要的，因而体系能量逐步降低；当核间距等于74 pm时，两个氢原子之间形成了共价键，键能是434.7 kJ/mol，体系的能量最低；当核间距小于74 pm时，斥力是主要的，体系的能量升高。

【师】回答得很好！那么，对氢分子体系的能量，我们是如何认识的?

【生】是通过键能认识的。

【师】键能，反映了化学物质体系能量属性的特殊性。

【师】化学物质体系的特殊能量形式，在化学上是用“化学能”表征的（展示图5-9）。

结论2

化学能，是对化学物质体系能量属性的表征。

图5-9 化学物质具有化学能

【师】那么，化学能具有哪些特征呢?

【生1】化学能应该属于内能。

【生2】我认为，化学能也是状态能量。如果化学物质体系确定的话，那么，化学物质的化学能就是确定的。

【生3】化学能只有在化学反应中才表现出来。

【生4】化学能和内能一样，难以确定其绝对值。

【师】那怎么办?

【师】可以用键能的变化来衡量化学能的变化（展示图5-10）。

结论3

化学能，属于内能。
化学能，是状态能量。
化学能，是通过化学反应表现的。
化学能的变化，可以用键能的变化来衡量。

图5-10 化学能的特征

【师】同声能、电能、光能一样，化学能也是自然界中能量的一种存在形式（展示图5-11）。

结论4

化学能，是自然界中能量的一种存在形式。

图5-11 化学能是能量的一种存在形式

3. 板块2的实施

【师】在前面的学习中，我们基于能量视角认识了化学物质的能量属性。那么，如何基于能量视角认识化学反应呢？

【板书】板块2：基于能量视角认识化学反应

【师】化学反应中，既有物质变化，又有能量变化。那么，化学反应中能量是如何变化的呢？

【板书】学习任务3：化学反应中能量是如何变化的

【师】我们先来做两个实验，注意观察实验现象。

【演示实验1】盐酸与镁条反应

【演示实验2】$Ba(OH)_2 \cdot 8H_2O$ 晶体与 NH_4Cl 晶体反应

【师】同学们看到了哪些现象？

【生1】第一个实验中，试管里有气泡产生，温度计指示由27 ℃变为65 ℃。说明反应有热量放出。

【生2】第二个实验有刺激性气味产生，烧杯很凉，小木片跟烧杯底冻在了一起。说明反应吸收了大量的热。

【师】好！盐酸与镁的反应，温度升高，放出热量，是放热反应；$Ba(OH)_2 \cdot 8H_2O$与NH_4Cl的反应，温度降低，吸收热量，是吸热反应。

【师】那么，如何用图像来表示化学反应中的能量变化呢？请大家尝试画一下。

【师】好，把你绘制的图像放在投影上展示一下。

【生】展示作品。

【师】如果反应物体系的总能量高于生成物体系的总能量，那么体系向环境释放热量；如果反应物体系的总能量低于生成物体系的总能量，那么体系从环境吸收热量。

【师】对于化学反应中的能量变化，我们如何进行解释呢？以$H_2(g)$与$Cl_2(g)$反应生成HCl(g)的能量变化为例，请大家结合学案中给出的信息（如图5-12所示）进行讨论。

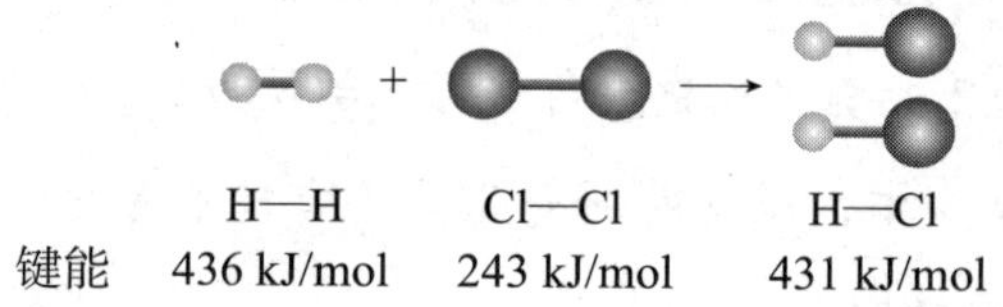

图5-12　分析H_2（g）与Cl_2（g）反应生成HCl（g）的能量变化

【生1】我们分析了这个反应的键能变化。反应物体系的总能量由两部分构成，一部分是H—H的键能，另一部分是Cl—Cl的键能，所以，$E_{反}$= 436 kJ/mol + 243 kJ/mol = 679 kJ/mol。生成物体系的总能量$E_{生}$就是H—Cl的键能，也就是431 kJ/mol。然后，我们比较$E_{反}$和$E_{生}$，$E_{生} < E_{反}$，所以，这个反应是吸热反应，即需要从环境获得248 kJ/mol的能量。

【生2】我们组认为他们组的结论是错的！

【师】理由？

【生】这个反应的生成物是2 mol的HCl，所以，H—Cl的键能应该乘以2。

【师】那结果呢？

【生】$E_{生}=2\times431$ kJ/mol$=862$ kJ/mol，$E_{生}-E_{反}=862$ kJ/mol-679 kJ/mol$=183$ kJ/mol，$E_{生}>E_{反}$，所以，这个反应是放热反应，也就是要向环境释放183 kJ/mol的能量。

【师】还有其他想法吗？

【生】我们组觉得$E_{反}$不是反应物体系的总能量，而是反应物体系断键所需要的能量，是需要吸收的能量；$E_{生}$也不是生成物体系的总能量，而是生成物体系成键时放出的能量。

【师】对于反应物体系来说，要从环境吸收能量，断开H—H和Cl—Cl；对于生成物体系来说，由于有H—Cl的形成，所以要向环境释放能量（展示图5-13）。

> 结论5
> 反应物体系：旧键断裂，吸收能量。
> 生成物体系：新键形成，释放能量。
> 生成物的键能之和 > 反应物的键能之和，反应放热
> 生成物的键能之和 < 反应物的键能之和，反应吸热

图5-13　化学反应的能量变化

【师】化学反应中之所以有能量变化，主要是因为有化学键的断裂与形成。键断裂，吸收能量；键形成，释放能量。反应体系吸收或释放的能量，可以通过键能来计算。

【师】化学反应中有能量变化，表明化学反应体系与环境之间发生了能量的传递。那么，能量是以什么形式进行传递的呢？

【板书】学习任务4：化学反应中能量是如何转化的

【师】请大家结合前面的两个演示实验讨论一下，这两个化学反应体

系与环境之间是如何进行能量传递的。

【生】在演示实验1中，盐酸与镁条反应是放热反应。从能量传递来看，是体系向环境释放了能量；演示实验2中，$Ba(OH)_2 \cdot 8H_2O$晶体与NH_4Cl晶体反应是吸热反应，从能量传递来看，是体系从环境吸收了能量。

【师】这说明化学反应体系与环境之间，由于温度的不同，而发生了能量的传递。热力学中把这种形式的能量，称为“热”，用符号Q表示（展示图5-14）。

图5-14 体系与环境之间的能量传递

【师】因此，热是能量的一种传递形式（展示图5-15）。

结论6
热，是能量的一种传递形式。

图5-15 热是能量的一种传递形式

【师】在能量传递的过程中，能量的形式是如何转化的呢？请举例说明。

【生】在演示实验1中，化学反应体系中存在的化学能转化成为热能，传递给环境；在演示实验2中，环境向化学反应体系传递热，贮存在化学反应体系中。因此，化学能与热能之间是可以相互转化的。

【师】很好！化学能与热能这两种不同形式的能量之间是可以相互转化的。而且能量在传递中，都遵循能量守恒定律（展示图5-16）。

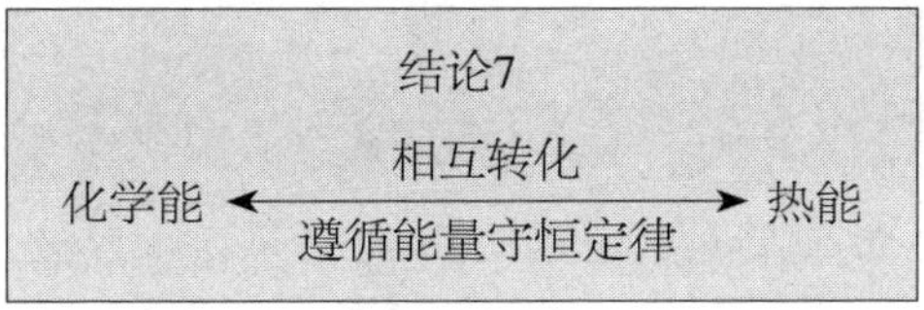

图5-16 化学能与热能的相互转化

三、分析评价

本节课是高中生从原理层面认识化学反应的开篇。化学反应的方向和限度，是化学热力学所要解决的两个学科本原性问题。这两个问题的解决，都离不开能量视角。因此，如何引导学生建构能量视角，对于化学原理学习至关重要，对于建构化学热力学思维方式至关重要，对于发展学生变化观念素养至关重要。从这个意义上说，本节课的教学非常具有挑战性，教学设计具有如下特色。

1. 注重引导学生建构化学学科特殊的能量视角

能量是科学大概念，是跨学科概念。如何建构化学学科特殊的能量视角，并基于此视角认识化学物质及其变化，是本节课着力解决的核心问题、关键问题。当然，也是整堂课的主线和“魂”。

· 本课的板块1设计为“基于能量视角认识化学物质”，引导学生基于微观建立体系能量构成的一般性框架（模型）；在此基础上，进一步引导学生形成键能概念，认识键能体现了化学学科能量属性的特殊性。键能是联系微观的能级概念和宏观的化学能概念的桥梁和纽带，是大量分子可能占据的轨道能级能量的统计平均的结果，是衡量体系化学能变化的最主要因素。因此，这一设计和实施，具有重要的发展价值，既为板块2的学习作了铺垫，也为学生认识化学学科能量的特殊性，建构化学热力学的思维方式奠定了基础。

· 本课的板块2设计为“基于能量视角认识化学反应”，引导学生基于键能认识化学反应中的能量变化；在能量的传递教学中，引导学生基于实验事实认识体系与环境之间的热传递；并在此基础上，引导学生认识化学能与热能的相互转化，以及所遵循的能量守恒定律。键能和化学能，体现了化学学科能量视角的特殊性。

· 在本课中，板块1是基于状态能量，引导学生认识化学物质能量属性的特殊性；板块2是基于过程能量，引导学生认识化学反应中能量传递的特殊性。因此，本节课从化学物质和化学反应两个方面，引导学生较为完整地建构了化学学科的能量（热）视角。从教学设计来看，这样的设计结构清晰，主线明确，较好地体现了核心素养取向的化学教学的结构化和显性化特征。

2. 注重引导学生初步感受化学热力学思维方式

化学学科思维方式，是人类解决化学问题智慧的高度凝练，是化学家解决化学问题本事的集中体现。化学学科核心素养内隐于化学学科思维方式之中。引导学生建构化学学科思维方式，就是发展学生的化学学科核心素养。解决的化学问题不同，化学家们所运用的思维方式也不同。

“认识物质及其变化的能量视角”一课，在引导学生初步感受化学热力学思维方式方面，特色较为突出。

· 引导学生初步感受状态概念。状态概念，是化学热力学的基本概念，也是重要概念。整个热力学都是基于状态和过程来定量研究平衡态规律的。本节课，通过对影响内能的因素的讨论，描述性地给出了“状态”这一术语。这是一次大胆的尝试，也是非常有意义的。

· 引导学生初步建立体系与环境的相互作用关系并用来分析问题。体系与环境是化学热力学非常重要的基本概念，体系与环境的相互作用，体现了化学热力学的许多思想，如热力学条件、热力学过程、平衡与守恒等。2017年版课标在必修“物质结构基础和化学反应规律”主题的内容要求中，明确提出“了解化学反应体系能量改变与化学键的断裂和形成有关”①。因此，本节课基于体系与环境的相互作用，来引导学生认识化学反应体系中能量的变化和转化，使学生初步感受化学热力学分析问题的基本思路。

3. 注重教学设计理念的高站位、大格局

本节课在教学设计理念上，突出化学学科思维方式，突出化学学科能量视角的建构，不拘泥于知识的细枝末节，整节课彰显了教学设计上的高站位、大格局。

· 将化学能抽提为“能量的一种存在形式”，将热概括为“能量的一种传递形式”。这样的设计，反映了对化学反应体系中能量视角的高度驾驭。存在形式，是基于状态视角对化学能作为状态能量特征的概括；传递形式，是基于过程视角对热作为过程能量特征的概括。

· 注重能量大概念框架的建构。能量是科学大概念，具有一般性的概念框架，主要包括四个方面：能量的来源及形式、能量的传递、能量的耗散和能量的守恒。在本节课中，除能量的耗散未涉及以外，其他三个方面都较好地融入到教学设计中，使得整节课基于能量大概念框架，来引导学生建构化学学科的能量视角。

· 基于化学视角建构体系内能的概念框架。内能，也称热力学能，是化学热力学的核心概念。本节课，在学生物理课上已学过的动能和势能的基础上，引入了电子能和核能，从而建立起内能的一般性概念框架。这也是一种突破性的尝试，利于进一步提升学生对宏观能量概念的微观理解。

---

① 中华人民共和国教育部．普通高中化学课程标准（2017版）[M]．北京：人民教育出版社，2018：18-19.

此外，在教学行为的选择上，本节课注重高水平教学行为的运用。例如，学习任务1、2、4，采取了讨论交流的教学行为，学习任务3采取了实验分析、图像描述和数据计算等高水平教学行为。

第三节
化学反应与能量主题（选择性必修）典型课例及分析

高中选择性必修阶段的化学反应与能量内容，更加注重从原理层面揭示化学反应的本质和规律。课题组以“再探认识化学反应的能量视角”为课例，开展了核心素养取向的化学教学设计与实施研究。

一、教学设计

1. 素养功能定位

本节课主要从以下方面发展学生的化学学科核心素养：

· 引导学生建构认识化学反应自发性的自由能视角。化学反应的自发性和方向性，回答的是化学反应有没有发生的可能性问题，属于化学反应原理层面的学科本原性问题；自由能是化学反应与能量主题的核心概念。自由能（ΔG）视角，是一个综合视角，同时考虑了热和熵对化学反应方向的影响；

· 引导学生认识非自发化学反应的方向是可以改变的。对于 $\Delta G>0$ 的化学反应，可以通过环境向体系传热或做功来使反应进行。也就是说，可以基于能量传递的方式，改变非自发化学反应的方向。因而，通过能量与反应自发性和方向性的关联，可以深化学生对变化观念的认识；

· 引导学生定量认识化学反应中的能量变化。学生对化学反应热效应的认识，从必修阶段的定性认识，发展为选择性必修阶段的定量认识，深化对能量守恒定律的理解。

2. 教学目标设计

（1）通过对给定条件下化学反应趋势的探究，认识自发反应及其判断依据，了解驱动非自发反应的主要能量形式。

（2）通过对化学反应热效应的定量探究，知道反应热既包括化学变化所引起的能量变化，也包括物理变化所引起的能量变化。

（3）通过对盖斯定律与反应途径之间关系的探究，认识通过计算得到ΔH的一般思路。

（4）能基于盖斯定律设计反应途径，计算等温、等压、不做非体积功条件下的反应热。

3. 教学思路设计

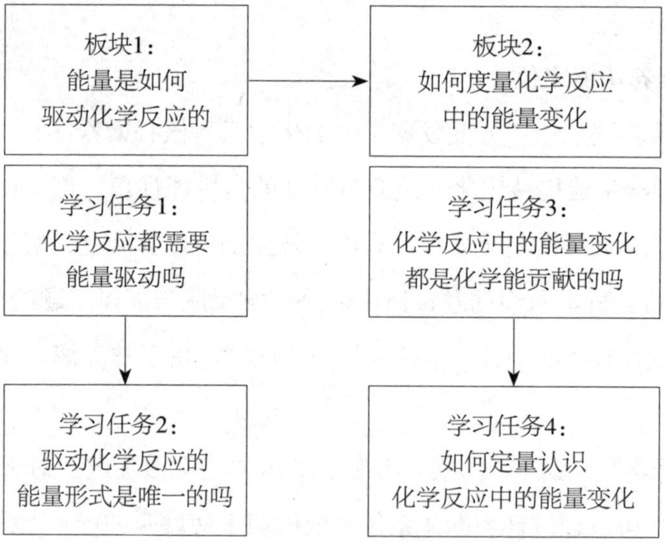

图5-17 “再探认识化学反应的能量视角”一课的板块-任务式设计

二、教学实施

1. 情境创设

【师】上节课我们做了两个实验，一个是镁条与盐酸的反应，一个是$Ba(OH)_2 \cdot 8H_2O$晶体与NH_4Cl晶体的反应。大家还有印象吧？这两个实验各有什么现象？说明了什么？

【生】镁条与盐酸的反应较为剧烈，有气泡产生，温度计示数升高，说明是放热反应。第二个实验中有刺激性气味的气体产生，烧杯底与小木片因结冰而粘在一起，说明是吸热反应。

【师】回答得很好！这两个反应都有能量变化。今天我们继续基于能量视角来探究化学反应。

【板书】再探认识化学反应的能量视角

2. 板块1的实施

【师】化学反应的发生是需要驱动的。那么，能量是如何驱动化学反应发生的呢？

【板书】板块1：能量是如何驱动化学反应的

【师】请大家思考：化学反应都需要能量驱动吗？

【板书】学习任务1：化学反应都需要能量驱动吗

【生1】我们小组认为化学反应不都需要能量驱动，就比如说白磷放到空气中，它自己就能燃烧，这时候没有外界注入的能量。

【生2】我们小组也认为化学反应不都需要能量驱动，把镁条放到盐酸中，反应自动就发生了。

【师】我们把在给定条件下，具有自动进行的趋势的反应，称为自发反应。

【师】在常温常压下，白磷就有自动发生反应的趋势，那么，“常温常压”就是给定的条件。“趋势”，意味着可能性，是指有可能发生反应。

【师】刚才两位同学都是基于实验现象，认为自发反应不需要能量驱动。果真如此吗？我们分析一下。

【师】我们把反应物体系称为始态，把生成物体系称为终态。从能量角度来看，如果一个反应要想发生，始态的能量与终态的能量应该具有怎样的关系？

【生】始态的能量要高于终态的能量。

【师】在给定条件下，如果$E_{始态}>E_{终态}$，那么，反应就有发生的可能性。也就是说，是始、终态的能量差在驱动反应，使反应具有发生的趋势；能量差越大，反应发生的趋势就越大。

【师】也就是说，在给定条件下，自发反应也是需要能量驱动的。

【师】那么，对于反应的自发性，我们如何从理论上进行判断呢？

【师】我们通常是用吉布斯自由能变（ΔG）来进行判断的。$\Delta G=\Delta H-T\Delta S$。$\Delta H$和$\Delta S$，上节课我们学过，分别表示的是什么？

【生】反应的焓变和熵变。

【师】如果$\Delta G<0$，反应就能自发进行；如果$\Delta G>0$，反应就不能自发进行。

【师】用ΔG判断反应的自发性是有条件的，即在等温、等压、不做非体积功的条件下。一般的化学反应都能满足这样的条件，因此，ΔG这个判断依据使用范围较为广泛。

【师】另外，ΔG对体系也有要求，适合于封闭体系，即体系与环境之间只有能量交换，而没有物质交换。

【师】对于给定条件下的非自发反应，即$\Delta G>0$的反应，如何来驱动呢？

【板书】学习任务2：驱动化学反应的能量形式是唯一的吗

【师】给定条件下的自发反应，其驱动力来自于反应体系自身的能量。那么，对于给定条件下的非自发反应，如果要使反应有发生的可能性，如何驱动反应呢？小组讨论一下。

【生】我们小组认为，既然不能依靠体系自身的能量来驱动反应，那只能从环境来考虑。

【师】那你们是怎么考虑的？

【生】我们是从体系与环境的相互作用来考虑的。环境对体系发生作用的形式主要有两种，一种是热，一种是功。因此，可以从热和功两个方面来考虑驱动反应。

【师】思路很清晰。从体系的外部来考虑，也就是从环境来寻找反应的驱动力。环境对体系的作用不外乎热和功两种形式。那么，这两种形式的能量，是如何驱动非自发反应的呢？各小组再讨论一下，用证据来说明。

【生】对于非自发反应，体系始态的能量小于体系终态的能量。因此，要使反应发生，就需要环境向体系输送能量。例如，常温常压下，H_2O不能自发地分解产生H_2和O_2。因为它是非自发反应。这时，可以用电解的方法来驱动反应，也就是环境向体系输入电功。

【师】输入电功，也就是发生了能量的传递，从而提高反应物体系的能量。很好！还有吗？

【生】我们小组认为，还可以输入热能。比如说，常温常压下，$CaCO_3$的分解反应是非自发反应，可以通过加热，使反应发生。

【师】大家同意吗？

【生】同意。

【师】是输入“热能”吗？是“使反应发生”吗？

【生】输入“热”，因为热能是状态能量，热是过程能量。

【师】还有吗？

【生】我觉得应该是“使反应有发生的趋势”。

【师】很好。热力学研究的是可能性，因此，应该说“使反应有可能发生”。

【生】我们认为还有一种方式，就是热和功共同来驱动。

【师】很好，举个例子？

【生】比如，电解氯化钠固体，既要输入电功，又要输入热。

【师】因此，驱动非自发反应的能量形式主要有热和功两种，但驱动方式却有三种，即热、功、热和功。

3. 板块2的实施

【师】化学反应的发生伴随物质变化的同时，还有能量变化。那么，如何定量地认识化学反应体系的能量变化呢？

【板书】板块2：如何度量化学反应中的能量变化

【师】通常情况下，化学反应都是在等温、等压、不做非体积功的条件下进行的。对于该条件下的反应热Q_p，在数值上等于焓变（ΔH）。也就是说，焓变只是在数值上代表了等温等压下的反应热。

【师】上节课，我们利用键能数据计算了25 ℃、101 kPa下，1 mol H_2和1 mol Cl_2反应，生成2 mol HCl的反应热，ΔH=−183 kJ/mol。也就是说，体系向环境释放了183 kJ/mol的热量。这些热量都是化学能贡献的吗？

【板书】学习任务3：化学反应中的能量变化都是化学能贡献的吗

【师】请大家结合学案上的示例进行讨论。

【师】哪个组来汇报一下？

【生】我们小组计算键能得到的结果是：1 mol H_2与0.5 mol O_2反应生成1 mol水蒸气的ΔH= −241.8 kJ/mol，而学案给出的ΔH= −285.8 kJ/mol。

数值不一样。

【师】这说明了什么？

【生】H_2O的聚集状态不一样，反应放出的热量就不一样。

【生】我们小组又查了下数据，在25 ℃、101 kPa，H_2O由气态变成液态的ΔH=−43.98 kJ/mol，这个差值接近我们的计算结果与学案结果的差值。

【师】这个差值是什么因素导致的？

【生】是产物的聚集状态不同导致的。物质聚集状态的改变，也有热量变化。

【师】很好。热力学中把物质的固态、液态、气态等称为相，物质这些聚集状态的改变，称为相变，物质发生相变时的热效应，称为相变能。

【师】对于等温、等压、不做非体积功的化学反应来说，化学反应中的能量变化主要是反应热，即Q_p，在数值上等于该反应的ΔH。那么（展示图5-18），对于（1）式来说，贡献反应热的能量主要是什么能？

$$H_2(g)+\frac{1}{2}O_2(g)=H_2O(g)\qquad \Delta H=-241.8\ \mathrm{kJ/mol}\qquad (1)$$

$$H_2(g)+\frac{1}{2}O_2(g)=H_2O(l)\qquad \Delta H=-285.8\ \mathrm{kJ/mol}\qquad (2)$$

图5-18　氢气燃烧反应的热效应

【生】键能，也就是化学能。

【师】（2）式呢？

【生】既有化学能，又有相变能。

【师】那你能得出什么结论？

【生】化学反应体系的能量变化并不完全是化学能导致的。

【师】相变是一种物理变化，相变能是由于化学反应中的物理变化导致的能量变化。

【师】因此，对于等温、等压、不做非体积功的化学反应来说，化学反应中体系能量的变化既有化学变化导致的能量变化，又有物理变化导致的能量变化。

【师】那么，如何定量地计算化学反应体系的能量变化呢？

【板书】学习任务4：如何定量认识化学反应中的能量变化

【师】定量，就需要数据，数据如何来获得？可通过实验测定。

【师】（展示图5-19）请讨论“难以测定”的原因。

思考

$$2C(s) + O_2(g) = 2CO(g)$$

该反应的反应热难以测定，为什么？

图5-19　有些实验数据难以准确测定

【生1】因为产物中除了CO以外，还有剩余的O_2，因此实验数据不准确。

【生2】这个反应中C是还原剂，CO是C不完全氧化的产物，在加热的时候，如果有完全氧化的部分，就会有CO_2生成，因此，实验数据很难确定是CO的还是CO_2的。

【师】很好。主要是因为产物无法控制。这个问题如何解决？可以通过理论计算。

【师】因此，数据的获得途径可以是实验测定，还可以是理论计算。

【师】对于等温、等压、不做非体积功的化学反应来说，反应热在数值上等于ΔH，因此，可以通过理论计算ΔH来获得反应热。

【师】那么，支撑ΔH计算的理论是什么呢？那就是盖斯定律。

【师】请大家阅读学案资料，思考并讨论：盖斯定律是如何为ΔH的计算提供理论依据的？

【生】我觉得盖斯定律的核心思想是：反应热只与体系的始态和终态

有关，而与反应的途径或路径无关。

【师】这一思想怎么就提供了理论依据？

【生】可以设计若干个反应途径，得到难以测定的数据。

【师】设计反应途径！对所设计的反应途径有什么要求？

【生】知道每一个反应的 ΔH。

【师】很好！还有吗？

【生】设计的这几个反应加和后就是我们所要的反应。

【师】也就是始态和终态不变，设计若干个有准确 ΔH 数值的反应。

【师】那么，这个理论的适用范围呢？所有条件、所有体系都适用吗？

【生】条件是等温、等压、不做非体积功，体系的热化学方程式是确定的。

【师】那就是说，对于给定的反应，在等温、等压、不做非体积功时，就可以用盖斯定律来进行 ΔH 的理论计算。

【师】请大家利用学案提供的数据，计算一下 $C(s)+\frac{1}{2}O_2(g) = CO(g)$ 的反应热。

【生】我们设计了两个反应（展示图5-20），

反应（1）是：$C(s)+O_2(g) = CO_2(g)$　　$\Delta H_1=-393.5\ kJ/mol$

反应（2）是：$CO(g)+\frac{1}{2}O_2(g) = CO_2(g)$　$\Delta H_2=-283.05\ kJ/mol$

然后，反应（1）减去反应（2），得到反应（3）是：

$$C(s)+\frac{1}{2}O_2(g) = CO(g)$$

反应（3）的 $\Delta H_3=\Delta H_1-\Delta H_2=-393.5\ kJ/mol-(-283.05\ kJ/mol)=-110.45\ kJ/mol$。

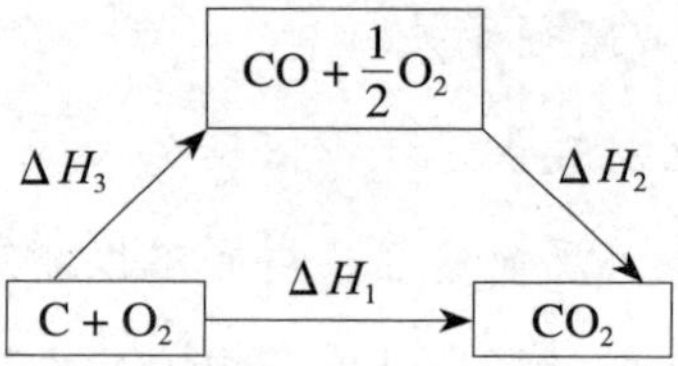

图5-20　设计反应途径

【师】思路非常清楚!

【师】设计，是热力学中解决具体问题的一个重要思想。今天我们运用的是设计反应，深入学习的时候，我们还会接触到设计过程、设计体系等。

三、分析评价

“再探认识化学反应的能量视角”一课，无论是在知识的难度上，还是在学生素养发展上，都较必修阶段的“化学反应与能量”课有了显著的提升。本节课在基于能量视角引导学生建构热力学思维方式方面，特色较为鲜明，对于发展学生的变化观念素养极具价值。

1. 注重引导学生从学科本原建立自发与能量的关联

反应的自发性和方向性，是化学反应原理的四大学科本原性问题之一，是化学热力学着力解决的两大基本问题之一。如何基于能量视角来引导学生认识化学反应的自发性，深化学生对变化的理解，对于中学化学教学来说，是具有较大挑战性的。本节课在这方面进行了大胆的探索。

· 用驱动引发学生认知冲突。驱动，就是化学反应的“推动力”。很多学生以为像HCl溶液与NaOH溶液的反应是不需要驱动的。针对这一认识，本节课设计了“化学反应都需要能量驱动吗”这样一个学科本原性问题作为第一个学习任务，使学生产生认知冲突，引发学生思考。

·用驱动将自发与能量进行关联。外表上看不需要能量驱动的化学反应，实质上也是需要能量驱动的，这种能量就是内能。通过化学反应始态能量与终态能量的比较，引导学生体会只要反应物体系总能量高于生成物体系总能量，化学反应就有发生的趋势和可能性，从而引出自发反应的概念，将自发与能量关联起来。

·用驱动将非自发与能量建立关联。对于在给定条件下非自发的化学反应，如何才能使其具有发生的可能性呢？引导学生从体系与环境的相互作用视角，来深入讨论和思考。在此基础上，引导学生认识两种驱动方式的区别：自发反应的“推动力”是体系内部的能量；非自发反应的“推动力”主要是体系外部环境的能量。

2. 注重引导学生初步建立热力学的一些基本认识视角

热力学思维方式，是通过一些独特的认识视角体现的。本节课在引导学生初步建构热力学思维方式方面，特点也较为突出。

·引导学生建立热力学的条件视角。学生头脑中的“条件”，往往是一些具体的化学反应条件，如加热、电解等。如何使学生认识化学热力学中的条件，并将这些条件与反应原理建立关联，也是化学教学中需要探索的一个问题。本节课十分强调等温、等压、不做非体积功等热力学条件，并引导学生将这些条件与自由能、盖斯定律建立关联，从而深化学生对化学热力学中的变化的认识，发展变化观念素养。

·引导学生建立热力学的定量视角。通过定量计算来认识宏观体系的变化规律，是热力学的一大特点。在本节课中，学习任务1引导学生基于自由能，定量地认识化学反应的自发性；学习任务3引导学生通过计算认识等温、等压、不做非体积功条件下，化学反应热效应的来源；学习任务4引导学生基于盖斯定律，设计反应途径，来定量计算等温、等压、不做非体积功条件下化学反应的焓变。这些环节的设计与实施，可以逐步引导学生建立分析和解决化学热力学问题的定量视角。

3. 注重问题引领的建构式学习

从教学设计来看，本节课十分重视高水平学科本原性问题的设计，引发学生积极的思考，注重高阶思维能力的发展。

· 学习任务1的问题“化学反应都需要能量驱动吗”，对学生非常具有冲击力。正是在解决这一问题的过程中，学生才逐步建立起对体系内部能量驱动的认识。

· 学习任务2的问题“驱动化学反应的能量形式是唯一的吗”，引发学生思考驱动自发反应的能量形式是体系的内能，那么驱动非自发反应的能量形式是什么呢？从而基于体系与环境的相互作用来思考和解决这一问题。

· 学习任务3的问题“化学反应中的能量变化都是化学能贡献的吗”，促使学生去思考化学反应中的能量变化的来源问题。因此，该问题对于学生深刻理解化学反应中的能量变化，具有重要的价值。

· 学习任务4的教学中，教师提出的“盖斯定律是如何为 ΔH 的计算提供理论依据的”这个问题，引导学生主动思考盖斯定律的核心思想，及其与 ΔH 计算的关联。正是在围绕这一问题的讨论中，学生逐步建构起了“设计途径”的方法论思想。

参考文献

[1] 中华人民共和国教育部.普通高中化学课程标准（2017年版）[M].北京：人民教育出版社，2018.

[2] 中华人民共和国教育部.义务教育化学课程标准（2011年版）[M].北京：北京师范大学出版社，2012.

[3] 胡英.物理化学[M].5版.北京：高等教育出版社，2007.

[4] 傅献彩.物理化学[M].5版.北京：高等教育出版社，2005.

[5] 周公度，段连运.结构化学基础[M].北京：北京大学出版社，1989.

[6] 胡忠鲠.现代化学基础[M].北京：高等教育出版社，2000.

[7] 郭保章，董德沛.化学史简明教程[M].北京：北京师范大学出版社，1985.

[8] 袁翰青，应礼文.化学重要史实[M].北京：人民教育出版社，1989.

[9] 王磊，魏锐.学科核心素养发展导向的高中化学课程内容和学业要求——《普通高中化学课程标准（2017年版）》解读[J].化学教育，2018，39(09)：48-53.

[10] 王维臻.化学反应与能量主题的课程及教学研究——基于学习进阶[D].北京师范大学博士学位论文，2015.

[11] 骆秀云.化学新教材探究性学习策略的思考——以“化学反应中的能量变化”一节的教学为例[J].化学教育，2007(06)：29-30+41.

[12] 旷湘平，贺秋云，易垚灯，杨焱.突出变化观念　落实核心素养——人教版必修2第二章“化学反应与能量”教学分析[J].化学教学，2019(06)：50-53.

[13] 张王春.思路板块化　情境真实化：“化学反应中的能量变化”教学

[J].中学化学教学参考，2019(15)：19-22.

[14] 阎芬，于少华，王磊."探究式"反思型备课促教师认识发展——例析"化学反应与能量变化"[J].中学化学教学参考，2015(19)：7-9.

[15] 杨晓东.化学观念统领下高三化学复习的思考——以"化学反应中的热效应"为例[J].化学教育，2015，36(21)：36-40.

[16] 陈柳青，刘江田.立足课堂培养化学核心素养——以"化学反应与能量的变化"为例[J].中学化学教学参考，2018(05)：21-23.

[17] 王刘芳.巧用"化学反应能量图"培养学生过程分析能力[J].中学化学教学参考，2017(12)：57-58.

[18] 郑长龙.2017年版普通高中化学课程标准的重大变化及解析[J].化学教育，2018，39(09)：41-47.

[19] 郑长龙，孙佳林."素养为本"的化学课堂教学的设计与实施[J].课程·教材·教法，2018，38(04)：71-78.

[20] 郑长龙.化学学科理解与"素养为本"的化学课堂教学[J].课程·教材·教法，2019，39(09)：120-125.

[21] 郑长龙，等.化学课程与教学论[M].2版.长春：东北师范大学出版社，2018.

第六章

化学平衡主题的教学设计及典型案例分析

毋庸置疑，化学平衡是现代化学中的一个关键概念。[①]平衡规律是物理化学的重要规律之一。[②]平衡思想不仅是物理化学极为重要的学科思想，也是整个化学学科的一个重要思想，其中凝聚着一大批科学家的聪明和智慧。“平衡思想”作为五条化学学科核心素养之一，彰显了其重要的教育功能和价值。[③]

---

① 彭笑刚. 物理化学讲义［M］. 北京：高等教育出版社，2012：471.

② 胡英. 物理化学［M］. 6版. 北京：高等教育出版社，2007：1.

③ 中华人民共和国教育部. 普通高中化学课程标准（2017版）［M］. 北京：人民教育出版社，2018：4.

第一节
化学平衡主题的学科理解及进阶设计

体系为什么会存在平衡？化学平衡的学科功能是什么？化学平衡常数为什么用浓度来表征？化学平衡中反映和体现了哪些学科思想？化学平衡主题对于发展学生的化学学科核心素养具有怎样的功能和价值？如何针对化学平衡主题的素养功能、学生的知识基础和认知特点，对化学平衡主题的学习进行发展性设计？要回答这些问题，非常有必要对化学平衡主题进行学科理解和进阶设计。

一、化学平衡主题的学科理解

在无机物性质主题和有机物性质主题中，涉及了大量的化学反应。化学反应是在一定条件下，由反应物得到生成物的过程，可以用化学方程式来表示。化学方程式反映了物质之间的转化关系，也反映了物质之间转化的比例关系。例如，在一定条件下，由 N_2 和 H_2 得到 NH_3 的反应：$N_2 + 3H_2 \xrightleftharpoons[\text{催化剂}]{\text{高温、高压}} 2NH_3$。这个方程式不仅表明了 N_2、H_2 和 NH_3 三者之间存在的转化关系，还表明了三者之间是按照 1 ∶ 3 ∶ 2 的比例关系进行转化的。但化学方程式回答不了在任一反应进度，按照这个比例关系，有多少 N_2 和 H_2 转化成为了 NH_3。而这个问题实质上就是物质转化程度的问题。

人们在19世纪初就已经发现，相当一部分化学反应不能完全进行到底，也就是不能100%得到生成物，存在逆反应。[①]逆反应的存在，对化学学科提出了严峻的挑战，导致了化学反应方向和限度问题的产生。从某种意义上说，整个化学热力学就是在解决这两个学科本原性问题。那么，物理化学家们是如何解决这两个问题的呢?

1. 基于相互作用思想描述化学反应体系的状态函数

（1）多组分体系的组分间存在相互作用

化学反应通常涉及两种或两种以上的物质，因此，化学反应体系可以被看作多组分体系。物质转化发生在多组分体系中，因此，认识多组分体系的性质可以看作是认识物质转化程度的前提。

在单组分体系中，只需两个变量就可以描述体系的状态。例如，常温常压下，将两份50 mL的蒸馏水混合，得到100 mL的蒸馏水。这说明纯物质混合后的状态函数（容量性质）是可以进行加和的。人们在研究多组分体系时发现，体系的某些状态函数并不等于各物质在纯态时状态函数的简单加和，物质的量（或浓度）也是决定体系状态的变量。

例如，在25 ℃和101 kPa下，50 mL的水与50 mL的乙醇混合，总体积并不等于100 mL。但是，在同样条件下，将两份50 mL质量分数均为20%的乙醇溶液混合，总体积却等于100 mL。这说明，对多组分体系状态的描述不仅需要两个状态函数，还需要确定各组分的物质的量（或浓度）。

实验发现，多组分混合后除了总质量（m）外，很多体系状态函数，如总体积（V）、总熵（S）、总吉布斯自由能（G）等，都不能由各组分对应的量简单加和得到，而与物质的量有关。这说明各组分之间存在相互作用。

① 彭笑刚.物理化学讲义［M］.北京：高等教育出版社，2012：472.

（2）基于偏摩尔量描述多组分体系的状态

相互作用思想的提出，为研究多组分体系的性质提供了方法论。也就是说，对化学反应体系状态函数的描述，要在纯物质（单一组分）状态函数的基础上，加上各组分之间相互作用的部分。对单一组分体系容量性质状态函数的描述，用的是摩尔量，如摩尔质量、摩尔体积，那么，如何来描述多组分体系容量性质呢？

基于相互作用思想，1876年，美国化学家吉布斯在论文《论非均相物体的平衡》中，提出了偏摩尔量的概念。所谓偏摩尔量，是指在等温、等压、均相无限大的体系中，其它物质的量不变时，加入1 mol物质B所引起的体系中某个容量性质量的变化。多组分体系中容量性质的状态函数，是用偏摩尔量来描述的，如偏摩尔体积、偏摩尔焓、偏摩尔自由能、偏摩尔熵等。纯物质的偏摩尔量就是它的摩尔量。

2. 基于化学势描述化学反应体系的变化趋势

（1）化学势是对化学反应自发趋势的描述

状态的改变，意味着变化。从平衡的角度来划分，化学反应体系的状态可分为非平衡态和平衡态。从非平衡态到平衡态，就是状态的变化。

在给定条件下，一个化学反应会自动地从非平衡态趋向于平衡态。“自动”，说明这个化学反应具有自发性；“趋向”，说明是一种可能性；从“非平衡态趋向于平衡态”，说明化学反应的方向性；“平衡态”，说明了化学反应的稳定性，处于平衡态时，化学反应体系最稳定。[①]

那么，在给定的条件下，一个化学反应自动发生的趋势如何来表征呢？为了解决这一问题，吉布斯引入了“化学势”的概念。对于等温、等压、不做非体积功的均相封闭体系来说，偏摩尔吉布斯自由能G_i，被称为化学势μ_i，其表达式为：

① 彭笑刚.物理化学讲义［M］.北京：高等教育出版社，2012：155.

$$\mu_i=\left(\frac{\partial G}{\partial n_i}\right)_{T,\ p,\ n_j}$$

化学势对于认识多组分体系中的物质转化趋势具有重要意义。如同水具有从高处流向低处的趋势，电流具有由高电势流向低电势的趋势一样，化学反应之所以能由反应物转化为生成物，亦可以用化学势来描述其趋势。化学势是实现物质转化的推动力，化学势越大，化学反应的趋势就越大，反应发生的可能性就越大。

（2）伴随化学反应发生的各种变化及其自发趋势的描述

对于化学反应体系，不仅要从静态对其状态进行描述，还要从动态对其变化进行描述。那么，化学反应过程中都发生了哪些变化，这些变化之间具有怎样的联系，如何对其自发趋势进行描述呢？

化学反应视角下的“变化”，主要有压强、体积、温度（简称p、V、T）变化，相变化和化学变化三个层次：

· p、V、T变化：体系不发生相变化和化学变化，只是体系的状态函数p、V、T的变化，属于物理变化；

· 相变化：体系不发生化学变化，只是体系中分子的聚集状态发生了变化，属于物理变化；

· 化学变化：体系不发生核变化，只是体系分子中的原子的结合方式和运动形态发生了变化。

p、V、T变化，本质上是能量变化。T变化，表明体系的热量发生了变化，其自发趋势是从高温到低温；p、V变化，表明体系的体积功发生了变化，其自发趋势是从高压到低压。相变化和化学变化，本质上是物质变化。相变化是物质分子聚集方式的变化，属于物理变化；化学变化是物质分子的变化，发生了物质的转化。无论是相变化还是化学变化，其自发趋势都是从高化学势到低化学势。因此，对于不做非体积功的封闭体系来说，这些变化之间具有如图6-1所示的结构化关系。

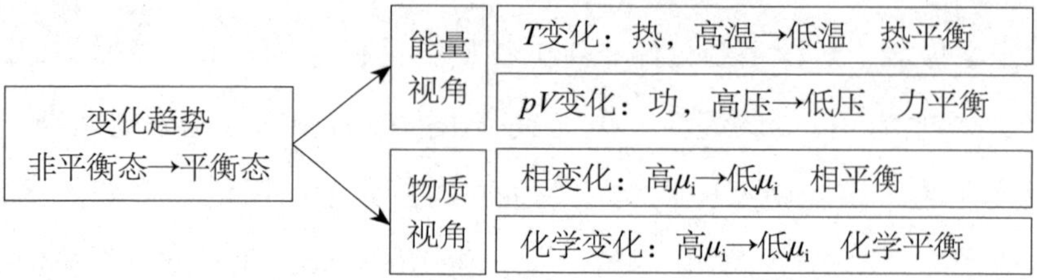

图6-1　热力学变化及趋势

化学反应体系达到平衡态，必须满足四个条件：热平衡、力平衡、相平衡和化学平衡。热平衡，意味着体系的温度不再随时间变化；力平衡，意味着体系的压强不再随时间变化；相平衡和化学平衡，意味着体系各组分的含量不再随时间变化。因此，改变温度、改变压强、改变浓度（即改变体系组分的含量），都会引起体系平衡状态的改变，从而发生化学平衡移动。

从图6-1可以看出，物质和能量，是认识变化的重要视角。从初中阶段到高中必修阶段，再到高中选择性必修阶段，中学化学一直在持续性地引导学生建构认识变化的物质和能量视角。对于一定条件下的可逆反应而言，从反应物的非平衡态到平衡态，具有自发趋势，表明了正反应的方向性；从产物的非平衡态到平衡态，也具有自发趋势，表明了逆反应的方向性。因此，自发性和方向性，是重要的平衡思想。

3. 基于偏摩尔吉布斯自由能变描述化学反应的限度

（1）基于偏摩尔吉布斯自由能变（ΔG）表征化学反应的限度

图6-2所示是等温、等压、无非体积功条件下，化学反应体系吉布斯自由能随反应进度变化的曲线。

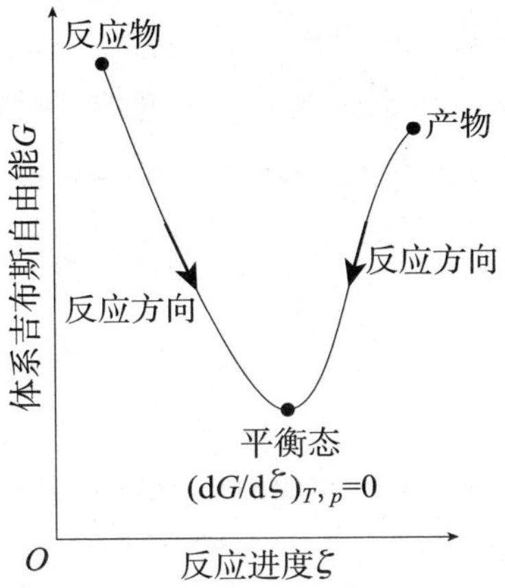

图6-2　体系吉布斯自由能随反应进度变化曲线

从图6-2可以看出，当 $\Delta G<0$ 时，正反应自发；当 $\Delta G>0$ 时，逆反应自发；当 $\Delta G=0$ 时，反应处于平衡状态。因此，ΔG 既是化学反应方向的判据，也是化学反应限度的判据。

由于多数化学反应是在等温、等压、不做非体积功条件下进行的，因而，吉布斯自由能判据具有较大的适用性。在此条件下，$\Delta G=0$ 的价值，从能量视角看，此时反映了化学反应体系所能做的最大有效功；从物质视角看，此时反映了化学反应体系所能达到的最大物质转化程度。

（2）基于混合熵认识化学反应的限度

对于绝大多数化学反应而言，反应物不能100%转化为生成物，反应不能完全进行到底。也就是说，化学反应是有限度的。那么，化学反应为什么会存在限度？它的理论依据是什么？

参加化学反应的各物质处于混合态，因此，ΔG 是混合自由能变，即 $\Delta_{mix}G$。由于 $\Delta_{mix}G = \Delta_{mix}H-T\Delta_{mix}S$，$\Delta_{mix}H$ 是混合焓变，$\Delta_{mix}S$ 是混合熵变，在等温条件下，$\Delta_{mix}H=0$，因此，$\Delta_{mix}G=-T\Delta_{mix}S$。这说明，从熵视角来看，化学反应体系之所以存在限度，是因为存在混合熵。如果没有混合熵，也就不存在化学平衡。

（3）**化学反应限度的定量表达**

平衡是过程的极限，①这表明变化的过程是有限度的。限度是平衡的核心思想。对于化学反应而言，限度指的是在一定条件下物质转化的极限程度。当化学反应体系达到平衡态时，物质转化程度最大，也就是达到了限度。那么，如何表征物质转化程度呢？

对于反应

$$mA(g)+nB(g)=pC(g)+qD(g)$$

有

$$\Delta_r G_m=\Delta_r G_m^\ominus+RT\ln\frac{c^p(C)\cdot c^q(D)}{c^m(A)\cdot c^n(B)}$$

上式为化学反应等温式。公式中物质的浓度的幂之积的比值可以表示一定条件下，任一反应进度的物质转化程度，即浓度商 Q_c（在中学化学中，为了简化，用 Q 表示浓度商）。达到化学平衡状态时，正反应速率等于逆反应速率。当各组分浓度保持不变的情况下，浓度商的数值是一定的，引入平衡常数（K）就是从浓度商的角度表征反应进行的最大程度。

标准平衡常数 $K^\ominus$ 与反应的标准摩尔吉布斯自由能变 $\Delta_r G_m^\ominus$ 之间的关系为：$\Delta_r G_m^\ominus=-RT\ln K^\ominus$，$\ln K^\ominus$ 正是来源于 $\Delta_{max}G$ 对数项，进一步说来源于偏摩尔熵的对数项。由此可以得出结论：平衡常数表达式中的浓度项来源于反应系统中物质间存在的混合熵。

对于等温、等压、不做非体积功的均相体系，之所以作了这些限定，就是要控制体系处于热平衡、力平衡和相平衡状态，只改变体系组分的物质的量（或浓度）这一个条件，来研究化学反应体系物质转化程度问题。

（4）**基于耦合思想改变化学反应的限度**

化学平衡常数与温度有关，改变温度，意味着改变化学平衡常数，也

① 胡英.物理化学［M］.5版.北京：高等教育出版社，2007：11.

即是改变化学反应的限度。这是基于化学反应体系本身与环境相互作用的视角建立起来的。事实上，相互作用不仅存在于体系与环境之间，体系与体系之间也存在相互作用。体系与体系之间的相互作用，也就是不同化学反应体系之间的相互作用。

在物理学中，可以通过改变电压或电阻，来改变电路中电流的强度。除此以外，还有一种能够改变电流的方法，就是通过电路间的相互影响来实现，即电路的耦合。[①]耦合思想是一种相互作用思想，把这种思想运用到化学学科的多反应体系时，就形成了化学反应的耦合思想。其核心是用一个大趋势的反应来带动一个小趋势的反应，即当一个趋势很小的化学反应和一个趋势很大的化学反应相互作用时，耦合而成的新反应能够自发进行，且趋势往往很大。能够发生耦合的化学反应的特征是，一个反应的产物是另一个反应的反应物之一。

例如，将碳酸氢钠与氯化钙溶液混合，会产生碳酸钙沉淀，就可以用耦合思想来解释。

反应（1）：$HCO_3^- \rightleftharpoons H^+ + CO_3^{2-}$　　$K_{a2}=5.6\times10^{-11}$

反应（2）：$Ca^{2+} + CO_3^{2-} \rightleftharpoons CaCO_3$　　$K=\dfrac{1}{K_{sp}}=4.0\times10^{8}$

\+　反应（3）：$H^+ + HCO_3^- \rightleftharpoons H_2CO_3$　　$K=\dfrac{1}{K_{a1}}=2.4\times10^{6}$

$$Ca^{2+} + 2HCO_3^- \rightleftharpoons CaCO_3 + H_2CO_3 \quad K=5.4\times10^{4}$$

反应生成沉淀的原因是反应（2）和（3）带动了反应（1），进而使生成沉淀的趋势增大。

再例如，常温下铁离子的水解过程也可以用耦合思想来解释。

反应（1）：$H_2O \rightleftharpoons OH^- + H^+$　　$K_W=1.0\times10^{-14}$

① 傅献彩，等.物理化学（上册）[M].北京：高等教育出版社，2006：1.

$$+\quad 反应(2):3OH^- + Fe^{3+} \rightleftharpoons Fe(OH)_3 \qquad K=\frac{1}{K_{sp}}=3.57\times10^{40}$$

$$Fe^{3+} + 3H_2O \rightleftharpoons Fe(OH)_3 + 3H^+ \qquad K=3.57\times10^{-2}$$

水的电离是一个趋势很小的反应，电离出的H^+和OH^-的数目相同，因此纯水呈中性。当水中加入$FeCl_3$后，Fe^{3+}与水中的OH^-结合生成$Fe(OH)_3$的趋势非常大，基于反应耦合思想，将H_2O的电离和Fe^{3+}生成沉淀的反应耦合之后，带动了小趋势反应水的电离，使小趋势反应的转化程度变大，溶液由中性变为酸性，这为我们认识盐类的水解提供了新的思路。

上述的两个例子，均为水溶液中的多平衡体系。显然，耦合思想的提出，为我们基于反应之间的相互作用，认识水体系中的电离平衡、水解平衡、沉淀溶解平衡提供了全新的分析视角。此外，耦合思想不仅体现在水溶液体系中，在生产实践和科学研究中，也有广泛的应用，如工业制备$TiCl_4$、难溶盐的氧化-络合溶解等，都应用了耦合的思想。

4. 基于概率统计思想认识平衡态

化学热力学研究的是宏观体系，宏观体系是由大量微观粒子构成的，因此，体系的宏观性质可以用微观粒子的运动规律来解释。宏观和微观，是研究化学问题的两个重要学科视角。那么，如何将宏观和微观联系起来呢？统计热力学为此作出了独特的贡献（如图6-3所示）。

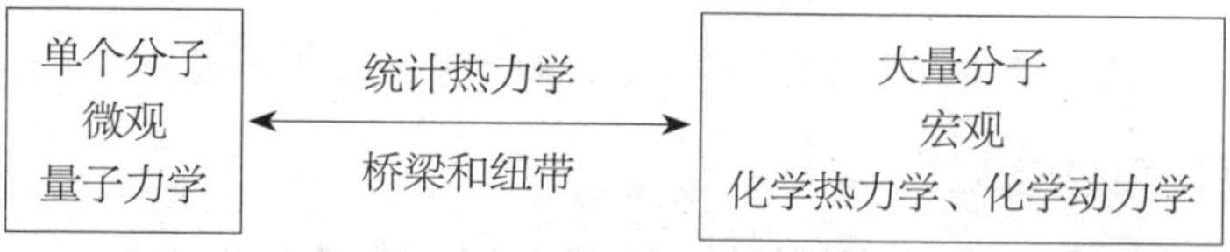

图6-3　研究宏观体系与微观体系的主要理论

从统计热力学来看，概率统计思想的核心是“等概率假设”和“最可几分布”。等概率假设，是指在给定条件下，所有可能宏观状态的所有微观结构出现概率相等。[①]最可几分布，是指具有最大微观结构数的宏观状态，全称最可几宏观状态。

最可几宏观状态，实质上就是出现概率最大的状态，当然也是体系最为稳定的状态。对于化学反应体系来说，平衡态就是在给定条件下，体系的最可几宏观状态，是最稳定状态。因此，当体系处于化学平衡时，不仅意味着体系处于平衡态，还意味着平衡态是最可几宏观状态，是出现概率最大、体系最稳定的状态。

二、化学平衡主题的进阶设计

1. 学情分析

化学平衡主题是高中化学课程与教学内容的重点，也是高中化学教学的难点。这个主题是重点，体现在学生在该主题学习中，花了大量的时间和精力，做了大量定性、定量和图像分析的习题。通过这些练习，学生对有关化学平衡的知识牢记于心；“逆、等、动、定、变”“一同五不变”等口诀式教学，使得一些学生的学习方式较为单一，死记硬背的记忆式学习屡见不鲜。

这个主题是难点，体现在学生很难深刻理解本主题中的一些核心概念。例如，对于自发反应，什么是自发，在什么条件下自发，在什么条件下不自发；为什么要强调热力学条件。再如，等温、等压、封闭体系等这些条件与要解决的问题之间有什么内在联系，等等。

导致这些问题的原因较多，其中，没有很好地领会化学热力学思维方式是一个非常重要的原因。因此，核心素养取向的化学平衡主题教学，应注重转变学生的认识方式和学习方式，引导学生逐步建立起化学热力学思

① 彭笑刚.物理化学讲义［M］.北京：高等教育出版社，2012：38.

维方式，发展“变化观念和平衡思想”的学科核心素养。

2. 课标和教材分析

（1）课标分析

义务教育课标中与化学平衡主题相关的内容主要体现在“水与常见的溶液”这个二级主题中，其具体内容如表6-1所示。[①]

表6-1 义务教育课标中与化学平衡主题有关的主要内容

水与常见的溶液	·认识溶解现象，知道溶液是由溶质和溶剂组成的。 ·了解饱和溶液和溶解度的含义。 ·认识溶质质量分数的含义。 ·能举例说明结晶现象。

在初中阶段，学生主要通过饱和溶液，体会限度的思想；通过溶解与结晶，体会平衡的思想。

2017年版课标中，在高中必修阶段，与化学平衡主题相关的内容主要体现在“化学反应的限度和快慢”这个二级主题中，其具体内容如表6-2所示。[②]

表6-2 高中必修阶段与化学平衡主题有关的主要内容

化学反应的限度和快慢	·体会从限度和快慢两个方面去认识和调控化学反应的重要性。 ·了解可逆反应的含义。 ·知道可逆反应在一定条件下能达到化学平衡。 ·认识化学变化是有条件的。 ·学习运用变量控制方法研究化学反应。

在高中必修阶段，学生主要通过可逆反应和化学平衡，定性认识化学平衡状态，形成认识物质转化的限度视角。

① 中华人民共和国教育部. 义务教育化学课程标准（2011年版）[M]. 北京：北京师范大学出版社，2012：19-20.
② 中华人民共和国教育部. 普通高中化学课程标准（2017年版）[M]. 北京：人民教育出版社，2018：18.

在高中选择性必修阶段，与化学平衡主题相关的内容主要体现在“化学反应的方向、限度和速率”和“水溶液中的离子反应与平衡”两个主题中，其具体内容如表6-3所示。[①]

表6-3　高中选择性必修阶段与化学平衡主题有关的主要内容

化学反应的方向、限度和速率	·知道化学反应是有方向的。 ·知道化学反应的方向与反应的焓变和熵变有关。 ·认识化学平衡常数是表征反应限度的物理量，知道化学平衡常数的含义。 ·了解浓度商和化学平衡常数的相对大小与反应方向间的联系。 ·通过实验探究，了解浓度、压强、温度对化学平衡状态的影响。
水溶液中的离子反应与平衡	·认识弱电解质在水溶液中存在电离平衡，了解电离平衡常数的含义。 ·认识水的电离，了解水的离子积常数，认识溶液的酸碱性及pH，掌握检测溶液pH的方法。 ·认识盐类水解的原理和影响盐类水解的主要因素。 ·认识难溶电解质在水溶液中存在沉淀溶解平衡，了解沉淀的生成、溶解与转化。

在高中选择性必修阶段，学生在必修课程的基础上，主要通过化学平衡常数和浓度商，以及水溶液体系中的电离平衡、水解平衡和沉淀溶解平衡等，定量认识物质转化程度。

（2）教材分析

从人教版新教材来看，高中必修阶段的化学平衡内容主要编排在必修第二册第六章第二节“化学反应的速率与限度”中。引导学生通过对可逆反应的认识，定性地认识化学平衡状态的特征，建立物质转化的限度视角。

高中选择性必修阶段有关化学平衡的内容主要集中在化学反应原理教

① 中华人民共和国教育部.普通高中化学课程标准（2017年版）[M].北京：人民教育出版社，2018：30-34.

材的第二章和第三章中。具体内容如表6-4所示。

表6-4　化学反应原理教材中化学平衡主题有关的内容

第二章 化学反应速率与化学平衡	第二节　化学平衡
第三章 水溶液中的离子反应与平衡	第一节　电离平衡 第三节　盐类的水解 第四节　沉淀溶解平衡

在“化学平衡”一节中，教材通过化学平衡常数，进一步发展学生认识化学反应的限度视角；通过浓度商及其与平衡常数的比较，引导学生定量地认识物质转化程度；通过化学平衡移动原理，引导学生建构改变化学反应限度的一般思路。

在“水溶液中的离子反应与平衡”一章中，教材引导学生运用化学平衡的一般原理，定量认识水溶液体系中电离平衡、水解平衡和沉淀溶解平衡的一般规律，从而进一步发展学生的平衡思想。

3. 进阶设计

（1）化学平衡主题进阶变量的表征

依据进阶变量表征模型，化学平衡主题的进阶变量可表征如下。

· 概念变量。学生在初中主要是通过化学方程式认识物质转化中的质量关系，在高中必修阶段主要是通过可逆反应定性认识化学反应存在限度，在高中选择性必修阶段主要是通过平衡常数定量认识化学反应限度。

· 认识变量。学生在初中主要是基于完全转化进行化学方程式计算，在高中必修阶段主要是定性认识限度（不完全转化），在高中选择性必修阶段主要是定量认识物质转化程度（K和Q）。

· 方法变量。学生在初中主要是运用实验观察、描述表达和比较关联等方法，在高中必修阶段主要是运用实验探究、抽象概括、解释预测等方法，在高中选择性必修阶段主要是运用模型建构、设计验证、分析评价等方法。

（2）化学平衡主题学习进阶理论预设模型

◎水平1：基于化学方程式认识物质转化

基于物质性质认识物质之间的转化关系，基于化学方程式认识物质之间的数量关系。

◎水平2：基于可逆反应定性认识物质转化程度

认识典型的可逆反应，认识可逆反应存在限度。

◎水平3：基于限度定量认识物质转化程度

认识化学平衡的特征、影响因素、平衡移动原理及水溶液体系中的离子平衡关系，基于K和Q定量认识物质转化程度。

表6-5　化学平衡主题进阶设计

进阶水平	进阶变量			表现期望
	概念变量	认识变量	方法变量	
水平1：基于化学方程式认识物质转化	·基于物质性质认识物质间的转化关系。	·基于化学方程式认识物质之间的数量关系。	实验观察、描述表达、比较关联。	·能基于化学方程式解释和说明物质之间的转化关系和数量关系。
水平2：基于可逆反应定性认识物质转化程度	·认识典型的可逆反应。	·认识可逆反应存在限度。	实验探究、抽象概括、解释预测。	·能基于限度定性解释和说明可逆反应中的物质转化程度。
水平3：基于限度定量认识物质转化程度	·认识化学平衡的特征。 ·认识化学平衡的影响因素。 ·认识平衡移动原理。 ·认识水溶液体系中的离子平衡关系。	·基于K和Q定量认识物质转化程度。	模型建构、设计验证、分析评价。	·能基于K定量描述化学反应限度。 ·能基于K与Q的比较判断平衡移动的方向。 ·能基于化学平衡规律认识水溶液体系中离子反应的特点及物质转化规律。

第二节
化学平衡主题（选择性必修）典型课例 I 及分析

课题组以高中选择性必修阶段的化学平衡内容为素材，以“物质转化程度的定量探究”为课题，开展了核心素养取向的化学平衡主题的化学教学设计与实施研究。

一、教学设计

1. 素养功能定位

化学是一门关于物质转化的学问，通过物质转化来认识新物质、合成新物质。因此，物质转化是化学学科的大概念。对于物质转化的认识有两个视角，一个是定性视角，即通过无机物和有机物的化学性质来认识物质转化关系；一个是定量视角，即通过浓度商和平衡常数来认识物质转化程度，如图6-4所示。

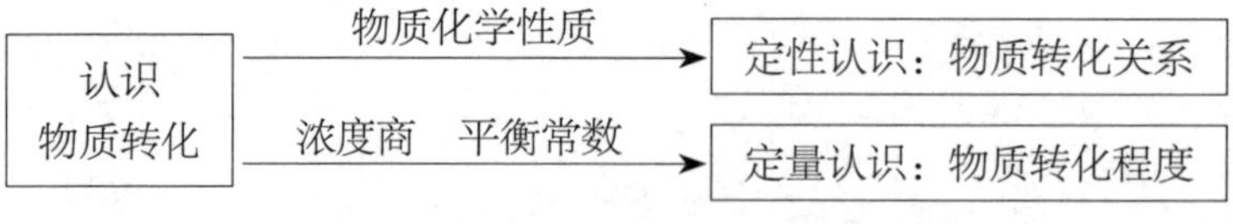

图6-4　认识物质转化的两个视角

物质转化程度是化学平衡主题的大概念。因此，本节课的素养功能在于引导学生建构浓度商和平衡常数视角，定量认识可逆反应中的物质转化程度。

2. 教学目标设计

（1）通过对多组分体系组分间存在相互作用的探究，认识可逆反应存在限度的原因。

（2）通过对可逆反应物质转化程度的分析，认识K、Q及二者之间的关系。

（3）通过分析改变K、Q对物质转化程度的影响，形成改变物质转化程度的认识视角和一般思路。

（4）能基于K、Q判断可逆反应平衡移动的方向，定量计算物质转化程度。

3. 教学思路设计

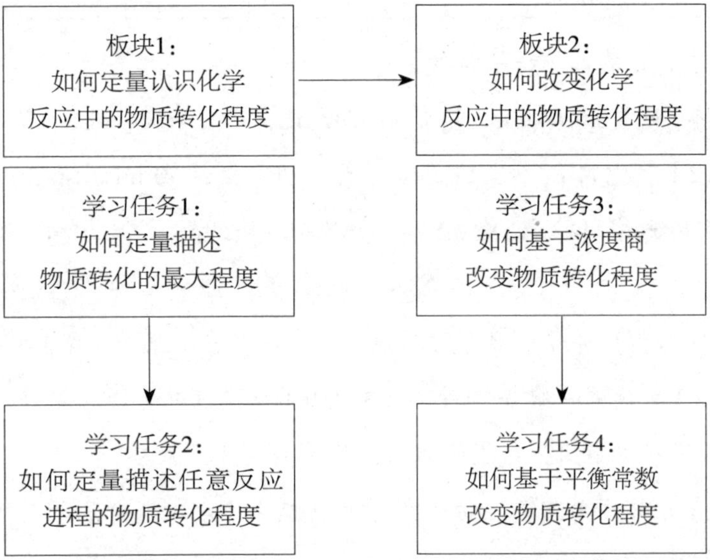

图6-5 “物质转化程度的定量探究”一课的板块-任务式设计

二、教学实施

1. 情境创设

【师】这是三组数据（展示表6-6），请大家计算三组数据中体系3的体积，并解释你的结论。

表6-6　1mol纯水和1mol乙醇的体积

组别	体系1	体系2	体系3
1	1 mol纯水 18.09 mL	1 mol纯水 18.09 mL	体系1+体系2 V_1
2	1 mol乙醇 58.35 mL	1 mol乙醇 58.35 mL	体系1+体系2 V_2
3	1 mol纯水 18.09 mL	1 mol乙醇 58.35 mL	体系1+体系2 V_3

【师】大家的计算结果是什么？

【生1】V_1是36.18 mL，V_2是116.70 mL，V_3是76.44 mL。

【生2】我觉得V_3不应该是这个数。初中做过50 mL水和50 mL乙醇混合的实验，结果不是100 mL，而是比100 mL小。因为水和乙醇有相互作用。

【师】很好！体系的成分称为组分。从组分多少来看，第1组和第2组中的体系3都是单一组分体系；第3组中的体系3包含两种组分，我们把由两种或两种以上组分组成的体系，称为多组分体系。

【师】从熵视角来看，由于组分间的相互作用，混合后体系的混合熵增加了，比混合前体系的混乱度增大了，混合后体系的体积小于混合前体系的体积。

【师】因此，研究多组分体系的性质，既要考虑各组分的性质，又要考虑组分之间存在的相互作用（展示图6-6）。

科学家研究多组分体系的一般思路：
每一组分的性质 + 组分间的相互作用

图6-6　研究多组分体系的一般思路

【师】可逆反应体系也是多组分体系，由于混合熵导致反应物不能100%地转化为生成物，存在化学反应限度。假设一个理想气体反应 $A \rightleftharpoons B$，正反应自发进行（展示图6-7）。图中P点时对应的转化程度就是化学反应限度，P点反映了体系中反应物转化为生成物的最大程度。

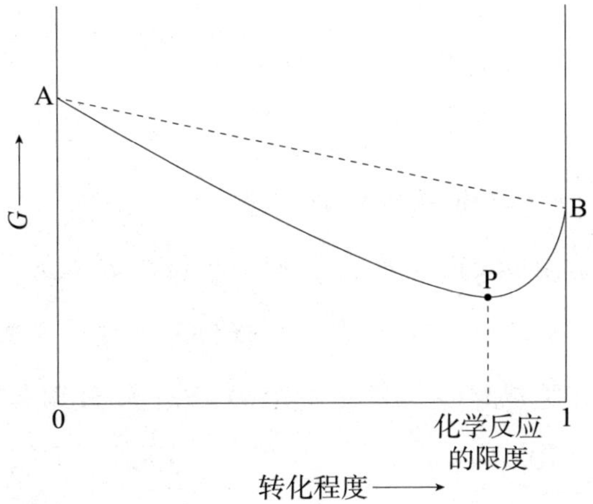

图6-7　可逆反应存在限度（反应体系吉布斯自由能变化示意图）

【师】那么，如何定量地描述化学反应限度，如何定量描述反应物A从开始反应到限度P之间任意反应进程的物质转化程度呢？

【师】这节课，我们就来探究这一问题。

【板书】第二节　物质转化程度的定量探究

2. 板块1的实施

【板书】板块1：如何定量认识化学反应中的物质转化程度

【师】对于一定条件下的可逆反应，当进行到P点时，达到了反应限度。那么，如何对反应限度进行定量描述呢？

【板书】学习任务1：如何定量描述物质转化的最大程度

【师】阅读学案（如表6-7所示），归纳平衡时体系中各物质浓度之间的数量关系。

表6-7 $2NO_2 \rightleftharpoons N_2O_4$ 体系平衡时各物质的浓度（25℃）

组别	起始浓度/（$mol \cdot L^{-1}$）		平衡浓度/（$mol \cdot L^{-1}$）		浓度关系
	$c(NO_2)$	$c(N_2O_4)$	$c(NO_2)$	$c(N_2O_4)$	
1	2.00×10^{-2}	0	6.32×10^{-3}	6.84×10^{-3}	
2	3.00×10^{-2}	0	8.00×10^{-3}	1.10×10^{-2}	
3	0	2.00×10^{-2}	9.46×10^{-3}	1.52×10^{-2}	
4	0	0.10×10^{-2}	2.28×10^{-2}	8.86×10^{-2}	

【生】为了归纳平衡时的浓度关系，我们做了三种尝试，一种是用N_2O_4的浓度除以NO_2的浓度，一种是用N_2O_4的浓度除以两倍的NO_2的浓度，最后一种是用N_2O_4的浓度除以NO_2浓度的平方。最后一种尝试的结果呈现出了规律性，四组的数值分别为：1.71×10^2，1.72×10^2，1.70×10^2，1.72×10^2。

【师】很好！也即是说，在该温度下反应达到平衡时，反应体系中物质浓度之间存在规律性，有确定的数值。我们称这个数值为化学平衡常数。

【师】对于一定温度下的可逆反应：$aA + bB \rightleftharpoons eE + fF$，其平衡常数（$K$）的一般表达式为：

$$K = \frac{c^e(E) \cdot c^f(F)}{c^a(A) \cdot c^b(B)}$$

【师】下面请同学们交流一下，化学平衡常数具有怎样的化学意义呢？

【生1】对于一个反应，它的物质转化的多少用K来衡量。

【生2】K用来衡量一个反应物质转化的最大程度。

【师】是“在一定温度下”，衡量一个可逆反应物质转化的最大程度。

【师】那么，都有哪些因素影响化学平衡常数的大小呢？小组讨论一下。

【生1】温度。不同温度下，K值是不同的。

【生2】我们觉得反应的本性也决定K值大小。

【师】那就是说，同一温度下，可逆反应不同，K值可能不同；对于同一可逆反应，温度不同，K值不同。

【师】请大家计算下述反应的化学平衡常数。在某温度下，将H_2和I_2各0.10 mol的气态混合物充入10 L的密闭容器中，充分反应，H_2的最大转化程度为20%，计算该反应的平衡常数。

【生】我算出的数值为0.25。

【师】很好！

【师】化学平衡常数是对可逆反应的物质转化最大程度的度量，那么，对于任意反应进程的物质转化程度，如何来定量地描述呢？

【板书】学习任务2：如何定量描述任意反应进程的物质转化程度

【师】对于一定温度下任意反应进程的物质转化程度，可以用浓度商来描述（展示浓度商定义）。浓度商用符号Q表示，对于反应$a\mathrm{A}+b\mathrm{B} \rightleftharpoons e\mathrm{E}+f\mathrm{F}$，其浓度商表达式为：

$$Q=\frac{c^{e}(\mathrm{E})\cdot c^{f}(\mathrm{F})}{c^{a}(\mathrm{A})\cdot c^{b}(\mathrm{B})}$$

【师】那么，浓度商与化学平衡常数之间存在什么关系呢？

【生】浓度商指的是任意反应进程的物质转化程度，化学平衡常数指的是可逆反应达到反应限度时的物质转化程度。

【师】二者有什么关系？

【生】达到可逆反应的反应限度时，反应的浓度商等于化学平衡常数。

【师】那么，如何利用浓度商来判断化学平衡移动的方向呢？大家讨论一下。

【师】谁来汇报？

【生】当$Q=K$，反应处于平衡状态；当$Q>K$，平衡向逆反应方向移动；当$Q<K$，平衡向正反应方向移动。

【师】很好！

【师】对于给定的可逆反应，我们如何改变物质转化程度呢？

3．板块2的实施

【板书】板块2：如何改变化学反应中的物质转化程度

【板书】学习任务3：如何基于浓度商改变物质转化程度

【师】请大家讨论一下：如何基于浓度商视角改变物质转化程度？

【生】我们小组认为，增大Q，可以增大可逆反应的物质转化程度；减小Q，可以降低可逆反应的物质转化程度。

【师】在工业生产中，为了得到苯乙烯这种物质，需要掺入一定量的水蒸气，让这个反应在恒压的条件下进行。工业生产苯乙烯的主要原理为：

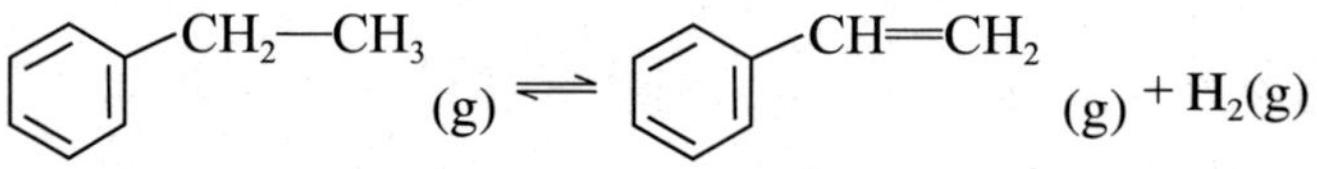

【师】这是一个模拟图（如图6-8所示）。通过两个计量泵，往一个泵里鼓入水蒸气，往另一个泵里鼓入乙苯，然后在装置2中预热，在装置3中汽化，之后导入到恒压反应装置4中，恒压是通过气阀控制的。现在请各小组讨论一下，在苯乙烯的工业生产中加入水蒸气的目的是什么？

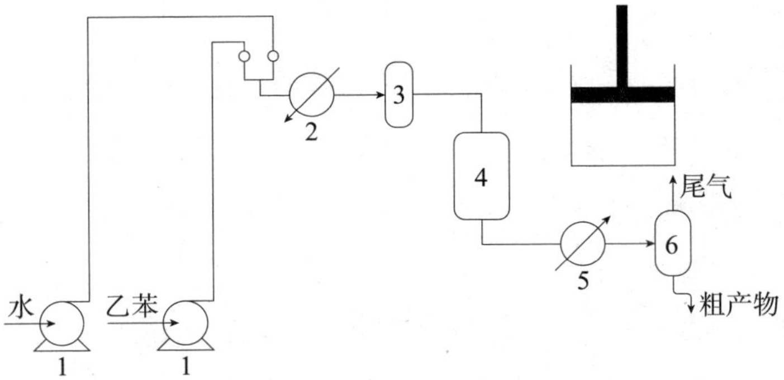

1：计量泵 2：原料预热器 3：汽化室 4：反应器 5：冷凝器 6：汽液分离器

图6-8 苯乙烯工业制备流程示意图

【师】好，谁有想法？你来说。

【生】这个过程是恒压的，如果加入水蒸气的话，装置中其他物质的分压会变小，反应体系压强减小，反应会向气体体积增大的方向移动。

【师】好，请坐。他是从分压角度，定性地分析了平衡的移动方向。谁有补充？

【生】可以通过浓度商来判断。因为反应中物质都是气态，各种物质的浓度都可以用分压来表示。加入水蒸气后，反应物是一种，生成物是两种，分压都会减小，我认为浓度商会小于K，反应会正向进行。

【师】非常好，请坐。

【师】在一个恒压容器中加入水蒸气，就可以使各物质的浓度均降低，但由于生成物是两种而反应物是一种，浓度商表达式的分子会减小得更多。所以，浓度商会小于平衡常数。在工业生产中加入水蒸气，目的就是为了增大原料转化程度。

【师】那么，如何基于平衡常数改变物质转化程度呢？

【板书】学习任务4：如何基于平衡常数改变物质转化程度

【师】对于给定的可逆反应，改变温度，可以改变物质转化程度。

【师】那么，如何通过改变温度，来提高物质转化程度呢？小组讨论一下。

【生1】我们小组认为，可以通过升高温度，提高物质转化程度。

【生2】我觉得不一定。首先得看这个反应是吸热反应，还是放热反应，然后才能判断。

【师】那你具体分析一下。

【生】如果正反应方向是放热的，升温，平衡逆向移动，K变小，物质转化程度降低；降温，平衡正向移动，K变大，物质转化程度提高。

【师】给出数据支持（如表6-8所示）。

表6-8 $N_2(g) + 3H_2(g) \rightleftharpoons 2NH_3(g)$（放热反应）温度与平衡常数之间的关系

T/K	373	473	573	676	773
K	3.35×10^9	1.00×10^7	2.45×10^5	1.86×10^4	2.99×10^3

【师】吸热反应呢？

【生】如果正反应方向是吸热的，升温，平衡正向移动，K变大，物质转化程度提高；降温，平衡逆向移动，K变小，物质转化程度降低。

【师】给出数据支持（如表6-9所示）。

表6-9 $CO(g) + H_2O(g) \rightleftharpoons CO_2(g) + H_2(g)$（吸热反应）温度与平衡常数之间的关系

T/K	373	473	573	676	773
K	1.86×10^{-5}	2.20×10^{-4}	3.80×10^{-3}	3.27×10^{-2}	0.15

【师】综合上面的探究，我们可以基于浓度商和平衡常数两个视角，来改变可逆反应的物质转化程度。

三、分析评价

物质转化程度是化学平衡主题的大概念。“物质转化程度的定量探究”，是一节基于主题大概念建构的素养课。本节课围绕物质转化程度的定量表征及调控，进一步发展了学生认识化学反应的限度视角。具体来说，主要有以下特色。

1. 注重引导学生从原理层面认识反应限度

限度，是对化学反应能否进行到底这一学科本原性问题的概括，因而，是认识化学反应的一个重要视角。在高中必修阶段，学生基于可逆反应形成了对限度的认识，属于现象水平。那么，在高中选择性必修阶段，如何引导学生基于原理认识化学反应的限度问题，是一个非常值得探索的教学实践课题。为此，本节课进行了大胆而有益的尝试。

· 利用学生已有知识，引导学生认识混合物体系中存在着组分间的相互作用。以学生熟悉的乙醇和水为例，提供了3组实验数据，通过学生的计算结果，引发学生质疑：1 mol水和1 mol乙醇的混合体系的体积，还是二者体积的加和吗？如果不是的话，原因是什么？教师在此很自然地引入了多组分体系的概念，组分间存在相互作用，从熵视角来看，是因为存在混合熵。

· 利用吉布斯自由能知识，引导学生认识可逆反应体系存在限度。将水与乙醇的混合物体系中存在组分间相互作用的思想，迁移到化学反应体系，学生很容易形成化学反应体系也是一个多组分体系的认识。吉布斯自由能在判断化学反应方向的学习中已经涉及，学生较为熟悉。教师在教学中对于吉布斯自由能作了技术性处理，回避了偏摩尔量、化学势等生涩的学科概念，直接利用了G随反应进度变化的曲线，使学生非常直观地观察到存在最低点，即限度。这样的设计，使得学生对反应限度的理解从学科思维方式上达到了原理水平，从而为学生今后的进一步学习奠定了基础。

此部分内容在教学中，是以情境创设的形式呈现的。这样一种形式的情境创设，也是一种新的探索。给我们的启示是，选择性必修阶段的情境创设，应该更加突出学科性，强调学科本原性问题的引发。

2. 注重基于定量视角引导学生建构主题大概念

物质转化程度是化学平衡主题大概念，本节课紧紧围绕对这一大概念的定量认识来开展教学。

· 围绕物质转化程度的定量认识进行教学设计。板块1侧重于“表征”，对反应限度和任意进程的物质转化程度进行描述，引导学生认识平衡常数和浓度商概念；板块2侧重于“改变”，基于平衡常数和浓度商来改变物质转化程度，为学生进一步认识化学反应的调控打下基础。

· 对于限度的定量表征，注重体现化学热力学思维方式。限度是平衡时物质转化的极限程度，学习任务1的设计目的，主要是引导学生对限度进行定量表征。在教学中，教师为学生提供了25℃时$2NO_2 \rightleftharpoons N_2O_4$ 这一反应体系起始浓度和平衡浓度的实验数据，组织学生讨论并思考平衡时各物质浓度的数量关系，并归纳概括规律性，在此基础上，提炼出化学平衡常数的一般表达式。实验数据—经验规律—数学抽象，这样的一个认识过程，体现了化学热力学思维方式。

· 注重将浓度商与物质转化程度相关联。在常规教学中，一般是将浓度商与平衡常数作比较，用来判断化学平衡移动的方向和限度。在本节课中，学习任务3的设计目的主要是将浓度商变化与物质转化程度的变化建立关联，凸显浓度商概念对于认识物质转化程度的价值。

第三节
化学平衡主题（选择性必修）典型课例Ⅱ及分析

水溶液体系中的离子反应，涉及很多平衡种类，如电离平衡、水解平衡、沉淀溶解平衡和配位平衡等。课题组以“水溶液体系中物质转化程度的探究”为课例，以专题课的形式，开展了核心素养取向的化学平衡主题化学教学设计与实施研究。

一、教学设计

1．素养功能定位

物质转化程度是化学平衡主题的大概念。水溶液体系中存在的各种平衡，都涉及物质转化程度问题。水溶液体系属于多反应体系，其中的物质转化较为复杂，一方面遵循化学平衡的一般原理，另一方面又表现出一些特殊性。因此，探究水溶液体系中的物质转化程度，对于发展学生“变化观念与平衡思想”素养具有重要价值。

本节课的素养功能主要是：通过水溶液体系中的各种离子反应，进一步丰富和发展认识化学反应的限度视角；通过大趋势反应带动小趋势反应，认识基于反应的化学相互作用，初步形成反应的耦合思想。

2．教学目标设计

（1）通过定量比较水溶液体系中不同可逆反应的物质转化程度，认识大趋势反应和小趋势反应。

（2）通过定量分析大趋势反应对小趋势反应的影响，认识反应的耦合思想，初步形成增大小趋势反应的一般思路。

（3）通过分析改变K和Q对物质转化程度的影响，形成改变水溶液体系中物质转化程度的认识视角和一般思路。

（4）能基于K和Q，分析、判断、解释、预测强碱弱酸盐的水解产物。

3．教学思路设计

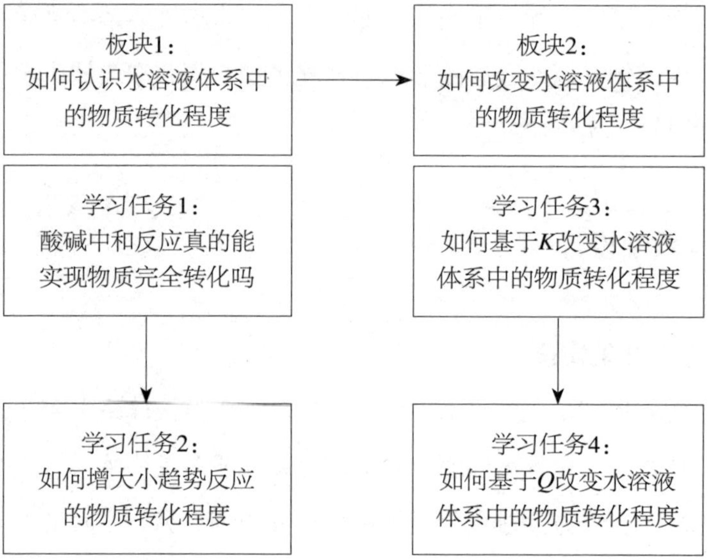

图6-9 “水溶液体系中物质转化程度的探究”一课的板块-任务式设计

二、教学实施

1．情境创设

【师】请大家完成两个实验（如图6-10所示），观察实验现象。

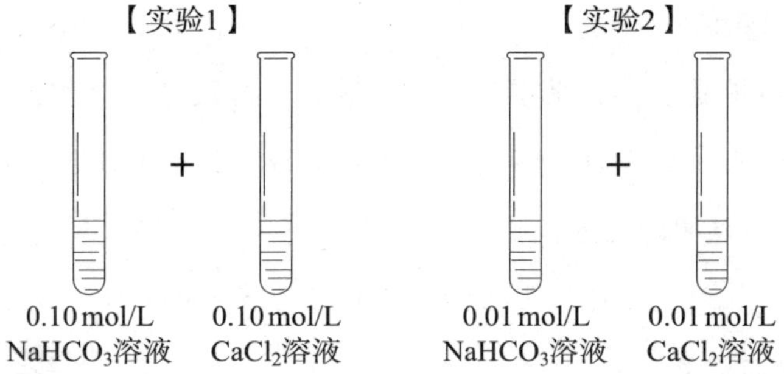

图6-10 学生实验

【生】实验操作。

【师】你观察到了什么实验现象？

【生】第一个实验有白色沉淀生成，第二个实验没有明显现象。

【师】同样是$NaHCO_3$溶液与$CaCl_2$溶液反应，为什么一个有$CaCO_3$沉淀生成，另一个没有呢？这实际上涉及水溶液体系中物质转化程度的问题，今天，我们就来进行一下探究。

【板书】水溶液体系中物质转化程度的探究

2. 板块1的实施

【师】我们知道，很多化学反应都是在水溶液体系中进行的，那么，我们如何认识水溶液体系中物质的转化程度呢？

【板书】板块1：如何认识水溶液体系中的物质转化程度

【师】酸碱中和反应，是水溶液体系中常见的一种反应类型，反应比较完全，是一种大趋势反应。这样的反应真的能实现物质的完全转化吗？请大家思考如何从原理层面来回答这个问题。

【板书】学习任务1：酸碱中和反应真的能实现物质完全转化吗

【生】不能。

【师】为什么？说说理由。

【生】水中存在电离平衡，如果加酸或加碱的话就相当于加H^+或者

OH^-，它会影响这个平衡。

【师】也就是说，如果有外界物质进入水溶液体系当中，会影响到酸碱转化的程度。那么HCl溶液和NaOH溶液，或者CH_3COOH溶液和氨水，这样的酸碱中和反应能进行到底吗?

【生】我认为也不能。因为如果是HCl溶液和NaOH溶液反应生成水，也会存在水的电离。

【师】也就是说水本身是可以发生电离的，这是从水是弱电解质这个角度来分析的。

【生】我认为，从体系成分来看，化学反应体系是一个多组分体系，存在混合熵，所以存在限度，也就不能实现物质的完全转化。

【师】很好！这是从原理层面对化学反应限度的认识。

【师】从图（如图6-11所示）中可以看出，在T点时酸碱中和反应达到了物质转化的限度，也就是说存在物质转化的极限程度。

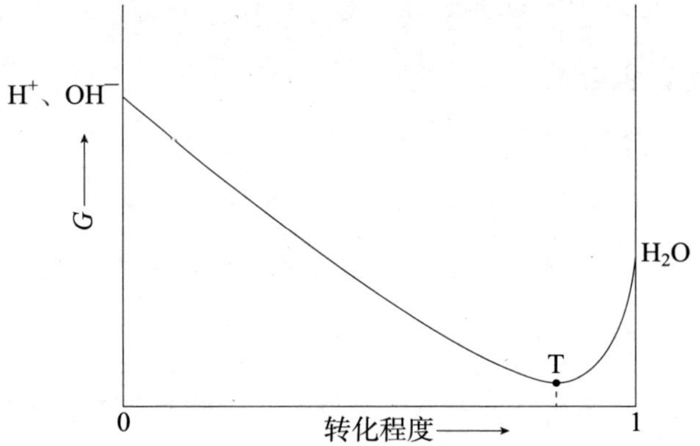

图6-11　酸碱中和反应体系吉布斯自由能变化示意图

【师】尽管酸碱中和反应是一个大趋势反应，但同时也存在小趋势反应，是什么呢?

【生】水的电离。

【师】水溶液体系中的小趋势反应还有很多，例如，难溶电解质的溶解，弱酸、弱碱的电离等。

【师】那么，如何增大水溶液体系中小趋势反应的物质转化程度呢？

【板书】学习任务2：如何增大小趋势反应的物质转化程度

【师】请各小组结合学案数据讨论一下：25 ℃时，0.1 mol/L CH_3COONa溶液中，水电离出的$c(OH^-)$是纯水电离出的$c(OH^-)$的多少倍？

【生】这个体系中共有两个平衡，一个是H_2O的电离平衡，平衡常数K_W是1.0×10^{-14}；另一个是弱电解质CH_3COOH的电离平衡，平衡常数K_a是1.8×10^{-5}。所以，CH_3COO^-水解的平衡常数K_h是5.6×10^{-10}。根据平衡常数公式，可以计算出$c(OH^-)$，再除以1.0×10^{-7}，最后得到是74.5倍。

【师】非常好！思路很清晰。

【师】我们把这个问题所描述的过程，用离子方程式表示出来，就是：

$$(1)\ H_2O \rightleftharpoons H^+ + OH^- \qquad K_W=1.0\times10^{-14}$$

$$+\qquad (2)\ CH_3COO^- + H^+ \rightleftharpoons CH_3COOH \qquad K'=\frac{1}{K_a}=5.6\times10^{4}$$

$$CH_3COO^- + H_2O \rightleftharpoons CH_3COOH + OH^- \qquad K_h=K_wK'=5.6\times10^{-10}$$

【师】在CH_3COONa的水溶液中，存在着小趋势反应（1）H_2O的电离；同时还存在较大趋势反应（2）CH_3COO^-结合氢离子。两个反应之间相互影响、相互作用，导致总反应的平衡常数为5.6×10^{-10}，程度远大于水本身的电离。经计算发现，其电离程度约是纯水电离程度的75倍。也就是说，大趋势反应对小趋势反应有带动作用。

【师】我们把这样的一个过程再作进一步的概括。如果一个小趋势反应的产物为一个大趋势反应的反应物，那么，这两个反应之间会发生相互作用，产生一个耦合的效果，形成一个新的反应体系，这个新的反应的趋势远大于小趋势反应（如图6-12所示）。

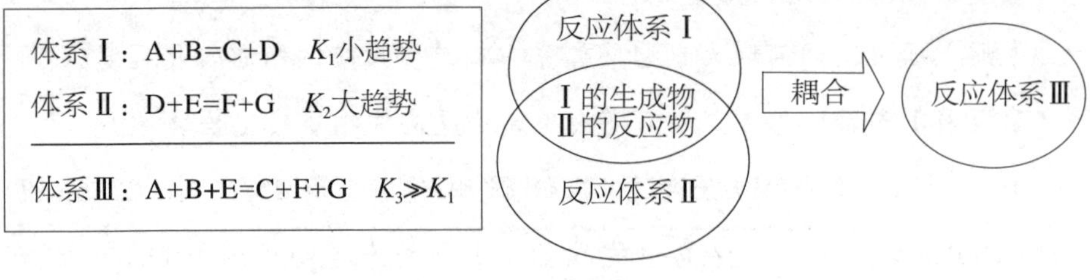

图6-12　反应的耦合思想

【师】请结合学案中的数据，讨论并解释为什么NH_3能使$Cu(OH)_2$溶解？

【生】在这个问题中，体系Ⅰ是$Cu(OH)_2$的沉淀溶解平衡，K_{sp}是2.6×10^{-19}；体系Ⅱ是Cu^{2+}与NH_3的配位平衡，$K_{稳}$是2.1×10^{13}；体系Ⅰ和体系Ⅱ相加后得到体系Ⅲ，K是5.4×10^{-6}，远大于K_{sp}。

【师】这个过程给大家展示如下：

$$(1)\ Cu(OH)_2 \rightleftharpoons Cu^{2+}+2OH^- \qquad K_{sp}=2.6\times10^{-19}$$

$$+\quad (2)\ Cu^{2+}+4NH_3 \rightleftharpoons Cu(NH_3)_4^{2+} \qquad K_{稳}=2.1\times10^{13}$$

$$Cu(OH)_2+4NH_3 \rightleftharpoons Cu(NH_3)_4^{2+}+2OH^- \qquad K=K_{sp}K_{稳}=5.4\times10^{-6}$$

【师】通过上面的探究，相信大家深化了对水溶液体系中物质转化程度的认识。对于在宏观上物质转化程度小到几乎可以忽略的反应，利用反应的耦合思想，也可以使其发挥作用，为物质转化作出贡献。

3. 板块2的实施

【师】那么，如何改变水溶液体系中的物质转化程度呢？

【板书】板块2：如何改变水溶液体系中的物质转化程度

【师】当在一定温度下体系达到平衡时，对可逆反应来说，$K=Q$，因此，改变水溶液体系中的物质转化程度，可以从K视角或者Q视角来考虑。

【板书】学习任务3：如何基于K改变水溶液体系中的物质转化程度

【师】对于给定的可逆反应而言，反应的平衡常数只与温度有关。请大家结合学案中的数据（如表6-10所示），小组讨论、分析温度是如何改变CH_3COOH的电离程度的。

表6-10　醋酸在不同温度下电离的焓变数据

温度/℃	ΔH/（$kJ\cdot mol^{-1}$）
5	+2.75
15	+1.15
25	−0.573
35	−1.80
45	−2.81
55	−3.77

【生1】温度升高，焓变的值越来越小，反应越来越容易自发进行，物质转化程度越来越大。

【生2】K应该是先变大后变小。因为在5℃和15℃时，ΔH的值是正的，说明电离是吸热反应，随着温度升高，平衡向正反应方向移动，所以K会变大，物质转化程度相应增大。当温度升高到25℃及以上，ΔH变为负值，说明反应是放热反应，随温度升高，平衡向逆反应方向移动，所以K会变小，物质转化程度相应降低。

【师】说得非常好。这位同学是就K的变化来描述电离过程物质转化程度的变化的。

【师】那么，如何基于Q视角来改变水溶液体系中的物质转化程度呢？

【板书】学习任务4：如何基于Q改变水溶液体系中的物质转化程度

【师】结合学案中的数据，小组讨论，分析和预测反应的产物：

已知0.1 mol/L Na_2CO_3溶液中相关离子浓度：

离子种类	CO_3^{2-}	OH^-
离子浓度/（$mol\cdot L^{-1}$）	0.10	4.5×10^{-3}

（1）等体积混合浓度均为0.2 mol/L Na_2CO_3溶液和$CaCl_2$溶液，为什么生成$CaCO_3$而不是$Ca(OH)_2$沉淀？

（2）等体积混合浓度均为0.2 mol/L Na_2CO_3溶液和$CuSO_4$溶液，预测生成哪种沉淀。

（3）等体积混合浓度均为0.2 mol/L Na_2CO_3溶液和$AlCl_3$溶液，预测生成哪种沉淀。

【生】对于第一问，可以根据条件分别算出Ca^{2+}与OH^-结合生成$Ca(OH)_2$沉淀、与CO_3^{2-}结合生成$CaCO_3$沉淀的浓度商。然后进行比较。我们组发现后者大于前者。

【师】找到了Q这个核心问题。是比较二者的Q吗？

【生】应该是比较Q跟相应的K_{sp}的大小关系。能算出Ca^{2+}与CO_3^{2-}结合生成$CaCO_3$的Q要远大于$CaCO_3$的K_{sp}，比生成$Ca(OH)_2$相应的Q与$Ca(OH)_2$的K_{sp}的差距要大很多，所以说生成$CaCO_3$的趋势是更大的。

【师】很好。下一个问题呢？

【生】对于第二问，首先对于混合之后得到的体系，假如不发生任何反应，可以得到一个最初的离子浓度，根据这个浓度再加上条件给出的数据，如果想要使两个反应分别生成沉淀，可以分别算出所需要的最小的Cu^{2+}浓度值，然后比较，浓度值更小的那个应该会先生成沉淀。我计算完之后认为，应该先生成$Cu(OH)_2$沉淀。

【师】先生成$Cu(OH)_2$沉淀，那最终的沉淀是不是都是$Cu(OH)_2$呢？

【生】不都是$Cu(OH)_2$，还有$CuCO_3$。因为当反应进行到一定程度之后，生成$Cu(OH)_2$反应的Q就会小于K_{sp}。

【师】请坐。大家有没有发现，我们实际还是比较Q和K_{sp}的关系。

【师】那第三问呢？

【生】可以先把水里面的反应写出来，第一个是CO_3^{2-}水解生成OH^-和HCO_3^-，第二个是HCO_3^-水解生成H_2CO_3和OH^-。先假设可能产生的是$Al(OH)_3$沉淀，把生成$Al(OH)_3$的离子方程式写出来，然后把这三个反应方程式合在一起，算出来整个平衡体系的Q值，大概推算一下Al^{3+}的浓度，然后跟给出的K_{sp}比较一下，就能判断能不能产生沉淀。

【师】请坐。还是比较Q和K_{sp}，思路是一致的。

【师】通过上面的探究，对于给定的可逆反应，我们可以通过改变平衡常数K和浓度商Q，来改变水溶液体系中的物质转化程度（展示表6-11）。

表6-11　金属阳离子对CO_3^{2-}水解程度的影响

M^{n+}	K_{sp}（MCO_3）	K_{sp}［$M(OH)_n$］	沉淀物
Ca^{2+}	2.5×10^{-9} $\ll Q=0.01$	5.5×10^{-6} $\approx Q=2.0\times10^{-6}$	$CaCO_3$
Cu^{2+}	1.4×10^{-10} $\ll Q=0.01$	2.2×10^{-20} $\ll Q=2.0\times10^{-6}$	$x Cu(OH)_2\cdot y CuCO_3$
Al^{3+}	—	1.3×10^{-33} $\ll Q=9.1\times10^{-9}$	$Al(OH)_3$

【师】还记得开始上课时大家做的那两个实验吧，请大家进行小组讨论并解释实验结果。

【生】跟讨论金属阳离子对CO_3^{2-}水解程度的影响一样，比较Q和K_{sp}。浓度大的那个实验，$Q>K_{sp}$，生成$CaCO_3$沉淀；浓度小的那个实验，$Q<K_{sp}$，不生成沉淀。

【师】很好！运用改变物质转化程度的Q视角和K视角，很快就可以解释实验现象。

三、分析评价

水溶液体系中存在离子的各种化学平衡，是化学平衡的重要表现形式，它既遵循化学平衡的一般原理，又有一定的特殊性。因此，以“水溶液体系中物质转化程度的探究”为课例，开展核心素养取向的化学平衡主题的化学教学研究，具有重要的价值。具体来说，本节课主要有以下特色。

1. 注重基于物质视角发展学生对变化的定量认识

“变化观念”是化学学科核心素养之一，具有十分丰富的内涵。从原理层面来看，有认识变化的物质视角、能量视角和熵视角，基于这些视角可以形成判断变化的方向和限度的依据，如化学势、自由能和熵（熵增原理）等判断依据。

基于物质视角看变化，主要关注的是物质转化。对物质转化的认识，有定性认识，认识各种无机物和有机物的物质转化关系；有定量认识，认识物质转化中存在的各种定量关系。对于化学反应体系而言，物质转化程度的改变，是变化内涵中具有化学特质的不可替代的重要方面。也正因为如此，物质转化程度是化学平衡主题的大概念。

本节课以“水溶液体系中的物质转化程度”为主线，显性化地凸显主题大概念，并以此线索进行教学内容的结构化设计。板块1重在“认识”，主要是引导学生认识水溶液体系中物质转化程度的特殊性；板块2重在“改变”，主要是引导学生建构改变水溶液体系中物质转化程度的认识视角和一般思路。无论是认识，还是改变，都紧紧围绕“定量”来引导学生探究。因此，这样的教学不仅仅是知识的结构化，更主要的是引导学生建构了如何认识和改变物质转化程度的本事。所以，这是一节典型的核心素养取向的专题课。

2. 注重基于反应间的相互作用视角引导学生认识小趋势反应

对于一定条件下的反应来说，当平衡常数$K>10^5$，即认为反应进行完全了，反应物完全转化为了生成物，这说明正反应具有很大的趋势。但在水溶液体系中，一些平衡常数很小的反应，如H_2O的电离平衡，$K_w=10^{-14}$，非但未被忽略，而且还发挥着独特的作用。这体现了水溶液体系中化学平衡的特殊性。那么，如何引导学生认识这一特殊性呢？本节课对此进行了大胆的尝试和探索。

学习任务1设计为“酸碱中和反应真的能实现物质完全转化吗”，该任务的设计非常具有冲击性。教学中，教师引导学生基于原理分析即使是HCl溶液与NaOH溶液的中和反应，也由于混合熵而不能100%发生物质转化，存在反应的限度。在此基础上，引导学生基于H_2O的电离程度，认识小趋势反应。

学习任务2设计为“如何增大小趋势反应的物质转化程度”，这一学习任务的设计凸显了小趋势反应的价值。教学中，教师有意识地引导学生基于反应的相互作用来思考问题。这样的设计，发展了学生对化学反应相互作用的认识，其认识层次从基于化学反应体系内组分之间的相互作用，发展为基于化学反应体系之间的相互作用。学习任务2还将化学反应体系之间的相互作用抽提为“反应耦合思想”，进一步丰富和拓展了学生对平衡思想的认识。

3. 注重基于Q和K视角建构改变物质转化程度的一般思路

浓度商和平衡常数，是物质转化程度的重要认识视角。如何基于Q和K，建构改变水溶液体系中物质转化程度的一般思路呢？

学习任务3以不同温度下CH_3COOH电离的焓变数据为素材，组织学生讨论并定量分析不同温度下CH_3COOH电离平衡常数的变化，从而引导学生建构基于K改变物质转化程度的一般思路。

学习任务4以Ca^{2+}、Cu^{2+}和Al^{3+}等不同阳离子对CO_3^{2-}水解程度的影响为例，组织学生讨论并定量分析Q和K之间的数量关系，从而引导学生建构基于Q和K改变物质转化程度的一般思路。

本节课，既注重了水溶液体系中弱电解质的电离平衡、盐类的水解平衡和难溶电解质的沉淀溶解平衡等知识的综合运用；又基于水溶液体系中物质转化程度的特殊性，引导学生建构主题大概念，形成了认识和改变水溶液体系中物质转化程度的认识视角和一般思路，发展了学生的“变化观念与平衡思想”这一学科核心素养。

参考文献

[1] 中华人民共和国教育部.普通高中化学课程标准（2017年版）[M].北京：人民教育出版社，2018.

[2] 中华人民共和国教育部.义务教育化学课程标准（2011年版）[M].北京：北京师范大学出版社，2012.

[3] 唐有祺.相平衡、化学平衡和热力学 [M].北京：科学出版社，1984.

[4] 胡英.物理化学 [M].6版.北京：高等教育出版社，2007.

[5] 彭笑刚.物理化学讲义 [M].北京：高等教育出版社，2012.

[6] 傅献彩.物理化学 [M].5版.北京：高等教育出版社，2005.

[7] 胡忠鲠.现代化学基础 [M].北京：高等教育出版社，2000.

[8] 郭保章，董德沛.化学史简明教程 [M].北京：北京师范大学出版社，1985.

[9] 袁翰青，应礼文.化学重要史实 [M].北京：人民教育出版社，1989.

[10] 王磊，魏锐.学科核心素养发展导向的高中化学课程内容和学业要求——《普通高中化学课程标准（2017年版）》解读 [J].化学教育，2018，39(09)：48-53.

[11] 周继敏，李银涛，王涛，杨松林，李刚.通过实验探究建构科学规律的教学——以“温度、压强对化学平衡的影响”为例 [J].化学教育，2019，40(09)：37-40.

[12] 彭小平，徐宇峰.基于化学史和数据探究的“化学平衡常数”教学研究 [J].化学教育，2018，39(15)：20-24.

[13] 高杰，王磊，刘银，支瑶.“难溶电解质的溶解平衡”的探究教学设计及反思 [J].化学教育，2014，35(21)：20-23.

[14] 何彩霞. 以化学观念为统领设计教学活动——对“弱电解质的电离”教学课例的再研究 [J]. 化学教育，2013，34(01)：16-18.

[15] 胡久华，郇乐. 沉淀溶解平衡教学中驱动性问题链的设计与实践 [J]. 化学教育，2012，33(09)：55-59.

[16] 施一鸣，丁伟. 让学生构建化学平衡概念的教学设计 [J]. 化学教学，2010(03)：48-49.

[17] 白洁. 创新教学设计——“化学反应的速率和限度”[J]. 中学化学教学参考，2014(02)：44-45.

[18] 郑长龙. 2017年版普通高中化学课程标准的重大变化及解析 [J]. 化学教育，2018，39(09)：41-47.

[19] 郑长龙，孙佳林. “素养为本”的化学课堂教学的设计与实施 [J]. 课程·教材·教法，2018，38(04)：71-78.

[20] 郑长龙. 化学学科理解与“素养为本”的化学课堂教学 [J]. 课程·教材·教法，2019，39(09)：120-125.

[21] 郑长龙，等. 化学课程与教学论 [M]. 2版. 长春：东北师范大学出版社，2018.

第七章

原子结构主题的教学设计及典型案例分析

化学世界既包括化学宏观世界，又包括化学微观世界。建构化学微观世界的图景，认识化学微观世界的规律，揭示化学微观世界的本质，是化学教学的重要目标。原子结构理论是物质结构理论的重要组成部分，是认识分子结构和晶体结构的重要基础。原子结构主题的学习，可以引导学生建构认识化学微观世界的基本视角，形成化学微观世界的认识方式，发展学生的化学学科核心素养。

第一节
原子结构主题的学科理解及进阶设计

对化学微观世界的认识，始于原子。正是基于对原子结构的持续探索，人们才认识到了微观世界的特殊性，建立了量子力学理论，逐步形成了化学微观认识方式。那么，化学微观世界与化学宏观世界到底有什么不一样？化学微观世界究竟有哪些独特的认识视角呢？

一、原子结构主题的学科理解

1. 原子与化学微观世界

“原子”这一概念，最早是哲学家提出来的。两千多年前，古希腊哲学家德谟克利特认为，宇宙万物由极微小的不可穿透、不可分割的粒子组成，这些粒子被称为原子。尽管这是哲学视角下的原子概念，但其核心思想一直产生着巨大的影响。这些核心思想概括起来主要有：第一，原子概念的功能是回答物质的最基本成分问题；第二，物质最基本成分的特征是极微小、不可分割。此后，“成分”和“不可分割”成为人们探索物质世界的方向和目标。

什么是物质不可分割的成分呢？哲学家们又提出了“元素”的概念，试图去探索“成分”的最原始、最本原的物质载体。大约公元前450年，古希腊哲学家恩培多克勒写了一本名为《论自然》的著作，认为万物皆由四种物质元素——土、气、水、火组成，系统提出了“四元素”学说。我国古代的“五行”说也属于此类探索。这些反映了哲学视角下的元素概念。在“元素”一词中，“元”表达“最本原”“最原始”“不可分割”的思想，“素”表达“成分”的思想。“元素”与德谟克利特“原子”概念的不同之处在于，“原子”的成分，指的是粒子；而“元素”的成分，指的是物质。此后的一千多年，人们基于元素的思想，进行了大量的探索，提出了各种各样的学说。

将“不可分割”“成分”和“物质”的元素思想引入到化学中，并提出化学元素概念的化学家是波义耳，他认为用化学方法不能再分解的最简单物质就是元素（1661年）。化学元素概念的提出，对化学具有十分重大的意义。对此，恩格斯给予了很高的评价，他认为是波义耳把化学确立为科学。基于化学元素视角，很多化学家进行了系统、深入的研究。例如，1789年，拉瓦锡在其著作《化学基础论述》一书中，对33种化学元素进行了系统分类。1869年，俄国化学家门捷列夫发表了元素周期表，使化学元素理论研究达到了高潮，成为了19世纪化学科学的一个重要标志。

18~19世纪是化学科学发展突飞猛进的时代，其主要原因在于定量实验方法论的运用。很多化学家运用实验方法定量地研究了物质之间的化学变化，发现化学元素间的化合总是表现出整数或倍数的关系。为什么会有这样的数量关系呢？英国化学家道尔顿在深入研究的基础上于1803年提出了化学史上著名的“原子论”。原子论认为：

- 物质是由具有一定质量的原子构成的，原子是最小和不可分割的；
- 元素是由同一种类的原子构成的；
- 化合物是由构成该化合物成分的元素的原子结合而成的复杂原子构成的。

道尔顿的原子论，继承了“成分”和“不可分割”的思想；同时，将物质、元素、原子三者有机地统一起来。如果说“元素”是对化学物质成分的宏观表征的话，那么，“原子”则是对化学物质成分的微观表征。

道尔顿原子论的价值不仅仅在于深化了对物质成分的认识，还在于深化了对物质变化的认识。基于参与反应的原子种类和数目，可以定量地认识化学反应中各物质的质量关系；可以解释化学反应的本质是原子的重新组合；可以将化学反应中的守恒，从质量守恒深入到原子守恒。因此，道尔顿的原子论整体深化了化学科学研究的层次，对物质成分及其变化的研究从物质、元素层次进入到了原子层次，表明化学科学研究的尺度达到了微观。正是在这个意义上说，道尔顿开启了化学微观世界的大门。

在此后的近百年时间里，化学家们努力地进行着化学微观世界的探索，取得了一批有价值的研究成果。例如，1811年，阿伏加德罗提出了分子假说；1887年，阿伦尼乌斯提出了电离学说，阐述了“离子”的产生机制。基于原子、分子和离子来研究物质的成分及其变化，表明化学科学研究整体达到了尺度微观的水平。然而，“原子不可分”的观念，仍然是当时化学家们的信条。原子不可分，也就意味着原子没有结构的问题。

2. 原子结构与化学微观世界

导致原子不可分的化学观被转变的直接原因，是科学史上的两个著名实验。一个是1897年英国物理学家汤姆逊的阴极射线实验，发现了电子；一个是1911年卢瑟福的 α 粒子散射实验，发现了原子核。这两个实验的重要价值在于“打开”了原子，证明原子是由带正电的原子核和核外带负电的电子构成的。那么，原子核和电子是如何组合在一起，成为原子的呢？汤姆逊和卢瑟福分别提出了自己的理论模型。

• 枣糕模型（1904年）：汤姆逊认为，电子是平均地分布在整个原子上的，就如同散布在一个均匀的正电荷的海洋之中，它们的负电荷与那些正电荷相互抵消。这一模型也称为“葡萄干模型”或“西瓜模型”。

• 行星模型（1911年）：卢瑟福认为，原子的中心有一个很小的原子核，几乎全部质量均集中在原子核上；原子的全部正电荷在原子核内；带负电的电子在核外空间进行绕核运动。

卢瑟福模型提出后，人们依据经典电磁理论，提出了原子“坍塌”的质疑。为了解决这一问题，丹麦物理学家玻尔对氢原子进行了深入的研究，认为氢原子核外电子是处在一定的线性轨道上绕核运行的，氢原子的核外电子在轨道上运行时具有一定的能量，氢原子核外电子的轨道不是连续的。在此基础上，形成了“原子模型”（1913年）。该模型很好地解释了氢原子光谱，电子在氢原子量子化能级上的跃迁与光谱线域之间具有严格的一一对应关系。尽管如此，由于把微观粒子（电子、原子等)看作是经典力学中的质点，从而把经典力学规律强加于微观粒子上（如轨道概念），因此玻尔原子模型具有很大的局限性，成为了从经典力学向量子力学转变的过渡性模型。

玻尔原子模型中蕴含着量子力学的很多思想，如量子化思想、轨道思想、对应关系和跃迁等。这些思想为现代基于波粒二象性的原子结构电子云模型的建立，奠定了重要基础。

基于以上概述，人类对原子结构认识的历程，大体上可划分为三个阶段，如图7-1所示。

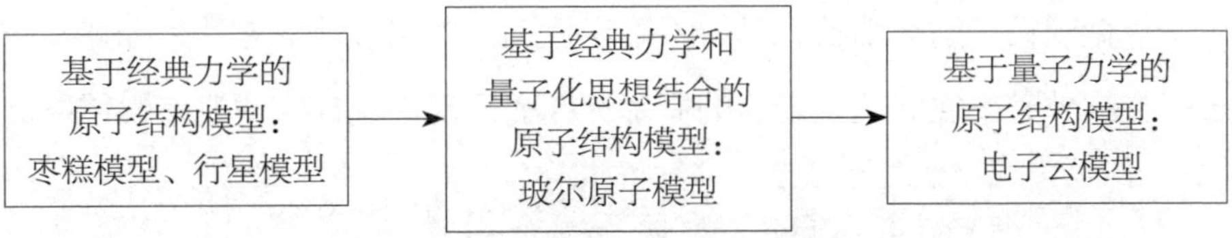

图7-1　原子结构认识的三个发展阶段

原子结构电子云模型的建立，标志着人们对化学微观世界的认识，由尺度微观水平发展到了本质微观水平，开始基于量子力学来认识微观粒子的运动规律。

3. 核外电子与化学微观世界

原子被打开后，人们认识到原子是由原子核和核外电子构成的。那么，原子核外电子是如何运动的？如何来描述原子核外电子的运动状态？原子核外电子是如何排布的？这些问题既是化学微观世界的根本性问题，又是原子结构主题的学科本原性问题。因此，核外电子是认识原子结构和化学微观世界的重要视角。

（1）核外电子的运动特征

核外电子等微观粒子，有着与宏观物体完全不同的运动特征。概括起来，主要有两点（如图7-2所示）：

• 核外电子运动状态的不连续性。按照卢瑟福原子结构行星模型，绕核运动的电子失去能量的过程应该是连续的，反映在光谱上，应该能够看到原子辐射的各种频率（波长）的光。但实验结果看到的却是分立的线状谱。这说明电子等微观粒子的运动状态具有不连续性，呈现出量子化特征。

• 核外电子运动状态的不确定性。在宏观世界，依据牛顿力学理论，可以用动量和坐标对宏观物体的运动状态进行确定性的描述。但是，在微观世界，依据德国物理学家海森堡提出的测不准原理（1927年），不可能同时用动量和坐标对电子等微观粒子的运动状态进行精确性描述。这说明电子等微观粒子的运动状态具有不确定性，只能用统计的方法来描述某一电子在核外某一空间位置出现的概率，因而呈现出统计性或概率性特征。

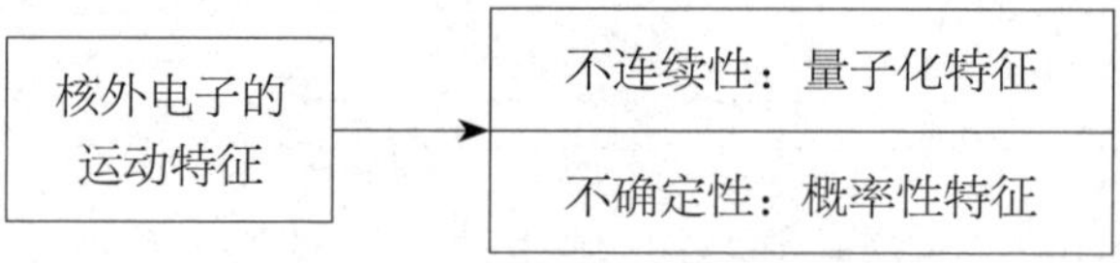

图7-2　核外电子的运动特征

（2）**核外电子运动状态的描述特征**

对核外电子空间运动状态的描述，主要解决两个问题：一是电子在空间有哪些可能的量子态；二是各种可能的量子态在空间是如何分布的（形状和取向）。这两个问题的解决，形成了电子状态描述的原子轨道视角和电子云视角。

利用主量子数n、角量子数l和磁量子数m，可以描述一个电子在空间有哪些可能的量子态，即有多少个原子轨道；利用角量子数l和磁量子数m，可以描述各种可能量子态电子云的形状和取向，其中，角量子数l描述的是空间的形状，磁量子数m描述的是空间的取向（如图7-3所示）。

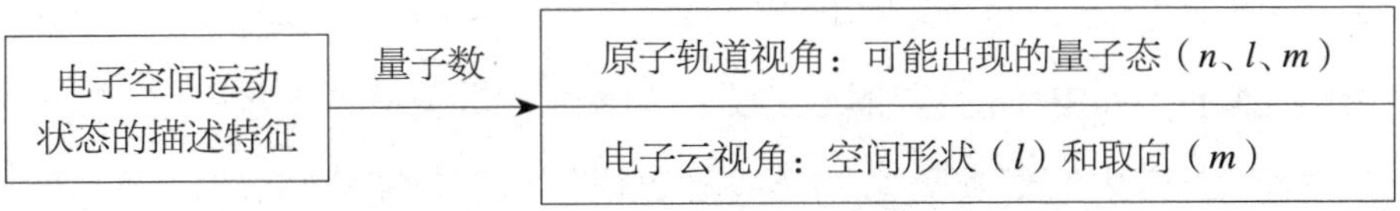

图7-3　核外电子运动状态的描述特征

核外电子除了空间运动形式以外，还有自旋运动的形式。自旋运动，是用自旋量子数m_s来描述的。

（3）**核外电子的排布特征**

基态电子的排布，主要是基于能量最低原理，按照能量高低的顺序进行排列。能量高低主要是基于以下三个标准判断：

- 基于能层视角。主要是用主量子数n的大小来判断，n越大，能量越高；
- 基于能级视角。主要是用角量子数l的大小来判断，l越大，能量越高；
- 基于占据轨道方式视角。对于能层、能级相同的轨道，电子以半充满、全充满或尽可能占据空轨道的方式排布能量更低。

对于能层较大的电子层，会有能级交错现象。例如，有3d轨道的原子，其电子采用3p→4s→3d的顺序排布。

4. 原子结构主题的大概念

基于以上的讨论，可以抽提出原子结构主题的大概念，即“原子的结构模型”和“原子的构造模型”。

（1）原子的结构模型

阴极射线实验发现了电子，表明原子是可分的；α粒子散射实验，发现了原子核，表明原子是有核的；质子和中子的发现，表明原子核也是可分的。那么，原子核和核外电子是如何联系在一起成为原子的呢？原子核中的质子、中子与核外电子之间存在怎样的关系呢？对这两个问题的探索，形成了认识原子结构的两个视角：基于核外电子的运动认识原子的结构；基于原子核认识原子的构成。

• 基于核外电子的运动认识原子的结构。对于核外电子是如何运动的，人们基于宏观经典力学，形成了枣糕模型和行星模型；基于旧量子论，形成了玻尔原子模型；基于量子力学，形成了电子云模型。电子云模型是微观模型，反映了化学微观粒子运动的量子化和概率性特征。随着人们对微观世界认识的不断深化，还会产生新的理论，基于新的理论，还会建构新的原子结构模型。因此，建构原子的结构模型，永远在路上。

• 基于原子核认识原子的构成。物质的成分问题，一直是哲学家和物理学家、化学家们关注的最基本问题。从化学的视角来看，对原子认识的每一次重大进展，都对物质的成分认识产生了重大影响。道尔顿的原子论，使人们对物质成分的认识从宏观元素水平达到了微观粒子水平；同时，一种元素只有一种原子，建立了宏观元素和微观原子之间的关联。原子被“打开”后，随着质子和中子的发现，人们发现了同位素，认识到具有相同质子数和电子数的原子并不只有一种，一种元素对应着的是一类原子，从而基于核素发展了元素概念，建立了元素与原子之间新的关系，深化了对物质成分的认识。随着对原子核内粒子的新的发现，人们基于原子核对原子构成的认识必将不断深化，从而对物质成分的探索也将更加深入。

（2）原子的构造模型

原子光谱，是人们认识原子的电子结构的直接证据。通过原子光谱，我们可以基于能量推断出原子的电子结构，即某一原子核外电子的排布情况。但是，原子核外电子是通过怎样的方式形成这样一种排布的呢？这个问题，本质上就是核外电子的构造问题。因此，原子核外电子的排布规则，是人们建构出来的核外电子的构造规则。这些规则，是基于量子力学理论提出来的，是在对核外电子运动特征、电子状态的描述特征进行抽提并加以结构化的基础上建构起来的。

对于基态原子，能量最低原理是建构原子构造模型的根本性规则。这样就形成了建构原子构造模型的能量最低视角。能量最低主要有两种表现形式，一种是基于能层和能级来判断能量最低；一种是基于电子占据轨道的方式来判断能量最低，即全充满方式、半充满方式和尽可能占据空轨道的方式。

基于原子的结构模型和原子的构造模型大概念，可以将原子结构主题的内容结构化，形成该主题的概念层级结构。量子化、概率分布、原子轨道、电子云、核外电子排布等，是该主题的核心概念；核素、基态、激发态、电子排布式等，是该主题的基本概念。

二、原子结构主题的进阶设计

1. 学情分析

原子结构内容一直是中学化学的重点和难点之一。之所以说是重点，是因为这些内容是学生认识化学微观世界的重要载体，是学习元素周期律、分子结构和晶体结构等内容的重要基础，是解释和预测元素性质的重要理论，是发展学生“宏观辨识与微观探析”素养的重要支点。之所以说是难点，是因为这些内容抽象，摸不着、看不见，很难与学生已有知识和经验建立关联；化学微观思维方式与基于具体物质及其变化的宏观思维方式有着显著的区别，学生难以建立化学微观世界的认识视角和认识思路。

对于学习这部分内容的方法，学生更多的是死记硬背。因而，学生头脑中的“原子”“核外电子”如同“生物大分子”“超分子”一样，就是一个知识点，仅此而已。完全没有认识到原子、核外电子的学习，已经使他们进入到了一个新的化学世界——化学微观世界；完全没有认识到10^{-10} m、10^{-14} m，对于化学物质世界本身、对于认识化学物质世界意味着什么。

因此，引导学生建立尺度意识，基于尺度走进化学微观世界非常重要。要让学生在此基础上，发展化学微观世界的认识视角，学习原子结构主题的基本概念和核心概念，建构主题大概念。

2. 课标和教材分析

（1）课标分析

义务教育课标中与原子结构有关的内容主要集中在“微粒构成物质”和“化学变化的基本特征”这两个二级主题中，具体内容如表7-1所示。①

表7-1　义务教育课标中与原子结构主题有关的主要内容

微粒构成物质	• 认识物质的微粒性，知道分子、原子、离子等都是构成物质的微粒。 • 能用微粒的观点解释某些常见的现象。 • 知道原子是由原子核和核外电子构成的。 • 知道原子可以结合成分子、同一元素的原子和离子可以相互转化。 • 初步认识核外电子在化学反应中的作用。
化学变化的基本特征	• 初步了解化学反应的本质。

① 中华人民共和国教育部.义务教育化学课程标准（2011年版）[M].北京：北京师范大学出版社，2012：24-26.

义务教育课标涉及了原子与化学微观世界，要求学生知道原子是构成物质的微粒之一，知道原子与分子、与离子之间的关系；涉及了原子的构成；涉及了原子与反应的关系，基于原子认识化学反应的实质。

在2017年版课标中，高中必修阶段的原子结构内容主要集中在“原子结构与元素周期律”这一二级主题中，具体内容如表7-2所示。[①]

表7-2　高中必修阶段与原子结构主题有关的主要内容

	内容要求
原子结构与元素周期律	• 知道元素、核素的含义。 • 了解原子核外电子的排布。

2017年版课标在高中必修阶段涉及了元素与原子的关系，以及通过核素发展对原子构成的认识；涉及了原子核外电子的排布，基于能层来构造原子。

在高中化学选择性必修阶段，原子结构内容主要在“物质结构与性质”模块的“原子结构与元素的性质”主题中“原子核外电子的运动状态”和“核外电子排布规律”两个二级主题里体现，具体内容如表7-3。[②]

表7-3　高中选择性必修阶段与原子结构主题有关的主要内容

	内容要求
原子核外电子的运动状态	• 了解有关核外电子运动模型的历史发展过程。 • 认识核外电子的运动特点，知道电子运动的能量状态具有量子化的特征，电子可以处于不同的能级，在一定条件下会发生激发与跃迁。 • 知道电子的运动状态可通过原子轨道和电子云模型来描述。
核外电子排布规律	• 知道原子核外电子的能级高低顺序。 • 了解原子核外电子排布的构造原理，认识基态原子中核外电子的排布遵循能量最低原理、泡利不相容原理和洪特规则等。 • 知道1~36号元素基态原子核外电子的排布。

① 中华人民共和国教育部. 普通高中化学课程标准（2017年版）[M]. 北京：人民教育出版社，2018：18.

② 中华人民共和国教育部. 普通高中化学课程标准（2017年版）[M]. 北京：人民教育出版社，2018：36-37.

2017年版课标在高中选择性必修阶段的“物质结构与性质”模块中，涉及了原子结构模型的发展过程，要求学生系统认识原子核外电子的运动特征、描述特征和排布特征；涉及了基于能量最低原理的原子构造模型。

（2）教材分析

从人教版新教材来看，在高中必修阶段，原子结构内容主要编排在必修第一册第四章第一节“原子结构与元素周期表”中。在原子构成上，探讨了原子质量数与原子核中质子数、中子数之间的数量关系，并在此基础上，引入了核素和同位素概念，从而深化了对物质成分及元素与原子之间关系的认识。在核外电子运动特征的认识方面，提到了“不连续的壳层”，体现了化学微观世界粒子运动的不连续性，蕴含着量子化特征。在核外电子排布特征的认识方面，引入了电子层和能量视角，蕴含着基于能层的能量高低来排布核外电子。以化学史的形式，系统介绍了原子结构典型模型的发展过程。

从选择性必修教材来看，原子结构内容编排在物质结构与性质教材的第一章第一节“原子结构”中。从核外电子的运动特征、电子状态的描述特征和核外电子的排布特征三方面，系统阐释了现代化学的原子结构模型，使学生的化学微观认识达到了本质微观水平；基于能量最低原理，系统给出了原子构造的视角和规则，使学生较为完整地建构起原子的构造模型。

3. 进阶设计

（1）原子结构主题进阶变量的表征

依据进阶变量表征模型，原子结构主题的进阶变量可表征如下。

• 概念变量。学生在初中阶段主要学习原子的构成及原子中各微粒之间的数量关系和电性关系，在高中必修阶段主要学习原子结构模型的发展及电子层中电子的填充规则，在高中选择性必修阶段主要基于电子云模型认识原子的结构及核外电子的运动特征和描述特征。

• 认识变量。学生在初中阶段主要是初步建立原子核外电子分层排布的思想，在高中必修阶段主要基于电子层认识核外电子的构造规则，在高中选择性必修阶段主要基于电子云模型认识原子的结构及核外电子的排布规律。

• 方法变量。学生在初中主要运用描述表达和比较关联等方法，在高中必修阶段主要运用抽象概括、模型建构和解释预测等方法，在高中选择性必修阶段主要运用模型建构、设计验证、分析评价等方法。

（2）原子结构主题学习进阶理论预设模型

◎水平1：基于原子认识化学微观世界

认识原子的构成及原子中各微粒之间的数量关系和电性关系，知道原子是可分的，认识原子核外电子是分层排布的。

◎水平2：基于电子层认识核外电子排布规律

认识原子结构模型的发展及电子层中电子的填充规则。

◎水平3：基于能量最低原理认识核外电子排布规律

基于电子云模型认识原子的结构及核外电子的运动特征和描述特征，建构核外电子的构造模型。

表7-4　原子结构主题进阶设计

进阶水平	进阶变量			表现期望
	概念变量	认识变量	方法变量	
水平1：基于原子认识化学微观世界	• 认识原子的构成。 • 认识原子中各微粒之间的数量关系和电性关系。	• 认识原子是可分的。 • 认识原子核外电子是分层排布的。	描述表达、比较关联。	• 能基于原子视角认识物质的构成及其与分子、原子之间的关系。 • 能用原子结构示意图表示简单原子核外电子的排布。

续表

进阶水平	进阶变量			表现期望
	概念变量	认识变量	方法变量	
水平2：基于电子层认识核外电子排布规律	• 认识原子结构模型的发展。 • 认识电子层中电子的填充规则。	• 认识电子层中电子的排布规律。	抽象概括、模型建构、解释预测。	• 能基于电子层中电子的排布规律，画出1~20号元素原子的原子结构示意图。
水平3：基于能量最低原理认识核外电子排布规律	• 基于电子云模型认识原子的结构及核外电子的运动特征和描述特征。	• 建构核外电子的构造模型。	模型建构、设计验证、分析评价。	• 能基于能量最低原理画出1~36号元素原子的电子排布式和轨道表示式。

第二节
原子结构主题（必修）典型课例及分析

课题组对人教版高中化学必修2教材第一章第一节“元素周期表”中有关原子结构的内容进行了整合，确定了“基于尺度再探原子结构”的课题，开展了核心素养取向的原子结构主题（必修）的化学教学设计与实施研究。

一、教学设计

1. 素养功能定位

原子概念的提出，开启了化学微观世界的大门；对原子结构的探索，反映了人类化学微观世界认识方式的建构过程。在中学阶段，学生对化学微观世界的认识是分阶段的。在高中必修阶段，学生是基于尺度微观认识化学微观世界，认识原子的构成及其结构；在高中选择性必修阶段，学生是基于本质微观认识化学微观世界，认识原子结构的电子云模型和核外电子的构造模型。因此，在高中必修阶段原子结构的教学中，基于尺度使学生感受化学微观世界，建构认识化学微观世界的基本视角，是十分重要的。具体到本节课来说，应该发展学生哪些认识视角呢？

第一，尺度微观视角。基于尺度，使学生认识到由原子等微粒构成的化学微观世界，完全不同于由元素所组成的宏观物质世界，其有着独特的认识方式。

第二，微观结构视角。原子核与核外电子通过什么样的方式结合成为一个整体，这涉及原子的结构问题；对于多电子体系来说，这些核外电子以怎样的方式整合在一起，有规律地在原子核外运动，这涉及核外电子的排布问题、构造问题、结构问题。

因此，本节课的素养功能在于基于原子发展学生的尺度微观视角，使他们感受到化学微观世界的独特性；基于原子的构成和核外电子的排布，发展学生的微观结构视角。

2. 教学目标设计

（1）通过“尺度的穿行”，认识尺度的差异，感受化学微观世界。

（2）通过对原子核和中子发现过程的探究，体会证据及基于证据推理的重要性；知道质量数与质子数、中子数之间的数量关系，了解核素和同位素。

（3）通过分析核外电子的运动特征和排布特征，认识核外电子运动的不确定性和基于电子层的核外电子排布规律。

（4）通过核外电子稳定结构的分析，初步建立原子结构与元素性质之间的关系。

（5）能基于核外电子稳定结构，解释和预测元素的性质。

3. 教学思路设计

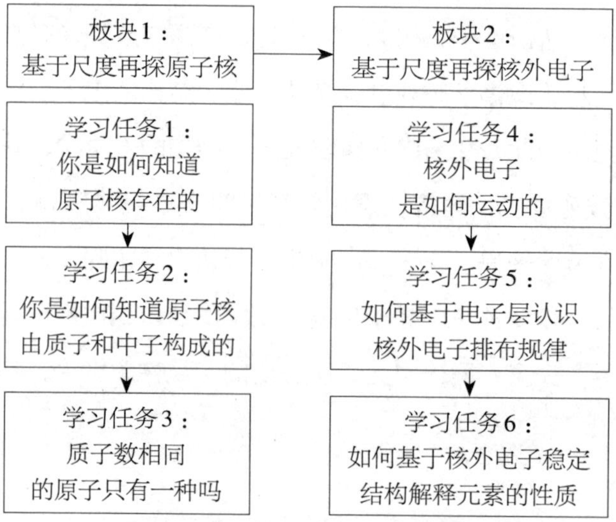

图7-4 “基于尺度再探原子结构”一课的板块–任务式设计

二、教学实施

1. 情境创设

【师】在初中，大家基于原子的构成学习了原子结构；今天，我们将基于尺度再探原子结构。

【展示课件】基于尺度对物质世界的划分（如表7-5所示）。

表7-5　基于尺度对物质世界的划分

序号	尺度名称	尺度范围	相互作用力	学科举例
1	宇观	3×10^{7} m~1.5×10^{26} m	万有引力、电磁作用力	宇宙学、天文学
2	遥观	10^{3} m~3×10^{7} m	万有引力、电磁作用力	地球科学、地理学
3	宏观	10^{-4} m~10^{3} m	万有引力、电磁作用力	经典物理学、经典化学
4	显微学	10^{-7} m~10^{-4} m	万有引力、电磁作用力、表面张力	微生物学
5	介观	10^{-9} m~10^{-7} m	万有引力、电磁作用力、表面张力	纳米科学
6	微观	10^{-10} m~10^{-9} m	电磁作用力（量子化和波粒二象性）	量子力学、量子化学
7	皮米观	10^{-12} m~10^{-10} m	电磁作用力等	超高密度物质的结构研究（目前研究较少）
8	飞米观/亚飞米观	10^{-15} m~10^{-14} m / 10^{-36} m~10^{-19} m	电磁作用力、强相互作用力、弱相互作用力	超弦理论、宇宙大爆炸理论

【师】从宇观1.5×10^{26} m（约150亿光年），到亚飞米观10^{-36} m，这么大的一个跨度。看完后，你产生了哪些想法？

【生】思考。

【师】我国著名化学家徐光宪先生说过这样的话：在科学研究中，尺度的不同常常引起主要相互作用力的差异，导致物质性能及运动规律和原理的质的区别（展示图7-5）。

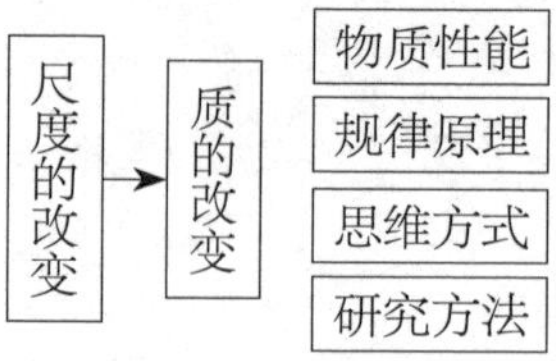

图7-5　尺度的改变引起质的改变

【师】我们今天研究的原子，是在哪个尺度上的？

【生】微观。

【师】那么，在微观的尺度上，如何来认识原子及其结构呢？

【板书】第一节　再探原子结构

2. 板块1的实施

【师】下面，我们做一次基于尺度的穿行，从10^{24} m（约1亿光年）开始。大家注意看一下。

【播放视频】尺度的穿行：从宇观到微观

【师】我们现在把尺度定格在10^{-9} m，这是什么尺度（展示图7-6）？

【生】微观。

【师】那你看到了什么？

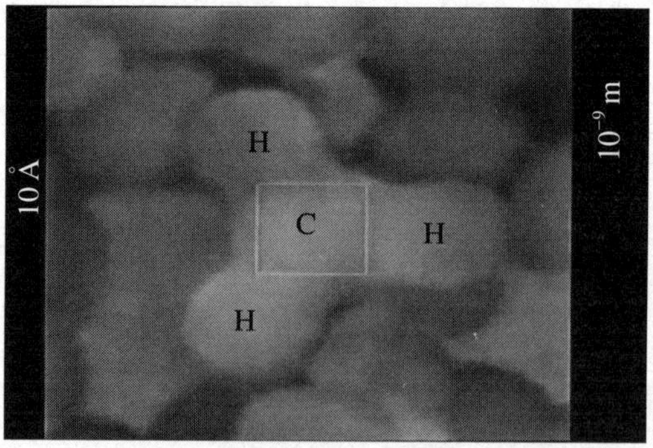

图7-6　微观尺度下的原子团

【生】原子。

【师】什么原子呢？

【生】一个碳原子和三个氢原子。

【师】那么，我们预测一下，当把10^{-9} m这个尺度再缩小、再缩小的时候，将会看到什么？

【生】看到原子核（如图7-7所示）。

图7-7　皮米观尺度下的原子核

【师】那我的问题就是：你是怎么知道原子核存在的呢？

【板书】学习任务1：你是如何知道原子核存在的

【生1】书上说的，老师也是这么讲的。

【生2】根据科学家们的研究发现的。

【师】下面请大家看一个实验，叫α粒子散射实验。大家注意观察实验现象，讨论并思考基于实验事实你能得出什么结论。

【视频演示实验】α粒子散射实验

【师】你们观察到了哪些现象？

【生】用α粒子轰击金箔发现，大多数α粒子通过了，极少数α粒子大角度偏转，还有极少数α粒子弹回去。

【师】这些现象说明了什么？基于这些证据，你能得出什么结论？

【生1】反弹，说明存在一个质量较大的微粒；极少数反弹，说明这个微粒体积较小。

【生2】极少数大角度偏转，说明质量较大的微粒带有正电荷。

【生3】大多数通过，说明电子和这个质量较大的微粒之间有较大的空间。

【师】综合大家的讨论，我们发现，这个质量较大的微粒带有正电荷，体积很小，质量很大。英国物理学家卢瑟福就给具有这样一些特性的微粒起名叫“原子核”。因此，原子是有核的。

【师】那我们再思考一下，当我们把尺度再缩小，又能看到什么？

【板书】学习任务2：你是如何知道原子核由质子和中子构成的

【生】如果尺度再缩小，就会看到原子核中有质子和中子。

【师】你是怎么知道原子核里面有质子和中子的呢？

【师】阅读学案中的化学史资料，基于史实，你能得出什么结论？小组讨论一下。

【生】卢瑟福用阴极射线轰击氢原子，使其变成了带正电的阳离子，即H^+。H^+实际上就是氢的原子核。卢瑟福推测它就是与阴极射线相对的阳极射线，带一个单位正电荷，质量也为一个单位，因而将它命名为“质子”。1919年，卢瑟福用α粒子轰击氮原子核时，发现同样可以轰出质子。因此，他认为，所有的原子核中都应该有质子。

【师】梳理得非常好！

【生】卢瑟福的学生莫塞莱发现，原子核所带正电荷数与原子序数相同，但相对原子质量却比原子序数大，因此，他们推测原子核中还应有一种电中性的粒子存在。1928年，波特用α粒子轰击铍，发现了一种穿透力极强的中性射线；1932年，查德威克把这种中性粒子称为“中子”。

【师】这些事实证明，原子核也是可分的，是由质子和中子构成的。

【师】中子的发现，是由于莫塞莱基于原子质量对原子核构成的质疑。那么，原子核内的质子、中子、核外电子与整个原子的质量之间具有怎样的关系呢（展示表7-6）？

表7-6　原子中各微粒的质量

微粒	质子	中子	电子
质量 /kg	1.673×10^{-27}	1.675×10^{-27}	9.109×10^{-31}
相对质量	1.007	1.008	0.000 548 4

【师】质子、中子和电子的质量非常小，以千克为单位使用起来非常不方便。那么，怎么解决这个问题?

【生】用相对质量。用质子的质量比上相对原子质量的基准，就能算出质子大概的相对质量是1.007，中子的相对质量是1.008，然后把它们都近似看成1。

【师】电子质量呢?

【生】跟质子、中子的质量相比，可以忽略不计。

【师】质子数加上中子数，就可以表示原子的质量，很方便。我们给原子的质量起个名字，叫“质量数”，用大写的A表示，质量数等于质子数加中子数，用来近似表示相对原子质量。

【师】刚才我们从定性和定量两个方面，讨论了原子核的构成以及各微粒数目与原子质量之间的关系，知道原子核是由质子和中子构成的。那么，质子数相同的原子只有一种吗?

【板书】学习任务3：质子数相同的原子只有一种吗

【师】阅读下面的化学史资料，基于史实，你能得出什么结论？小组讨论一下。

1905年卢瑟福通过实验发现：

元素	来源（位置）	相对原子质量
铅	镭系的放射性终产物	206
	钍系的放射性终产物	208
	元素周期表中	207.2

卢瑟福让助手赫维西从铅中分离出镭-铅和钍-铅，赫维西在两年时间里，用了能想到的所有的化学方法，也没能分开，他发现它们的化学性质完全一样。

【生】我觉得这其中主要是中子数不同。之前我们学过氧-16和氧-18，就是因为中子数不一样导致原子质量不一样。

【师】那你的观点呢？

【生】我认为它们不是一种原子。

【师】铅是82号元素，但你认为资料里说的是两种不同的原子吗？

【生】是同一种元素，不是同一种原子。

【师】为什么呢？

【生】应该就是我刚才说的，中子数不同。

【师】确定是否是同一种原子，不仅要看质子数，还要看中子数；而确定是否是同一种元素，只看质子数。铅-206和铅-208，虽然质子数都是82，但中子数不同，因而，它们是两种铅原子，也可称为核素，它们之间互称为同位素。但它们都是同一种元素，即铅元素。

3. 板块2的实施

【师】尺度在10^{-10} m的时候，我们看到过这样一幅画面（如图7-8所示）。大家有印象吗？

图7-8　微观尺度下的碳原子

【师】那么，你看到了什么？

【板书】板块2：基于尺度再探核外电子

【板书】学习任务4：核外电子是如何运动的

【生】看到了原子核，应该是碳原子核。核外有很多小点，我想应该是电子吧。

【师】是电子吗？你觉得这里的电子跟你现在头脑中的电子一样吗？

【生】我学过的电子是一层一层的，但这个电子，它分布得好像比较乱。

【师】这位同学刚说了“分布”这个词。还有吗？我们研究过碳原子核外的电子，这6个电子在你头脑中是什么样子的？

【生】它可能最里面有个范围，最外面有个范围。

【师】这位同学刚说了“范围”这个词。事实上，我们在图上看到的小点，是可能性，表示电子在这个区域运动的可能性。小点越密，说明电子在这个区域运动的可能性越大。

【师】这个“区域”，我们称之为“电子层”，用*n*来表示。不同的区域，具有不同的能量，因而，能量是不连续的。

【师】那么，核外电子是如何进入到电子层的呢？这涉及核外电子的排布。

【板书】学习任务5：如何基于电子层认识核外电子排布规律

【师】电子层最多能容纳多少个电子呢？小组讨论一下（展示图7-9）。

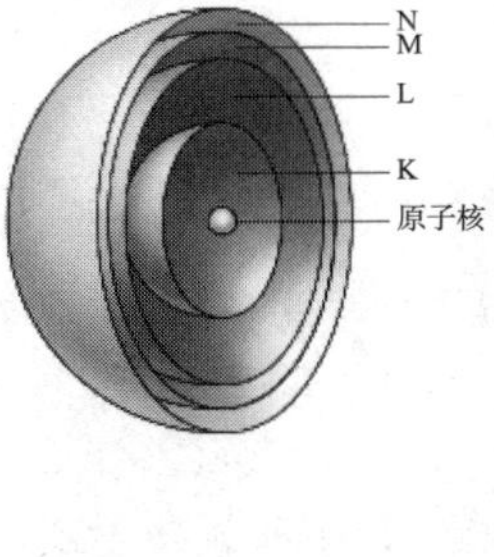

核电荷数	元素名称	元素符号	各电子层的电子数					
			K	L	M	N	O	P
2	氦	He	2					
10	氖	Ne	2	8				
18	氩	Ar	2	8	8			
36	氪	Kr	2	8	18	8		
54	氙	Xe	2	8	18	18	8	
86	氡	Rn	2	8	18	32	18	8

图7-9　稀有气体原子核外电子排布

【生】我们小组主要参考了稀有气体原子核外电子的排布。第一层最多容纳2个，第二层最多容纳8个，第三层最多容纳18个，第四层最多容纳32个，第五层最多容纳18个。

【师】有规律吗？其他小组也汇报一下自己的观点。

【生】我们小组发现除氦原子以外，其余稀有气体原子最外层最多只能容纳8个电子。

【师】很好！他们小组把电子层做了分类，发现了最外层电子排布的规律，最外层最多只能容纳8个电子。还有其他发现吗？

【生】我们小组是从倒数第二层来看的，发现除氦之外，其他稀有气体原子的倒数第二层电子数分别是2、8、18、18、18。

【师】我们先一起来看下最外层。为什么除氦原子以外，其他稀有气体原子最外层最多只能容纳8个电子？

【生】初中时，老师介绍过“八隅体规则”，各个原子趋向于形成8电子稳定结构。稀有气体之所以稳定，就因为最外层电子都是稳定结构。

【师】很好！之所以趋向于形成8电子结构，是因为这样的核外电子结构使得整个原子的能量最低。能量最低，意味着不活泼，稳定。因此，稀有气体不活泼，很稳定。

【师】原子的最外层（除氦原子只有一个电子层，最多只能容纳2个电子）最多只能容纳8个电子；那么，对于任意一个电子层，最多能容纳多少个电子呢？

【师】第一层最多容纳2个电子，第二层最多容纳8个电子，第三层最多容纳18个电子，第四层最多容纳32个电子。电子层数与最多容纳的电子数之间有怎样的数学关系呢？

【生】$2n^2$。$n=1$，可容纳的电子数为2个；$n=2$，可容纳的电子数为8个；$n=3$，可容纳的电子数为18个；$n=4$，可容纳的电子数为32个。

【师】这样，我们基于电子层就得出了原子核外电子的排布规律。

【师】刚才，我们在微观尺度上，探讨了原子核外的电子排布问题；以前的学习中，我们在宏观尺度上，通过化学实验，研究了许多化学物质的性质。那么，大家思考一下，物质的宏观性质与原子的核外电子结构之间有没有联系呢？

【板书】学习任务6：如何基于核外电子稳定结构解释元素的性质

【师】请大家观察表格中的数据（如表7-7所示），小组讨论一下：元素的性质与原子的核外电子结构之间有什么关系？

【师】哪个组有想法就大胆说出来，我们一起来讨论。

表7-7　基于核外电子的稳定结构解释元素的性质

粒子	质子数	核外电子数	化学性质
He	2	2	稳定
Li^+	3	2	稳定
F^-	9	2+8	稳定
Ne	10	2+8	稳定
Na^+	11	2+8	稳定
Cl^-	17	2+8+8	稳定
Ar	18	2+8+8	稳定
K^+	19	2+8+8	稳定
F	9	2+7	强氧化性
Cl	17	2+8+7	强氧化性
Li	3	2+1	强还原性
Na	11	2+8+1	强还原性
K	19	2+8+8+1	强还原性

【生】我们小组认为，当一个粒子的最外层排满8个电子的时候，它的化学性质是稳定的。最外层电子数是7的时候，它的化学性质就没有那

么稳定，它想要再得1个电子变成稳定结构；然后，它最外层如果是1个电子的话，它就想要失掉1个电子变成稳定结构。

【师】大家同意他们组的观点吗？

【师】元素表现的性质，反映了元素原子核外电子趋向稳定结构的特征。所谓稳定结构，在我们这个阶段，可以认为就是原子最外电子层有8个电子的结构。

三、分析评价

原子结构理论，是物质结构理论的重要组成部分，是高中化学的重要基础理论之一。“基于尺度再探原子结构”这节课，是高中结构化学的开篇，承载着建构认识化学微观世界的思维方式，形成基于原子认识化学微观世界的基本视角的重任。因此，从发展学生化学学科核心素养的角度来看，本节课具有一定的挑战性。具体来说，本节课主要有以下特色。

1. 基于尺度视角引导学生建构微观

尺度，是一个跨学科概念，是科学的一级大概念。化学科学主要是在宏观和微观两个尺度上发挥作用，为人类自然观的形成贡献智慧。尺度的变化，意味着质的变化，意味着物质性能、规律原理、思维方式和研究方法的变化。化学宏观物质世界和化学微观物质世界，有着不同的认识方式和认识视角。认识对象的抽象性、认识方式的独特性，导致对化学微观世界的认识具有较大的难度和挑战性。正因为如此，我们一直期待着这样一节原子结构课：能基于尺度引导学生认识化学微观世界，能基于学科本原引导学生建构认识化学微观世界的基本视角。

这节课的最大亮点在于，将“尺度”作为整节课的“魂”，作为整节课自始至终的主线。具体表现为以下几方面。

• 基于尺度设计情境。在情境创设中，首先给出了人类目前认识所及的尺度跨度，从宇观的10^{26} m到亚飞米观的10^{-36} m，让学生首先从数字上去感受物质世界的浩瀚与细微。接着用课件呈现了我国著名化学家徐光宪院士的一段语录，引导学生将尺度与“质”建立关联，并将质的改变概括为物质性能、规律原理、思维方式和研究方法等四个方面。“尺度”是本体论意义上的，“质”是认识论意义上的。从本体论到认识论的衔接设计，体现了对尺度这一科学大概念理解的高站位。通过一个直答型提问——“我们今天研究的原子，是在哪个尺度上的”，很自然地引出了本节课所要探究的问题：“在微观的尺度上，如何来认识原子及其结构呢？”因此，该情境设计具有较大的创新性，较为丰富的内涵和较高的品位。

• 基于尺度设计内容。在板块设计上，显性化地呈现了尺度。板块1基于尺度再探原子核；板块2基于尺度再探核外电子。原子是由原子核和核外电子构成的，本节课根据原子的构成设计成两个板块，很好地反映了学科逻辑。

• 基于尺度设计衔接。在板块1和板块2的衔接上，在学习任务1和学习任务2的衔接上，充分利用“尺度的穿行”的视频来进行。例如，再探原子核，将视频定格在10^{-12} m；再探原子结构，将视频定格在10^{-10} m。

“尺度的穿行”视频，使学生从感官上进一步去感受化学微观世界。原子、原子核、核外电子，质子和中子，都不再仅仅是概念、知识，而是代表了人类对化学微观世界特殊本质的深刻认识；10^{-10}，也不仅仅是一个数字，而是代表了人类对化学微观世界不断探索的层次和水平。这样的教学，可以使学生对微观的认识由抽象变为具象。只有建立了这样的基础，才有可能引导学生进一步建立起认识物质及其变化的微观视角。

2. 注重引导学生初步形成认识核外电子运动特征的基本视角

宏观物体与微观物质，有着不同的运动特征。原子被“打开”后，原子中的核外电子到底是如何运动的，一直是科学家们不断探索的一个重要课题。尺度微观，是基于大小对化学微观的认识，还没有深入到原子轨道和电子云，形成对化学微观的本质认识。本节课在教学设计和实施上，注重发挥尺度的优势，引导学生初步形成认识核外电子运动特征的基本视角。

例如，在板块2中，这节课专门设计了一个“核外电子是如何运动的”学习任务。通过播放“尺度的穿行”视频，给出了微观尺度下碳原子的模拟图。利用这一素材，提出了一个开放度很大的结构不良问题：“你看到了什么？”这个问题对学生来说，是非常具有挑战性的。之所以具有挑战性，是因为绝大多数高一学生从来没有基于尺度思考过微观问题，头脑中装的都是微观的知识，而不是微观的思想。这也可以从学生讨论后的发言中反映出来。学生认为图像中的小黑点，就是电子。教师并没有直接评价学生的观点，而是进一步提问：“你觉得这里的电子跟你现在头脑中的电子一样吗？”这个问题的价值在于引发学生电子概念的转变，从个体建构的电子，向科学建构的电子的转变。基于师生间的讨论与交流，教师指出小黑点代表可能性，从而为选择性必修阶段认识概率性思想奠定了基础。同时，教师抓住学生回答问题中提及的“范围”“分布”等词汇，引出了不连续电子层思想，为选择性必修阶段学习能量量子化思想奠定了基础。而“不连续”（量子化）和“不确定”（概率性），是核外电子的最主要运动特征。这样的教学，既引导学生建构了尺度微观视角，也为他们进一步形成本质微观视角打下了良好的基础。

3. 注重发展学生的证据推理素养

化学微观世界，是肉眼无法直接观察到的，只能基于实验事实进行推理假设，并加以检验。因此，基于证据的推理，是认识化学微观世界的重要方法之一，也是一条重要的化学学科核心素养。本节课的教学设计，非常重视这一素养的发展。下面以板块1再探原子核的教学为例加以说明。

• 问题设计直接指向证据推理素养的发展。板块1共设计了3个学习任务，每个学习任务都是以问题的形式呈现的：你是如何知道原子核存在的？你是如何知道原子核由质子和中子构成的？质子数相同的原子只有一种吗？原子由原子核和核外电子构成，原子核由质子和中子构成，这些知识学生已经知道了。但这些知识是如何获得的，人们在探索这些知识的过程中对化学微观世界有了哪些新的认识，对于这些观念性的内容，多数学生没有建构过。因此，本节课紧紧围绕知识的素养功能，着力发展证据推理素养。

• 教学过程直接指向证据推理素养的发展。例如，在学习任务1的教学中，在播放α粒子散射实验的基础上，教师引导学生梳理实验事实，并基于“大多数穿过”“极少数弹回”和“极少数大角度偏转”的证据进行推理，得出原子核的体积特征、质量特征和电性特征。再如，在学习任务3的教学中，教师以两种铅原子的发现过程为素材，引导学生建立核素和同位素概念。

此外，本节课还十分注重讨论交流等高水平教学行为的运用，引导学生积极主动地进行高阶思维活动。

第三节
原子结构主题（选择性必修）典型课例及分析

如果说高中必修课程是引导学生基于原子结构系统建构尺度微观的话，那么，高中选择性必修课程则是基于原子结构系统建构本质微观，从认识方式和认识视角上，整体提升学生对化学微观的认识水平。课题组以“核外电子运动的再探究”为课题，开展了核心素养取向的化学教学设计与实施研究。

一、教学设计

1. 素养功能定位

原子结构模型，是原子结构主题的一个重要的大概念。基于量子力学理论建构的电子云模型，是现代原子结构模型。电子云模型反映了核外电子的运动特征和核外电子运动状态的描述特征，体现了化学微观世界的本质，反映了人们在本质微观水平上对核外电子运动规律的认识。

本节课的素养功能主要是：基于量子化和概率性，认识核外电子的运动特征，形成认识化学微观世界物质运动的基本视角，发展化学微观认识水平，从尺度微观发展到本质微观；基于能量视角，认识核外电子运动状态的描述特征，从基于电子层的描述水平发展为基于能层和能级的描述水平，建构原子结构的电子云模型。

2. 教学目标设计

（1）通过分析卢瑟福行星模型的困境及修正模型，认识玻尔原子模型中蕴含的量子力学思想。

（2）通过对线状光谱实验事实的分析，理解能层和能级，认识原子核外电子运动的能量量子化特征，描述核外电子运动的可能能量状态。

（3）通过对双缝实验的分析，知道电子云和原子轨道，认识原子核外电子运动的概率性特征，描述核外电子运动的可能空间状态。

（4）通过银原子光谱实验分析，认识核外电子的自旋运动特征，描述核外电子运动的可能自旋状态。

（5）能描述原子核外电子可能的运动状态。

3. 教学思路设计

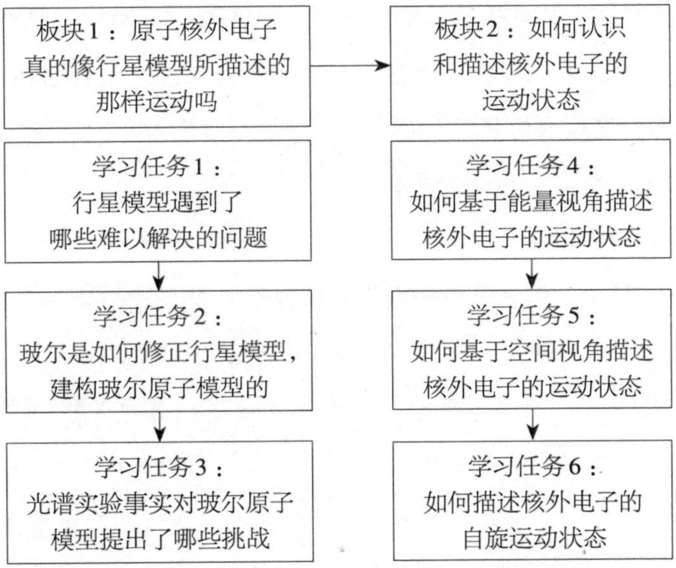

图7-10 “核外电子运动的再探究”一课的板块-任务式设计

二、教学实施

1. 情境创设

【师】卢瑟福，大家不陌生吧，是一位伟大的物理学家。他对人类认识原子及其结构作出了巨大贡献。你知道有哪些贡献吗？

【生】他发现了原子核。

【师】还有吗？

【生】他预测了中子的存在，提出了行星模型。

【师】（展示原子结构行星模型图片）这张图片是什么？

【生】原子结构的行星模型。

【师】对。卢瑟福认为，电子在核周围做高速运动，就像行星围绕太阳运转一样。那么，电子真的像行星围绕太阳那样运动吗？核外电子的运动与宏观物体的运动到底有什么不一样，我们如何来进行描述呢？今天，我们就来进行进一步的探究。

【板书】核外电子运动的再探究

2. 板块1的实施

【板书】板块1：原子核外电子真的像行星模型所描述的那样运动吗

【板书】学习任务1：行星模型遇到了哪些难以解决的问题

【师】通过类比行星的运动，卢瑟福提出了核外电子绕核高速旋转的思想，构建了描述核外电子运动的行星模型，很好地解释了 α 粒子的大角度散射问题。但这一模型也遇到了严重挑战。请大家阅读学案提供的资料，讨论一下，这个模型遇到了哪些挑战？

【生】我们组认为，它遇到的问题是高速旋转的电子要不断地辐射能量，电子因为能量的消耗，运动半径不断减小，最后应该落在原子核上。

【师】说得很好。这种现象被称为原子的坍塌。事实上，原子依旧稳定地存在，并没有坍塌。

【生】我们组仔细地查看了氢原子光谱，发现氢原子光谱的谱线是线状的，不是连续的。按照行星模型，如果电子不停运动的话，那么，它辐射的电磁波的频率应该是连续的。

【师】你们的“发现”很好，是基于事实的推理。

【师】通过上面的讨论，我们发现，行星模型遇到了两个难以解决的问题，确实受到了严重挑战（展示图7-11）。

行星模型遇到的挑战

1. 原子坍塌——原子稳定性问题
2. 不连续光谱——氢原子线状光谱问题

图7-11　行星模型遇到的挑战

【师】面对这样的挑战，卢瑟福的学生，丹麦物理学家玻尔开始了他的研究。他认为，既然行星模型能够解释 α 粒子的大角度散射现象，并被实验证实，那么，这个模型的基本思想就应该是对的。只是需要针对挑战做些修正。那么，玻尔是如何修正行星模型的呢?

【板书】学习任务2：玻尔是如何修正行星模型，建构玻尔原子模型的

【师】请大家阅读学案提供的资料，讨论玻尔是如何解决这两个问题的。

【生】我们小组认为，玻尔先是继承了卢瑟福行星模型的轨道运动思想，然后，又将爱因斯坦光量子思想引进来，从而解决了这两个难题。

【师】这个组从解决问题的方法论角度谈了他们的观点。其他组呢?

【生】我们组觉得玻尔认同卢瑟福的观点，也就是电子绕核高速旋转做圆周运动。这样就有了轨道。然后，他假定轨道的能量是一定的，所以就不存在坍塌问题。

【师】说得很好。轨道的能量是一定的，不存在因为辐射而消耗能量的问题。因此，原子中的电子不会落在原子核上，也就不会导致原子坍塌。

【师】还有其他想法吗?

【生】我们认为，玻尔还有一个重要的思想，就是跃迁。虽然轨道的能量是一定的，但是轨道与轨道之间的能量是不同的。从低能量轨道跃迁到高能量轨道需要吸收能量，从高能量轨道跃迁到低能量轨道需要释放能量。就是说，跃迁是有能量的吸收或者释放的。

【师】非常好！轨道是有能量的，而且是一定的。玻尔将轨道的这种能量状态称为“定态”。从能量的角度来看，电子在定态轨道上运动，是不辐射能量的。

【师】既然电子在定态轨道上运动不辐射能量，那么，电子的光辐射又是如何产生的呢？刚才那个小组提到了跃迁。什么是跃迁呢？（介绍跃迁的概念）也就是说，电子在定态轨道之间的跃迁导致了电子的光辐射。

【师】那么，电子是如何在定态轨道之间进行跃迁的呢?

【师】玻尔将爱因斯坦的光量子思想与电子的跃迁二者结合起来，提出了电子跃迁的“轨道角动量量子化”思想。轨道角动量量子化，说明电子跃迁所导致的光辐射不是连续的。那么，这种不连续与氢原子光谱之间有什么联系呢?

为了解决这个问题，玻尔又提出了对应关系，认为电子在氢原子定态轨道上的跃迁，与氢原子光谱线之间，具有严格的一一对应关系。基于对应关系，就可以解释氢原子分立的线状光谱，从而通过对氢原子核外电子运动特征的探索，完美地解决了挑战卢瑟福行星模型的第二个难题。

【师】结合上面的讨论，各小组总结一下，波尔对行星模型都做了哪些修正?

【生】我们觉得主要有两个方面：一是假设了定态轨道不辐射能量；二是提出了跃迁是量子化的，不连续。

【师】还有补充吗?

【生】还有对应关系，将电子在定态轨道之间的跃迁与氢原子分立线状光谱之间一一对应起来。

【师】很好！那么我们概括起来就是：定态轨道、跃迁量子化和对应关系。基于这些思想而形成的原子结构模型，就是玻尔原子模型（展示玻尔原子模型图片）。

【师】玻尔原子结构理论中所蕴含的定态轨道、电子跃迁和角动量量子化等思想，完全颠覆了当时人们头脑中基于经典电磁理论所形成的对物体运动规律的认识，使人们意识到微观粒子的运动可能有着与宏观物体运动完全不同的运动特征。结果，吸引了大批科学家开始系统研究核外电子的运动。

【师】那么，原子核外电子都是按照玻尔提出的模型那样运动的吗？

【板书】学习任务3：光谱实验事实对玻尔原子模型提出了哪些挑战

【师】请大家阅读学案中有关原子光谱的资料，思考一下，光谱与原子结构之间有怎样的关联？小组讨论一下。

【生1】光谱，实际上就是单色光按波长大小的顺序所呈现的图案。复色光经过分光可以得到单色光。我们学过的钾元素的焰色试验，就是先灼烧，然后透过钴玻璃观察，如果看到紫色火焰，就说明含有钾元素。因此，用光谱可以辨别原子种类。

【生2】光谱，是由于原子中的电子跃迁导致的。灼烧使电子吸收能量从低能态跃迁到高能态；高能态的电子不稳定，会释放能量自动地回到低能态，放出的能量是以光波的形式辐射的，从而形成光谱。

【师】这两位同学一位说了什么是光谱，一位说了光谱是如何形成的。那么，氢原子光谱是怎样通过实验得到的呢？

【师】（展示氢原子光谱实验原理）还有其他小组想发言吗？

【生】我们常说的最低能量状态，实际上就是基态；较高能量状态，就是激发态。从能量较高的激发态到能量较低的激发态，或者从激发态到基态，都有能量辐射，从而产生光谱。因此，光谱可以反映原子中电子所处能量状态的情况。

【师】“所处能量状态”，概括得很好。电子离核的距离有远有近，是分层排布的，这个层，我们叫“能层”。能层不同，意味着能量状态不同。能层是不连续的，也就是量子化的，我们用一个叫“主量子数”的词来表示能层，符号是n，它的取值为正整数。

【师】还有其他看法吗？

【生】我们组认为，不同原子的原子光谱是不一样的，所以，用原子光谱可以推测原子的结构。

【师】这个观点很直接，把原子光谱与原子结构建立了关联！原子不同，原子光谱不同。因此，可以基于原子光谱去推测原子结构。这样我们就将宏观实验现象与微观原子结构建立了关联（展示图7-12）。

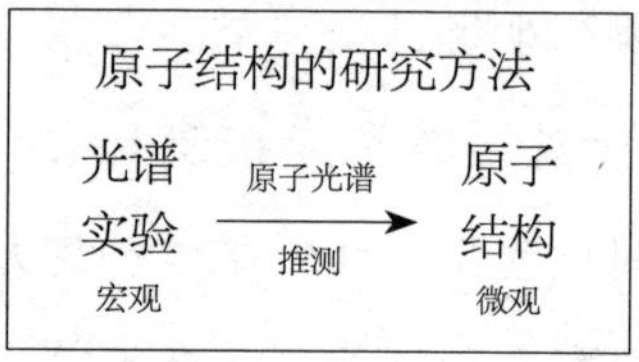

图7-12　原子结构的研究方法

【师】当我们用分辨率更高的分光镜去观察氢原子或类氢原子（如钠原子）的时候（展示钠原子发射光谱），发现了一个新的现象。我们看到，光谱按说应该是一条线，结果却是距离很近的两条线！那么，玻尔原子模型对此现象就无法解释了。

【师】看来，原子核外电子的运动确实有些特殊。那么，我们如何来认识和描述原子核外电子的运动状态呢？

3. 板块2的实施

【板书】板块2：如何认识和描述核外电子的运动状态

【板书】学习任务4：如何基于能量视角描述核外电子的运动状态

【师】双线的产生说明了什么？小组讨论一下。

【师】哪个小组说说看法？

【生1】我们小组觉得，两条线虽然离得很近，但能量也是不一样的。

【生2】我们认为，离得很近，说明它们是一个能层的；一条变两条，说明同一能层内，还有能量差异。

【师】同一能层内还有能量差异。说得很好！我们把同一能层内的能量差异，用“能级”来描述。也就是说，每一能层内，电子的能量也是不同的。

【师】那么，能级又是如何区分的呢？能级的数量是由能层序数决定的。$n=1$，能级数为1；$n=2$，能级数为2；$n=3$，能级数为3。这说明能级也是量子化的（展示图7-13）。

核外电子空间运动状态的特征之一： 能量视角——量子化

图7-13　核外电子空间运动状态的量子化特征

【师】能级的差异，可以分别用s，p，d，f来表示。对于多电子原子而言，同一能层内能级的能量顺序是：$E(ns)<E(np)<E(nd)<E(nf)$

【师】对于氢原子，$n=1$，只有一个能层，只有一个能级1s。对于钠原子，$n=3$，有三个能层，第一个能层，只有一个能级，即1s；第二个能层，有两个能级，即2s、2p；第三个能层，有三个能级，即3s、3p、3d。

【师】玻尔原子模型只解释了能层，而没有涉及能级，因而，它只适用于氢原子这样的单电子原子，而解释不了多电子原子核外电子的运动。

这是玻尔氢原子模型的一个局限性。

【师】能层和能级共同决定了基态原子核外电子可能的能量状态（展示图7-14）。下面请大家思考一下，钠原子核外电子有哪些可能的能量状态。

【生】我们通过计算，认为有6种可能的能量状态，就是1s、2s、2p、3s、3p、3d。

图7-14　核外电子空间运动可能的能量状态

【师】以上我们从能量视角探讨了原子核外电子可能的能量状态，那么，从空间视角来看，核外电子的运动还有什么特征呢？

【板书】学习任务5：如何基于空间视角描述核外电子的运动状态

【师】下面我们看一个实验，叫“双缝实验”（展示双缝实验）。

这个实验是让电子经过两个特别细的缝，观察在屏幕上呈现的图像。课件展示了28个电子、1000个电子、10000个电子、数百万个电子形成的图像。这些明暗相间的图像说明了什么？请大家讨论一下。

【生】我们组认为电子的运动有波动性，就是它通过缝的时候也可以有不同的方向。

【师】那我们能准确地确定它的位置吗？

【生】不能。

【师】这就是科学家提出来的“测不准原理”，我们把它称为不确定性。也就是说，核外电子的运动状态具有不确定性，我们没法像宏观物体运动那样，准确知道某个电子在什么时间出现在什么位置。那我们就没有办法来描述核外电子的运动了吗？

【生】有，用概率。

【师】用概率！我们利用概率，用统计学的方法，来描述核外电子的空间运动状态（展示图7-15）。那也就是说，一定空间运动状态的电子并不是在玻尔所说的固定轨道上运动，而是在核外空间各处都有可能出现，只是出现的概率不同。这也是玻尔原子模型最后被放弃的原因之一。

核外电子空间运动状态的特征之二： 空间视角——概率性

图7-15　核外电子空间运动状态的概率性特征

【师】那么，如何用概率（P）来描述一定空间运动状态的电子在空间的分布呢？量子力学是用“概率密度分布”来刻画的。电子在某处出现的概率（P）与某处的体积（V）之比，就是概率密度，用ρ表示。

【师】（展示氢原子1s电子在原子核外出现的概率密度分布图）图中的亮点，表示的是1s电子在核外出现的概率密度。点越密，说明此处的概率密度越大。我们可以发现，离核越近，电子出现的概率越大。

【师】这个图形看起来像云雾一样，因此叫做“电子云”。电子云是对概率密度分布的一种形象化描述。在实际使用时，我们常用的是电子云轮廓图。

【师】电子云有不同的形状，分别用s、p、d、f表示。s电子云是球形的，p电子云是哑铃状的，d电子云是花瓣形的，f电子云形状较为复杂（展示电子云轮廓图）。

【师】电子云除了有形状，还有空间取向。p电子云有3种可能的取向，d电子云有5种可能的取向，f电子云有7种可能的取向。正因为电子云有形状和取向，才用来形象化地描述一定空间运动状态的电子的概率密度分布。

【师】那么，核外电子可能的空间运动状态如何来表征呢？量子力学是用“原子轨道”来表征核外电子的可能空间运动状态的。一个原子轨道表征核外电子的一种可能空间运动状态。

【师】下面大家计算一下氯原子有多少个原子轨道，有多少种可能的空间运动状态。

【生】氯原子有3个电子层，第一层有1个能级，即1s，有1个s轨道；第二层有两个能级，即2s、2p，2s有1个s轨道，2p有3个p轨道；第3层有3个能级，即3s、3p、3d，3s有1个s轨道，3p有3个p轨道，3d有5个d轨道。因此，氯原子总共有14个原子轨道，有14种可能的空间运动状态。

【师】回答得很好（展示图7-16）。

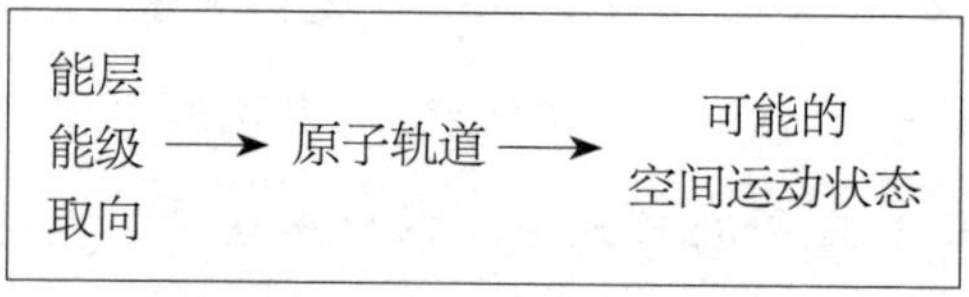

图7-16　核外电子可能的空间运动状态

【师】以上，我们基于能量和空间视角，认识和描述了核外电子的空间运动状态。

【师】那么，核外电子的运动只有空间运动一种形式吗？

【板书】学习任务6：如何描述核外电子的自旋运动状态

【师】下面请大家看银原子的光谱实验（展示斯特恩-革拉赫实验的相关信息），这个实验又提供了一个新的实验事实。这个实验说明什么？

【生】银原子是类氢原子，最外层只有1个电子。也就是最外层电子只有一种可能的能量状态，s态。现在在磁场作用下，光谱分离成了两条，说明电子的能级还可以再分。

【师】是“电子的能级”可以再分吗？是电子可能的运动状态不只一种。

【师】电子，除了有空间运动形式之外，还有另一种运动形式——自旋运动，是电子的内在属性（展示图7-17）。

核外电子运动 { 空间运动 / 自旋运动 }

图7-17　核外电子运动的两种形式

【师】自旋运动也是量子化的。电子自旋在空间有两种取向，在一个原子轨道里最多只能有两个电子，且自旋相反。

【师】银原子的这两条谱线就说明了电子存在两种不同的自旋状态。

三、分析评价

高中选择性必修阶段原子结构主题的大概念主要有两个，一个是原子的结构模型，一个是原子的构造模型。“核外电子运动的再探究”一课，主要是通过对核外电子运动规律的探究，使学生基于本质微观建构原子的结构模型。“再探究”，体现了衔接，使学生在必修阶段基于尺度微观认识核外电子运动的基础上，进一步从本质微观水平来认识电子等微观粒子特殊的运动特征和描述特征，从而建构基于量子力学理论的原子结构模型。本节课的特色主要表现在以下方面。

1. 注重原子结构模型认识的发展性建构

原子被“打开”后，原子核外电子是如何运动的，一直是科学家们关注的重要研究课题。人类对核外电子运动的认识，大体上经历了三个阶段：基于经典电磁理论的行星模型阶段、基于经典电磁理论与量子思想相结合的玻尔原子模型阶段和基于量子力学理论的电子云模型阶段。本节课在教学设计上，将人类认识原子结构的过程有机地融进教学内容的组织之中，引导学生发展性地建构原子结构模型，其设计如图7-18所示。

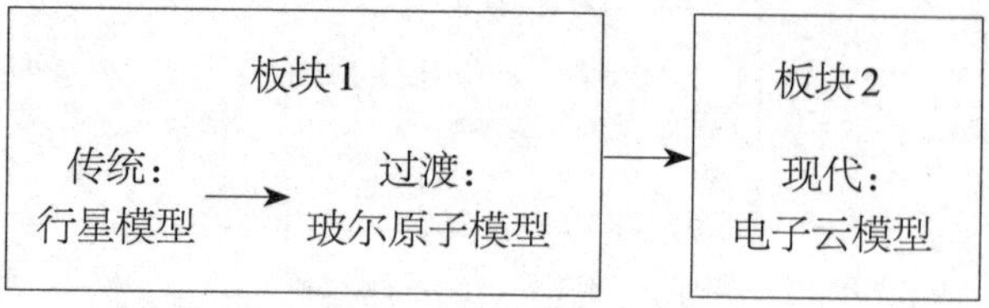

图7-18　原子结构模型的发展性建构设计

对于行星模型和玻尔原子模型，很多教师在课堂教学中是有所涉及的，但多数是介绍模型本身。如何将这两个模型有效地整合，并有机地融为一体呢？本节课进行了非常有益的探索。

• 将“行星模型遇到了哪些难以解决的问题”作为学习任务，引导学生基于化学史实来归纳概括行星模型的局限性。厘清原子坍塌问题，对学生来说是有一定挑战性的。对这个问题的梳理，可以引导学生基于经典电磁理论来认识行星模型的局限性。分立线状光谱问题，再次引发了学生的认知冲突。学生熟知的光谱是连续光谱，而氢原子光谱却是不连续光谱。原子坍塌和线状光谱这两个问题的设计，体现了宏观与微观两种认识方式的冲突，为学生建构化学微观世界思维方式打下了良好的基础。

• 将“玻尔是如何修正行星模型，建构玻尔原子模型的”作为学习任务，引导学生基于化学史实来感受科学模型是如何修正和发展的。玻尔将量子化思想吸收进来，假设电子在轨道和轨道之间的跃迁是量子化的，从而解决了线状光谱问题；对于原子坍塌问题，玻尔假设定态轨道有能量但不释放，从而解决了原子稳定性问题。这一学习任务的实施，可以使学生充分体会“大胆假设，小心求证”对科学模型发展的重要性。在科学史上，“定态”“跃迁”这些假设已经突破了经典力学理论，使人们开始意识到可能存在一个与宏观世界不一样的微观世界。

因此，板块1的设计为学生建构核外电子运动的量子力学模型打下了很好的学科思想基础，彰显了教学内容对于促进学生从尺度微观向本质微观发展的强大功能和价值。

2. 注重基于学科本原建构核外电子运动的认识视角

核外电子的运动问题，是原子结构理论的核心内容。因此，板块2以“如何认识和描述核外电子的运动状态”为切口，将核外电子的运动特征、电子状态的描述特征，与化学微观世界的认识视角有机地结合起来，基于量子力学基本思想，较为系统地阐释了原子的结构问题。

- 显性化地呈现了核外电子运动的两种形式。学习任务4和5主要是探究核外电子的空间运动；学习任务6主要是探究核外电子的自旋运动。二者的区别在于，空间运动是基于原子核的运动，自旋运动是基于电子自身的运动。这两种运动形式的区分，有助于发展学生对原子体系的能量和各种相互作用的认识。

- 凸显核外电子运动的量子化特征。核外电子运动的不连续性，导致了核外电子运动具有量子化特征。量子化，指的是能量的量子化。因此，学习任务4“如何基于能量视角描述核外电子的运动状态”，引导学生建构认识核外电子运动的能量量子化视角。

- 凸显核外电子运动的概率性特征。核外电子运动的不确定性，导致了核外电子运动具有概率性（或统计性）特征。这意味着，核外电子并不是在确定的轨道上运动的，而是在核外所有空间都有出现的可能性。这也是玻尔原子模型不能成为现代原子结构模型的重要原因。因此，学习任务5引导学生基于原子轨道和电子云来认识核外电子空间运动状态的概率性，建构空间视角。

- 凸显核外电子空间运动的可能状态。本课基于能量视角，引导学生基于能层和能级来认识核外电子运动可能的能量状态；基于空间视角，引导学生基于原子轨道和电子云来认识核外电子可能的空间运动状态。

3. 注重基于光谱实验事实认识核外电子的运动特征

原子光谱法，是研究原子结构的一种重要的感性认识方法。正是光谱实验事实为人们认识化学微观世界提供了直接证据。本节课在教学设计和实施上，十分重视发挥光谱这一直接证据的作用。

• 专门设计了学习任务3，引导学生形成基于光谱实验事实解释和预测核外电子运动特征的意识。把光谱内容设计为板块1的最后一个学习任务，目的就在于引导学生认识到光谱实验是研究原子结构的重要手段和方法。

• 充分发挥光谱实验事实的功能。本节课将光谱实验事实贯穿始终，充分发挥了这一证据的多方面功能。以氢原子分立线状光谱作为证据，发挥了“否证”功能，导致了对行星模型的质疑；钠原子的双线光谱，为能级概念的建立提供了直接证据；双缝实验为认识核外电子运动的概率性特征提供了感性事实；银原子的光谱实验，为认识电子自旋运动状态奠定了基础。

参考文献

[1] 中华人民共和国教育部. 普通高中化学课程标准（2017年版）[M]. 北京：人民教育出版社，2018.

[2] 中华人民共和国教育部. 义务教育化学课程标准（2011年版）[M]. 北京：北京师范大学出版社，2012.

[3] 徐光宪，王祥云. 物质结构 [M]. 2版. 北京：高等教育出版社，1987.

[4] 潘道铠，赵成大，郑载兴. 物质结构 [M]. 北京：高等教育出版社，1989.

[5] 周公度，段连运. 结构化学基础 [M]. 北京：北京大学出版社，1989.

[6] 郭保章，董德沛. 化学史简明教程 [M]. 北京：北京师范大学出版社，1985.

[7] 王磊，魏锐. 学科核心素养发展导向的高中化学课程内容和学业要求——《普通高中化学课程标准(2017年版)》解读 [J]. 化学教育，2018，39(09)：48-53.

[8] 汪纪苗. "原子结构模型的演变和原子的构成" 第一课时教学设计 [J]. 化学教学，2010(12)：32-35.

[9] 胡胜利，陆亚君，刘晓玲，焦登龙. 不同科学史设计对高一学生科学本质观发展的影响——以原子结构发现史为例 [J]. 化学教育，2012，33(07)：24-27.

[10] 周正祥，杨玉琴. 指向"证据推理与模型认知"的教学设计——以"原子结构模型的演变"为例 [J]. 化学教育，2018，39(23)：25-30.

[11] 王峰. 在智慧对话中建构理性课堂——谈"人类对于原子结构的认识"教学设计 [J]. 化学教育，2013，34(11)：19-22.

[12] 杨封友. 模型修正取向的原子结构教学研究 [J]. 中学化学教学参考，

2019(19): 30-33.

[13] 管建华. 基于“问题支架式”的“原子结构”教学设计[J]. 中学化学教学参考，2014(16): 28-30.

[14] 郭晓丽，王澜，魏锐. 原子光谱实验的设计及其支持下的原子结构教学[J]. 化学教育，2016，37(01): 58-62.

[15] 居鸣富. 基于微课的高中化学融合教学实践与思考——以“人类对原子结构的认识”为例[J]. 化学教学，2019(01): 33-37.

[16] 郑长龙. 化学学科理解与“素养为本”的化学课堂教学[J]. 课程·教材·教法，2019，39(09): 120-125.

[17] 郑长龙，孙佳林. “素养为本”的化学课堂教学的设计与实施[J]. 课程·教材·教法，2018，38(04): 71-78.

[18] 郑长龙. 2017年版普通高中化学课程标准的重大变化及解析[J]. 化学教育，2018，39(09): 41-47.

[19] 郑长龙，等. 化学课程与教学论[M]. 2版. 长春：东北师范大学出版社，2018.

后 记

书稿终于完成了。然而，总觉得意犹未尽。宅在家里，静静地在“思维漫游”。于是，决定把自己研究的一些心历故事讲给大家。

一、化学课堂的启迪

化学教学论学科之所以存在，是因为化学课堂的存在。理解化学课堂，解读化学课堂，是这个学科永恒的研究主题之一。化学课堂是取之不尽、用之不竭的思想源泉。

本世纪初开始，一场全国范围的化学新课程改革蓬勃开展起来。作为课程标准的制订者和教材的编写者之一，我对化学新课程的实施给予了极大的关注，一直在努力地探索新课程实施的有效途径和策略。为此，花费了大量的时间和精力到教学一线去听课、研课。2004年东北育才学校苏振敏老师的一节化学课对我触动很大，她的教学设计很新颖，运用的教学方式很符合新课程的理念，但这节课用既有的化学教学理论无法给予恰当、合理的解释。于是，我深刻地意识到，面对新课程，化学课堂教学理论亟须创新。

同年，东北大区高中优质课展示，东北育才学校的另一位化学教师的一节化学课又引起了我的关注，教学设计的思路与苏老师的思路非常吻合。我当时就问苏老师，你们学校的化学常态课也这么上吗？她告诉我他们学校的化学课都这么上，并邀请我去实地看一看。于是，当年的年底，我们课题组一行去了东北育才学校，连续听了4节课，并与任课教师进行了座谈。回来后，在反复研究课例的基础上，发现了化学课堂教学存在着“板块现象”。

“板块现象”实际上是课的结构问题。就像人体结构一样，当从外部看人的结构时，看到的是五官和四肢，当从内部考察时，看到的是一个个功能性系统——呼吸系统、消化系统、泌尿系统和生殖系统。课的结构也一样，当从外部看时，看到的是“三阶段”“五环节”；当深入到课的内部，看到的是一个个功能性的内容板块。据此，我们提出了解释这一现象的板块理论。在接下来的研究中，我们发现板块理论具有较大的普适性，对化学课堂教学设计和评价都具有很好的理论指导作用。目前，有相当一些教师的化学课是依据板块理论进行设计的。所以，这里特别感谢苏老师，感谢东北育才学校。

二、化学教师的启示

化学教师充满着智慧。同化学课堂一样，化学教师也是一个“文本”，也是需要理解和解读的。因而，化学教师同样是取之不尽、用之不竭的思想源泉。

伴随着《义务教育化学课程标准（2011年版）》的颁布，新一轮的义务教育课标培训开始了。2012年，在某省课标培训中间休息时，一位初中化学教师向我问了这样一个问题：为什么先讲原子概念，然后再讲元素概念，这不是先微观后宏观了吗？这个问题，当时真给我问住了：是啊，化学学科认识是从宏观到微观，那应该是先讲元素后讲原子。

回来后，我一直尝试从理论上来解决这个问题。这个问题实质上涉及到化学学科知识的本原性问题。科学家为什么要引入“元素”和“原子”，这两个概念的学科功能到底是什么？元素和原子从学科功能来看，表征的都是物质的成分，只不过元素是对物质成分的宏观表征，原子是对物质成分的微观表征。基于这样的认识，就可以重新整合教材内容，将教学设计成三个板块：板块1是物质成分的宏观表征，板块2是物质成分的微观表征，板块3是物质宏观成分与微观成分之间的关系。这样的设计，就解决了那位教师提出的问题。反思这一问题的解决过程，我发现，物质成分的宏观表征、微观表征，已经不是具体的知识，而是知识的本原性功能；宏微成分之间的关联，已经不仅仅是知识的结构化，而是认识的结构化。而这方面，恰恰是很多一线化学教师和化学教育理论研究者在学科上的短板。

2014年，东北师范大学研究生院启动了全日制教育硕士改革。我作为化学学科的负责人，坚持要弥补教育硕士学科上的短板。于是我提出了“化学学科理解”这一概念，并尝试给出了定义，它是指教师对化学学科知识及其思维方式和方法的一种本原性、结构化的认识。在课程方案设计时，第一次设置了“学科理解类”课程（3门，3学分），并要求教育硕士做磨课汇报时，首先要进行学科理解报告。

2015年，在撰写高中化学课程标准修订稿时，“化学学科理解”这一概念被正式写进课程标准。在多层次、多轮征求意见中，专家和教师对这一表述没有提出任何异议。化学学科理解成为解决知识转化为素养问题的关键环节。在这里，也特别感谢那位基于课堂教学实践提出令我“尴尬”问题的初中化学教师。

三、研究团队的力量

此次化学学科核心素养在课堂落地的研究，让我再次深深地体会到研究团队的重要性。研究团队出智慧，研究团队出力量。

2018年8月，由化学学科教授、化学教育学者、教研员和一线教师等四类专家组成的课题组组建完成。4省、5市、8校的10节素养课的研制，初步建构了基于学科理解的素养课教学模式。东北师范大学陈彬教授（结构化学）、孙闻东教授（物理化学）、杜锡光教授（有机化学）、李阳光教授（无机化学）和王芒教授（有机化学），是东师化学基础课教学“最牛”的教授。他们那种忘我、严谨、执着的精神，十分令人感动。尤其是陈彬教授，全程参与了10节样例课的研讨，得到了一线教师们的赞誉。大连理工大学王新平教授（物理化学）不辞辛苦，亲赴沈阳指导课例研讨，使大家受益匪浅。实践证明，高水平学科专家的参与，是高质量素养课的重要保证。

杨光辉、王艳春、钱胜、赵红杰、王桂琴、孟丽慧等6位化学“省长”“市长”，具有极强的组织协调能力，作为子课题组负责人，全程组织、参与研讨。经常到了晚上10点多钟，还能看到他们组织讨论的视频。这种教育情怀和责任感，着实令人感动。

10位勇挑上课重任的教师分别是：长春市第二实验中学的李建，石家庄市第一中学的李强、焦利燕，丹东市第二中学的张妍，丹东市第四中学的丁原梅，重庆市第一中学校的郭仕文，重庆市巴蜀中学校的李有胜，沈阳市东北育才学校的庄严、芦峰，长春市东北师范大学附属中学的万利丰。压力、焦虑、坚忍，是他们当时的真实心理写照。感谢他们突破自我，锐意创新，呈现了10件精美的“艺术品”。尤其是丁原梅，作为特级教师，迎难而上，勇挑重任，不负众望。

在10节课的打磨过程中，一批特级教师默默地奉献着各自的智慧，他们是徐洁、韩景龙、于志民、娄延果、赵艳；每位子课题组成员，各担其职，做了大量的具体工作，感谢他们对团队的贡献。

感谢王晶编审、彭蜀晋教授、林长春教授、李远蓉教授、刘敬华教授、袁振东教授、黄梅教授、黄都教授、许应华教授，亲自参加课题展示会，并对课题研究给予了高度评价。

感谢周仕东教授对每节课所做的富有哲理的点评，感谢李艳梅副教授和何鹏博士对学生的课后访谈及精彩汇报，感谢盖立春副教授、刘瑞副教授、孙磊博士对教学设计及实施所奉献的宝贵思想，感谢当时在读的博士生和硕士生们为课题研究作出的贡献。

郑长龙

2020年4月10日于长春豪园